Hilmar Gumbrecht

Der Logos

Hilmar Gumbrecht

Der Logos

Das universale göttliche Grundprinzip und der Mensch gewordene Gott

Mit einem Geleitwort von Dr. Konrad Haldimann

Tectum Verlag

Hilmar Gumbrecht
Der Logos
Das universale göttliche Grundprinzip und der Mensch gewordene Gott
Mit einem Geleitwort von Dr. Konrad Haldimann

ISBN 978-3-8288-4468-1
ePDF 978-3-8288-7494-7
ePub 978-3-8288-7495-4

Umschlaggestaltung: Tectum Verlag

Druck und Bindung: CPI buchbücher.de, Birkach
Printed in Germany

Besuchen Sie uns im Internet
www.tectum-verlag.de

Bibliografische Informationen der Deutschen Nationalbibliothek
Die Deutsche Nationalbibliothek verzeichnet diese Publikation
in der Deutschen Nationalbibliografie; detaillierte bibliografische
Angaben sind im Internet über http://dnb.d-nb.de abrufbar.

Inhaltsverzeichnis

Zum Geleit ... IX

Vorwort ... XI

Einführung ... 1

1. Vom Mythos zum Logos: Die frühen griechischen Denker 730–480 v.Chr. ... 9

1.1 Die Anfänge des Logos bei Homer, Hesiod und Solon ... 12

1.1.1 Die Homerische Frage ... 12
1.1.2 Die Gleichnisse Homers (um 730/700 v. Chr.) ... 13
1.1.3 Die „Götter" des Hesiod (um 700 v. Chr.) ... 17
1.1.4 Die Rechtsidee des Solon von Athen (640–560 v. Chr.) ... 18

1.2 Die Milesier (625–525 v. Chr.) ... 18

1.2.1 Thales von Milet in Kleinasien (625–547 v. Chr.) ... 20
1.2.2 Anaximander von Milet (610–545 v. Chr.) ... 21
1.2.3 Anaximenes von Milet (585–525) ... 25
1.2.4 Die Theologie der Milesier ... 26

1.3 Pythagoras von Samos (571–495 v. Chr.) und die Pythagoreer ... 32

1.3.1 Seele, Musik, Zahl, Harmonie ... 32
1.3.2 Der „Katechismus" der Pythagoreer ... 35

1.4 Xenophanes von Kolophon in Kleinasien (ca. 570–470 v. Chr.) ... 36

1.4.1 Xenophanes und die Milesier ... 37
1.4.2 Xenophanes' Lehre von dem einen Gott ... 38
1.4.3 Die Erkenntnistheorie des Xenophanes ... 40

1.5. Parmenides von Elea in Süditalien (515–445 v.Chr.) ... 43

1.5.1 Parmenides als Kosmologe ... 45
1.5.2 Von der Kosmologie zur Erkenntnistheorie ... 47

1.5.3 Das Lehrgedicht (das „Epos“, der „Mythos“) des Parmenides 49
1.5.4 Die Theologie des Parmenides 58
1.5.5 Der Logos bei Parmenides 60

1.6 Heraklit von Ephesos in Kleinasien (540–480 v. Chr.) 60
1.6.1 Der Logos des Heraklit: Die Erklärung für alles – Die Weltformel 62
1.6.2 Gegensätze, Identität, Feuer, Kosmos, Logos, Sein, Gesetz, das Göttliche 72
1.6.3 Logos und Gesetz 74
1.6.4 Die All-Einheit 77
1.6.5 Abschließende Anmerkungen zur Theologie des Heraklit 78

1.7 Der Logos-Begriff bei Parmenides und Heraklit: Ein Vergleich 80

1.8 Exkurs 1: Der Logos bei den Stoikern 82

1.9 Exkurs 2: Der Logos des Philon von Alexandria 83

2 Der Logos und die griechische Bildung im Neuen Testament 85

2.1 Der Mensch gewordene Logos des Johannes-Evangeliums 85
2.1.1 Der Logos des Johannes und des Heraklit und die Weisheit Salomos ... 88
2.1.2 Das Bedeutungsfeld des altgriechischen Wortes *„logos“* 94
2.1.3 Die systematische Beschneidung von Wortbedeutungsfeldern 100
2.1.4 Andere Vorkommen des Wortes *„logos“* im Neuen Testament 103
2.1.5 Die althebräische Entsprechung zum griechischen *„logos“* 104
2.1.6 Knüpft *„logos“* am Schöpfungswort Gottes in 1. Buch Mose, Kap. 1 an? 107

2.2 Griechische Bildung im Neuen Testament 115

3 Der Logos bei den Christen des 2. und 3. Jahrhunderts n. Chr. 133

3.1 Die griechische Bildung als Basis am Ende des 1. Jahrhunderts n. Chr. 133

3.2 Der Logos im 2. Jahrhundert n. Chr.: Apologie, Glaube und Vernunft 146

3.3 Der Logos im 3. Jahrhundert n. Chr.: Glaube und Philosophie 155

3.4 Aktuelle Einwände gegen griechische Bildung im christlichen Glauben 164
3.4.1 Hebräische „Ontologie“ 166
3.4.2 Hebräische „Ethik“ 168

4 Der Logos heute ... 171

4.1 Der Logos: Der Sinn von allem ... 171

4.2 Der Logos: „Glaube und Vernunft" ... 172

4.3 Der Logos: Die Vernunft und die Weisheit ... 181

4.4 Der Logos und das Universum ... 185

4.5 Der Logos und Viktor Frankl's Logotherapie ... 195

4.6 Der Logos und die Auferstehung ... 198

4.7 Der Logos: „Gläubige" und „Ungläubige" ... 207

4.8 Der Logos: „Mission" und „Endzeit" ... 210

Ausblick ... 217

Anhang ... 223

Die Logos-Predigt von Hanspeter Jauslin vom 22. Juli 2007 ... 223

Alphabetisches Literaturverzeichnis ... 233

Zum Geleit

Es gibt einige Begriffe, die für unser Nachdenken über das, was wir als Menschen sind und wie sich uns die Welt darstellt, derart grundlegend sind, dass sie aus unserer Sprache nicht wegzudenken sind. Der 2003 verstorbene Philosoph Donald Davidson zählt dazu vor allem folgende Begriffe: das Gute, Wahrheit, Erkenntnis, materieller Gegenstand, Ursache, Ereignis und Glauben. Diese Begriffe lassen sich nicht definieren. Versucht man es trotzdem, so benutzt man dauernd Begriffe, zu deren Verständnis man den Begriff, den man definieren möchte, schon voraussetzen muss. Das führt in eine Endlosschleife.

Wie kann man sich dann über solche Begriffe verständigen? Man kann aufspüren, wie sie gebraucht werden, in welchen Zusammenhängen sie vorkommen, welche Rolle sie spielen, mit welch anderen Begriffen sie vernetzt sind.

Der Begriff Logos, von dem das vorliegende Buch handelt, kommt in der Aufzählung von Davidson nicht vor. Das liegt daran, dass dieser Begriff zum einen in die Frühgeschichte des abendländischen Denkens gehört und zum anderen in die Zeit der Begegnung des Judentums und des entstehenden und sich ausbreitenden Christentums mit der griechisch-römischen Bildungswelt. In unserer heutigen Sprache kommen zwar Ableitungen dieses Begriffs vor (z.B. Logik, Logistik), er selbst aber gehört nicht dazu. Er hat aber auf vielfältige Weise das mitgeprägt, was wir heute unter dem Thema Vernunft resp. Vernunft und Glaube diskutieren.

Man kann zurecht fragen, wieso man heute auf einen solch alten Begriff zurückgreifen soll. Das vorliegende Buch gibt darauf eine Antwort. So viel sei verraten: Der Begriff Logos hat derart viele Sinndimensionen, dass in ihm Fragen nach den Möglichkeiten und Grenzen unseres Verstehens, der Sinnhaftigkeit der Welt, dem Zusammenhang unserer Wissensgebiete und der Erfahrbarkeit von Transzendenz in enger Weise zusammenhängen und aufeinander verweisen. Unser modernes Denken kann sich davon immer wieder inspirieren lassen.

Wie spricht man über einen Begriff, den man nicht definieren kann? Man erzählt von ihm: von seinem Auftauchen in der Geistesgeschichte, seiner Entfaltung, von prägnanten Verwendungsweisen, von Hauptströmungen und Seitenlinien. Der Autor des vorliegenden Buches weiss, wie man erzählt: manchmal ruhig und episch, manchmal zugespitzt und alles auf den Punkt bringend, manchmal in grossen Bögen Räume und Zeiten verknüpfend. Aber immer bleibt er bei der Sache, die ihn bewegt und von der sich die Leserinnen und Leser bewegen lassen können.

Dr. theol. Konrad Haldimann,
Dozent für Latein und Griechisch
an der Theologischen Fakultät der Universität Zürich

Konrad Haldimann war Mitglied des Übersetzerteams der neuen Zürcher Bibel. Von 1996 bis 2007 erstellte er als Theologe in der vierköpfigen Kommission für das Neue Testament die Übersetzungs-Vorlagen. Die erste Auflage der Zürcher Bibel von 2007 war nach einem halben Jahr praktisch ausverkauft.

Vorwort

Der Grund zum Abfassen dieser Schrift ist, dass meine Frau Mirjam Jauslin und mich die Kenntnis der Logotherapie („Behandlung durch Sinnfindung“) von Viktor Frankl verbindet: Mirjam hat eine Ausbildung in Logotherapie und Existenzanalyse (2012–2016) absolviert und ich habe in Wien, noch bei Frankl persönlich, ein Logotherapie-und-Existenzanalyse-Seminar besucht (1984). Das gemeinsame Interesse an diesem „Logos“ hat beim gleichzeitigen Besuch des Aufbau-Kurses einer Seelsorge-Ausbildung im Schwarzwald im Jahre 2016 ein Stück weit dazu beigetragen, dass wir zusammengekommen sind. Außerdem ermöglichte Mirjam es mir später, jeweils eine Woche im Monat in ihrer Wohnung in Muttenz/Schweiz an diesem Buch-Manuskript zu schreiben. Sie war bei der Schöpfung dieses „geistigen Kindes“ von Anfang an beteiligt.

Als Auslöser zum Schreiben möchte ich das Institut zur Erforschung des Neuen Testaments in Münster nennen, in dessen Publikationen ich den „Sinn“ als Übersetzungsmöglichkeit von *logos* vermisste. Den letzten Anstoß, tatsächlich zu schreiben, gab meine persönliche Beraterin Frau Dr. Schuon-Joos aus Münster. Die langfristigen Voraussetzungen dazu waren von meinem Altgriechisch-Lehrer Dr. Harald Geyer in Uffenheim (Mittelfranken) gelegt worden, der uns Leistungskurs-Teilnehmern im Zusammenhang mit der Logos-Lehre des Heraklit auch den Anfang des Johannes-Evangeliums auf Altgriechisch vorlas und zur Diskussion stellte. Dankbar bin ich natürlich auch meinen Eltern Fritz und Frieda Gumbrecht, die mir ermöglichten, dieses Gymnasium zu besuchen. Und meinen zahlreichen geistigen und geistlichen Vätern und Müttern, und nicht zuletzt meinem Taufpaten Heinz Haag, der mir das Neue Testament, neu übersetzt und kommentiert von Ulrick Wilckens, zum 14. Geburtstag schenkte und später ein Buch von Elisabeth Lukas, sowie Franz-Josef Kuß, einem guten Freund aus Münster, der gerne philosophische Gedanken mit mir austauschte und mich über die Bedeutung von Logos inspirierte.

Ich danke der Nomos-Verlagsgesellschaft für die Annahme meines Manuskripts, besonders Herrn Thomas Wasmer (Lekorat, Tectum-Verlag) für die richtungsweisende Begleitung meiner Arbeit vom Manuskript bis zum Buch. Frau Vivienne Jahnke (Lektorat und Herstellung) danke für die freundliche und geduldige Umschlag-Gestaltung und Text-Bearbeitung.

Ich hoffe, dass das vorliegende Ergebnis nicht nur mir viel Freude beim Schreiben bereitet hat, sondern dass es auch vielen Lesern den Horizont weitet und hilft, die Bibel neu zu entdecken, besser zu verstehen und den Mut zu finden, wo notwendig, althergebrachte Interpretationen endlich über Bord zu werfen.

Rheine/Westfalen, den 26. März 2020 Hilmar Gumbrecht

Einführung

Dieses Büchlein ist als eine Art Erzählung in allgemein verständlicher Sprache und Form konzipiert, wie ich hoffe. Kapitel 1 ist auf die Logos-Lehre des Heraklit von Ephesus (um 500 v. Chr.) ausgerichtet. Eine umfassende Sammlung der überlieferten Worte des Heraklit (und der anderen früh-griechischen Denker) gibt es erst seit dem 20. Jahrhundert (herausgegeben von Hermann Diels bzw. Walther Kranz), folglich konnte man sich vorher nicht so leicht einen zusammenhängenden Überblick über die Logos-Lehre des Heraklit verschaffen. Außerdem wird hier der Weg des frühen griechischen Denkens von seinen Anfängen bis hin zu Heraklit dargestellt, denn dieser Weg ist zum Verständnis des Logos des Heraklit notwendig. Betonen möchte ich an dieser Stelle, dass meine Darstellung nicht auf Vollständigkeit ausgerichtet ist. Von den frühen griechischen Denkern vor Sokrates gehe ich nur auf sieben von mindestens 22 ein. Nur vier (Anaximander, Xenophanes, Parmenides und natürlich Heraklit) behandle ich etwas ausführlicher, die anderen nur schlaglichtartig (z. B. erwähne ich nirgends (außer hier) die Seelenwanderungslehre des Pythagoras und sein Auftreten als Wunderheiler). Alles ist mehr oder weniger auf die ursprüngliche Herkunft des (früh-altgriechischen) Logos ausgerichtet und auf seinen Eingang ins Johannesevangelium und damit in die christliche Bibel und auf die bisherige tatsächliche und mögliche künftige Wirkung in der christlichen Glaubenswelt.

Im zweiten Kapitel wird der Logos am Anfang des Johannes-Evangeliums auf seine Anknüpfungspunkte hin untersucht, einerseits innerhalb der Bibel, andererseits aber auch im Zusammenhang mit Heraklit und den anderen frühgriechischen Denkern. Dabei werden einige Überraschungen auftauchen.

Im dritten Kapitel geht es dann um den Weg des Logos bis zum dritten christlichen Jahrhundert, ab Kapitel 4 um den Logos heute.

Möglichen Missverständnissen möchte ich bereits hier vorbeugen: Ich vertrete nicht die Ansicht, dass sich der Logos der Bibel auf Platon oder auf irgendwelche Platoniker bezieht! Auch nicht allein auf Heraklit. Der Logos des Johannes-Evangeliums bezieht sich auf die alttestamentliche Weisheit zurück und nebenbei knüpft er auch noch an den Logos des Heraklit an, quasi um auch den damaligen nichtjüdischen gebildeten Leser bei seiner eigenen Philosophie bzw. natürlichen Theologie abzuholen und von dort mit hineinzunehmen in die biblische Theologie. Platonismus mit seiner Weltvernunft kam später, bei den „Kirchenvätern", im großen Stil in die christliche Lehre hinein. Dies und auch alle anderen Rezeptionen eines Logos-Gedankens (Sophisten, Sokrates, Platon, Platoniker, Aristoteles, Gnostiker z. B. des 2. und 3. Jahrhunderts n. Chr., usw.[1], über Goethe bis hin zu neuzeitlichen Philosophen und Theologen) lasse ich völlig außen vor, die Stoiker (und ihr Gesetz der Vernunft) und Philon von Alexandria streife ich nur kurz; deshalb beende ich mein 3. Kapitel mit bedeutenden christlichen Theologen des 2. und 3. Jahrhunderts, zu denen der Autor des Johannes-Evangeliums, von Heraklit ausgehend, die Brücke bildet.

Aufgrund der genannten Absicht, eine allgemeinverständliche Erzählung und keine wissenschaftliche Abhandlung im strengen Sinn zu schreiben, verzichte ich auf das Zitieren eines jeden einzelnen Gedankens nach wissenschaftlichen Regeln. Selbstverständlich gibt es aber jeweils ausreichende Hinweise, wem ich wo wie weit folge. Ganz grundsätzlich habe ich bei den Altphilologen Wolfgang Schadewaldt und Werner Jaeger, sowie dem Philosophen Karl Popper vertiefte Einblicke in die Welt der griechischen Antike gefunden, bei Werner Jaeger auch in die Welt der christlichen Antike und der Kombination aus beidem. Die wertvollen wissenschaftlichen Erkenntnisse und Gedanken dieser Autoren möchte ich hiermit meinen Lesern allgemeinverständlich zugänglich machen. Für Kapitel 4 fand ich vieles bei Joseph Ratzinger, Rainer Riesner und Jürgen Spieß. Bei den Bibelzitaten versuche ich, wann immer möglich, die Neue Genfer Übersetzung (Neues Testament und Psalmen) von 2011 zu verwenden. An ganz exponierter Stelle zitiere ich die neue Zürcher Bibel von 2007, in der das griechische Wort „*logos*" im Johannes-Evangelium, Kapitel 1, als „Logos" wiedergegeben wird. Die Leser aus Deutschland mögen dabei bitte berück-

---

1 Sokrates, Platon, Augustinus u. a. erwähne ich nur am Rande, wo es weiterführend unvermeidlich scheint.

sichtigen, dass das „ß“ in der Schweiz nicht (mehr) verwendet wird (stattdessen steht dort „ss“). Auch Übersetzungen einzelner Abschnitte aus anderen gängigen Bibelübersetzungen und anderer Fachleute kommen (selten einmal) vor.

Ich arbeite beruflich weder in der theologischen, noch in der philosophischen Wissenschaft. Als Laie habe ich gerne Heinrich Schliemann vor Augen, einen mecklenburgischen Pfarrersohn, der sich mit seiner Lieblingsliteratur aus seiner Kindheit im Rucksack (die Ilias des Homer) auf den Weg machte, und als archäologischer Laie letztendlich Troja ausgegraben hat, die Stadt, von der die wissenschaftliche Archäologie damals überzeugt war, dass sie nur Sage und Mythos sei und dass es eine Stadt namens Troja nie wirklich gegeben habe.[2]

Heraklit würde dazu sagen:

Vielwisserei vermittelt keine Weisheit; […] Denn das Weise ist das Eine: den einsichtsvollen Willen zu verstehen, der alles durch alles hindurchsteuert.[3]

Der Weg des Logos geht m.E. von Heraklit (allenfalls noch über die Stoiker zur Zeit der Apostel und ihrer Mitarbeiter, und über Philon von Alexandria) hinein in die johanneischen Schriften der Bibel. Die Stoiker werden im Neuen Testament auch namentlich erwähnt:

Apostelgeschichte, Kapitel 17, Vers 18:

Dabei kam es auch zu Diskussionen mit epikureischen und stoischen Philosophen. Einige von ihnen spotteten: „Was will eigentlich dieser sonderbare Vogel mit seinen aufgepickten Weisheiten? Glaubt er, er könne uns etwas beibringen?“ Andere meinten: „Es scheint als wolle er Propaganda für irgendwelche fremden Götter machen!“ Zu diesem Schluss kamen sie, weil sie Paulus, als er das Evangelium verkündete, von Jesus und von der Auferstehung reden hörten.

Die Überschrift von Kapitel 1 lautet: “Vom Mythos zum Logos“. Gemeint ist damit der Weg von den griechischen Göttersagen zu den großen griechischen Denkern und Welterklärern, wie z. B. Thales und Py-

2 Heinrich Schliemann. Auf den Spuren Homers. Herausgegeben von Wilfried Bölke. 2005, Augsburg.

3 Fragment B40/B41: Bruno Snell (Hrsg.): Heraklit. Fragmente. Griechisch und Deutsch 1983/2007, Seite 16–17.

thagoras im 6. Jahrhundert v. Chr., Parmenides und Heraklit um 500 v. Chr., und Sokrates und Platon im 5. und 4. Jahrhundert. Bei Heraklit und Parmenides kann man versuchen, die Bedeutung von „*logos*" zu umschreiben:

Der Logos	die Rechenschaft(sablegung), die Rechtfertigung, der Grund
	das passende Verhältnis in Sprache, Denken und Sein
	die unsichtbare innere Struktur in Reden/Denken/Sein
	die sinnvolle Bezogenheit, Proportion, Porportionalität
	das Erkennen von Beziehungen, Relation, Relationalität
	der große Zusammenhang, die verborgene Weltordnung
	das schöpferische Urprinzip, das Welt"gesetz"
	die Struktur des Weltprozesses, das objektive Weltsystem
	die Ordnung nach einem übergeordneten Plan
	das universale göttliche Grundprinzip/Urprinzip
	die sprechende Wirklichkeit, die kosmische Argumentation

„Der Logos" der Bibel (Johannesevangelium, Kapitel 1) knüpft daran an, umfasst aber mehr, bis hin zum Mensch gewordenen Gott (Jesus Christus):

Der Logos	**der Christus, der Messias Jesus**
	das Wort? (so meistens die Übersetzung)
	die verborgene göttliche Weltordnung
	das universale göttliche Grundprinzip (Bezugnahme auf Heraklit)
	der **Sinn** /die Absicht (der Welt/der Heilswillen hinter der Welt)
	die (göttliche Welt-) **Vernunft** (der Stoiker) (die Weisheit Gottes)
	die ewige Gotteskraft/die schöpferische Urkraft in Person

Außerdem kenne ich den Logos von Viktor Frankl. In seiner Logotherapie und Existenzanalyse geht es um

Logos **Sinn** (Logotherapie = Heilung durch Sinnfindung)

Den neuen „Nestle/Aland" (den letzten Teil der christlichen Bibel: das „Neue Testament", in der „Ursprache": Altgriechisch), 28. Auflage, 2012/2015, gibt es mit altgriechischem Wörterbuch im Anhang. Dort sind bei „*logos*“ lediglich die Bedeutungsfelder Reden, allenfalls noch Rechnen, vertreten. Was vollständig fehlt, ist alles, was mit Sinn oder Vernunft zu tun hat. Das Institut zur Erforschung des Neuen Testaments in Münster/Westfalen half mir in dieser Frage nicht wirklich weiter, dazu mehr in Kapitel 2. Die Anknüpfung an die altgriechischen Denker, die seit bereits um 500 v. Chr. von einem höheren Logos sprachen, schien komplett verloren gegangen zu sein:

logos **Sinn, Vernunft, Weisheit, universales göttliches Grundprinzip**

Selbst in allen anderen altgriechischen Wörterbüchern zum Neuen Testament, die ich greifen konnte, war dasselbe passiert. Logos war auf Wort/Reden/ Rechnen und ähnliches reduziert. Ohne jeglichen Sinn und Verstand/Vernunft.

Das bedeutet aber doch konkret: Die Theologiestudierenden (und die interessierten Laien) können, um zu verstehen, was wirklich da steht, so lange und so perfekt Altgriechisch lernen, wie sie nur wollen. So lange sie auf die Wörterbücher, Lexika und „Wortkunden“ anderer Autoren angewiesen sind, um herauszufinden, was ein einzelnes Wort alles bedeuten kann – und in diesem Fall basieren diese Nachschlagewerke oft auf dem Kenntnisstand und der Weltanschauung längst vergangener Jahrhunderte – so lange werden sie möglicherweise gezielt daneben liegen. Die einzige Abhilfe wäre, Althistoriker und Altphilologen zu beauftragen, herauszufinden, was genau im letzten Teil der christlichen Bibel („Neues Testament“) gemeint ist. Denn diese überblicken viel eher die gesamte altgriechische Literatur und die damalige Welt, und wissen, wie welches Wort woanders, insbesondere auch außerhalb der Bibel, verwendet wurde. Aber auch das ist keine Gewähr. Dazu Schadewaldt[4]:

> „Sie werden sich wundern, wenn ich immer wieder sage, daß die Übersetzungen falsch sind, bei einer so alten Wissenschaft und Kenntnis des Griechischen. Aber das alles ist eben noch nicht so alt, sondern seit dreißig Jahren sind wir neu dabei, die Grundbegriffe zu beachten und in ihrem Wesen zu fassen, wobei wir manches ganz neu lernen, durch viele Einzelarbeiten.“

4 Wolfgang Schadewaldt: Anfänge der Philosophie bei den Griechen. Tübinger Vorlesungen 1950–1972, Band I, herausgegeben 1978, S. 385.

Hinzu kommt außerdem noch, dass bei den Zeitgenossen noch eher gewusst werden konnte, was alles mitschwingt bei einer Formulierung, und je später man dieses erforscht, desto größer und umfassender ist der Abstand zum Text. Erschwerend kommt auch noch hinzu, dass es offenbar eine infektiöse Tendenz gibt, die Bedeutung einer Vokabel davon abzuleiten, was sie an der Mehrzahl der anderen Vorkommen in der Bibel bedeutet; aktuelle Belege hierfür bringe ich in Kapitel 2. Auf diese Weise werden alle selteneren Bedeutungen systematisch ausgemerzt, so auch bei Logos: „Wort“ ohne „Sinn und Vernunft“. In der Theologie sah schon Justin der Märtyrer (ca. 100–165), dass der Logos im Evangelium Vorgänger bei den griechischen Philosophen hat, z. B. bei Heraklit.

Darüber hinaus drängt sich auch noch der Verdacht auf, dass im Rahmen der Reformation die christliche Lehre gesäubert werden sollte, nicht nur von Platon und Aristoteles, sondern von aller griechischen Philosophie und grundsätzlich von allem Griechischen, das im Lauf von über 1.500 Jahren hineingekommen war, und nicht nur die christliche Lehre sollte gesäubert werden, sondern auch die Bibel, so dass letztendlich das Kind mit dem Bade ausgeschüttet wurde, als man „Sinn, Verstand, Vernunft, Weisheit, usw.“ vom biblischen Logos entfernte, offenbar mit einer Wirkung bis heute. Ein Bezug zu Heraklit war nicht so leicht möglich, da Diels und Kranz die Worte der frühen griechischen Denker erst im 20. Jahrhundert systematisch sammelten und herausgaben.

Diese frühen griechischen Denker legten die alten Göttersagen zur Seite und fanden sich nicht mehr damit ab, dass die Welt von einem Heer zwielichtiger Mächte regiert sein soll: Zeus, Hera, Poseidon, Aphrodite, und all die anderen. Sie fingen an, selber zu beobachten und unabhängig von den Mythen über Gott und die Welt nachzudenken, um herauszufinden, wer oder was hinter der wahrnehmbaren Welt steht. Dass da nichts ist, nur Zufall und Willkür, das konnte nicht sein. Es musste eine andere, nur mit dem Denken/mit der Vernunft erfassbare unsichtbare Welt hinter der sichtbaren Welt liegen.

Gott – oder das Göttliche – ist für Heraklit jemand oder etwas, das die ganze Welt umfasst. Er meinte es müsse eine Art universales göttliches Grundprinzip geben, das allem zugrunde liegt und die ganze Welt schafft, lenkt und ihrer Bestimmung zuführt. Aber die meisten Menschen erkennen diesen Logos nicht.

Parmenides hat eine Art Gottes-Begegnung. Durch göttliche Gnade meint er, mit dem Logos in Verbindung gekommen zu sein. Der Logos ist für ihn eine Art Rechenschaftsablegung bzw. Rechtfertigung für das, was er erkannt hat: „Sein ist" und „Nichts ist nicht", mit anderen Worten: „das Sein existiert" und „das Nichts existiert nicht". Wie er zu diesen Grundsätzen kommt und wie kühn er logische Folgerungen daraus ableitet, wird in Kapitel **1.5** genauer dargestellt.

In der Bibel wird der Logos in etwa so eingeführt (Zürcher Bibel 2007):

Am Anfang war der Logos,
und der Logos war bei Gott,
und Gott war der Logos.

Der Mangel an sprachlichem und historischem Horizont theologisch tätiger (bzw. theologisch interessierter) Zeitgenossen lässt sich auch noch ausweiten auf den Mangel an literarischem Horizont. C. S. Lewis[5] schreibt über das Werk von Theologen, die sich mit der Kritik des Neuen Testaments befassen:

> „Einer, der seine Jugend und seine Mannesjahre mit dem gründlichen Studium der Texte des Neuen Testamentes und den Studien anderer darüber verbracht hat, und seine literarische Erfahrung mit diesen Texten nicht mit der Erfahrung vergleichen kann, wie sie nur aus einer weiten und tiefen, lebendigen Beschäftigung mit Literatur im allgemeinen hervorgeht, läuft mit ziemlicher Sicherheit Gefahr, die nächstliegenden Dinge an diesen Texten zu übersehen."

C. S. Lewis stellt sich in diesem Vortrag vor Theologiestudierenden mit dem Titel „Was der Laie blökt" selber als theologischer Laie vor, es zeigt sich aber Schritt für Schritt, dass es eher umgekehrt ist: Er ist eher der Fachmann und die Theolog(iestudierend)en seine Schüler. Wenn ein Theologe ihm sage, eine Stelle im Evangelium sei Legende oder Dichtung, so wolle er zuerst einmal wissen, wie viele Legenden und Dichtungen dieser Theologe gelesen hat, wie geübt sein Gaumen im

5 C. S. Lewis: Was der Laie blökt. Christliche Diagnosen. 2. Auflage. Einsiedeln 1977, Seiten 14–16.

Unterscheiden ihres Geschmackes ist, und nicht, wie viele Jahre er über diesem Evangelium verbracht hat.

Er führt viele Beispiele an: Eine gewisse Schule betrachte das Johannes-Evangelium als «geistliche Novelle», als «eine Dichtung und nicht als Geschichtsschreibung». Dazu Originalton C. S. Lewis:

> „Lesen Sie die Dialoge: jenen mit der Samariterin am Brunnen oder das Gespräch, das der Heilung des Blindgeborenen folgt. Oder betrachten Sie die Bilder: Jesus, wie er tändelnd (wenn ich so sagen darf) mit dem Finger in den Sand schreibt; das unvergeßliche „Es war aber Nacht" (13,30). Ich habe mein Leben lang Gedichte, Epen, Visions-Literatur, Legenden, Mythen gelesen. Ich weiß, wie sie aussehen. Ich weiß, daß keines von ihnen dem gleicht."

Entweder ist das (nach damaligen Maßstäben) eine Berichterstattung, oder es hat ein namenloser Schriftsteller im 1. oder 2. Jahrhundert ohne bekannte Vorgänger oder Nachfolger, plötzlich die ganze moderne, romanhafte, realistische Erzähltechnik vorweggenommen. Der Leser, der das nicht sieht, dem fehlt einfach das komplette Spektrum antiker Literatur.

Doch wir wollen mit der Geschichte des Logos von vorne beginnen.

1. Vom Mythos zum Logos: Die frühen griechischen Denker 730–480 v.Chr.[6]

Die älteste („archaische") Epoche der altgriechischen Literatur umfasst etwa 250 Jahre: 730–480 v. Chr. In dieser Zeit entsteht das schriftliche Epos (Homers Ilias und Odyssee), schriftliche Lyrik, Wissenschaftsprosa, die Philosophie, die Geschichtsschreibung, das Drama, Epigramme, Sprüche, Fabeln, Rätsel, usw. Die Griechen begründen in dieser Epoche fast alle Gattungen der europäischen Literatur. Eine solche Fülle an Formen und Gedanken ist als Neuschöpfung in Europa später nie wieder erreicht worden.

Dies geht nicht nur zeitlich parallel mit der universalen Aufbruchsbewegung während der großen Siedlungstätigkeit der Griechen, die ebenfalls 3 Jahrhunderte umfasste (8.-6. Jahrhundert v. Chr.)[7]. Florierende Seefahrt, Handel und Handwerk, Erfindungs- und Entdeckergeist sind wichtige Faktoren dieser Bewegung, an deren Ende Sokrates sagen konnte: „Wir sitzen um unser Meer wie die Frösche um einen Teich"[8]. Mittelmeer und Schwarzes Meer waren quasi griechische Binnenmeere geworden. Ausgehend vom „Mutterland" (südliche Balkanhalbinsel, Inselwelt der Ägäis und kleinasiatische Westküste) sind das heutige Südfrankreich, Sizilien und Unteritalien und die Küsten des Schwarzen Meeres, aber auch Teile der Küste Nordafrikas (Kyrene im heutigen Libyen und Naukratis/Ägypten) griechisch besiedelt worden. Allerdings wird das westliche Mittelmeer vorerst durch das phönikische Karthago (im heutigen Tunesien) und dessen Siedlungsbemühungen seinerseits für die friedliche griechische Kolonisation gesperrt. Letztendlich breitete sich aber die griechische Kultur über den gesam-

6 Die meisten Gedanken dieses Kapitels stammen aus den Darstellungen Schadewaldts, Poppers und Jaegers.

7 Hermann Kinder, Werner Hilgemann: dtv-Atlas zur Weltgeschichte. Band 1. Seiten 50–51.

8 Putzger: Historischer Weltatlas, Seite 34.

ten Mittelmeerraum aus, ein Ausdruck eines neuen übersprudelnden Lebensgefühls, aber auch Folge von Landnot, Missernten und Überbevölkerung im Mutterland. Insgesamt ist und bleibt diese Ausdehnung nach allen Seiten durch die friedliche Entfaltung der menschlichen Fähigkeiten ein einmaliges Geschehen in der Geschichte. Bruno Snell titelte 1955: „Die Entdeckung des Geistes – Studien zur Entstehung des europäischen Denkens bei den Griechen". Joachim Latacz formulierte es so:

> „Durch diese Leistung haben die Griechen [...] den Grund gelegt für das geistige Profil Europas. Europa und der von Europa geformte Kulturraum Nord- und Südamerikas, Afrikas und Australiens ist seitdem in seiner [...] Weltsicht und Lebensauffassung weithin griechisch geprägt geblieben."[9]

Etwas später haben die alten Griechen dann auch noch die direkte Demokratie erfunden. Doch weit vorher erfinden sie die Philosophie.

Ebenfalls über 3 Jahrhunderte hinweg, nämlich im 6.-4. Jahrhundert v. Chr., sind die Anfänge der Philosophie bei den alten Griechen zu beobachten. Zwar ist das Erkennen von Strukturen und Ordnungen in der Welt oder mit anderen Worten Weisheitserkenntnis als Beginn von Wissenschaft (im Speziellen: von Philosophie) bei allen Kulturen ab einer bestimmten Kulturstufe zu beobachten. Das ist also quasi ein internationales Phänomen. Trotzdem ist die Entwicklung der Philosophie in anderen (Hoch-) Kulturen nicht vergleichbar mit der bei den Griechen. Und selbst bei den Griechen hat nichts anderes so kontinuierlich und nachhaltig weitergewirkt wie die Philosophie: weder Kunst, noch Naturwissenschaft, noch sonst etwas. Alles andere hatte Abbrüche.

> „Die Tradition des Philosophierens, nachdem sie einmal angefangen hat, ist nie wieder ganz abgerissen, und so ist sie der einzig lebendige Strang eines fortgesetzten Denkens und Weiterdenkens, der uns mit den Griechen verbindet. So können wir schon jetzt sagen, dass die Muttersprache der Philosophie das Griechische ist."[10]

---

9 „Die griechische Literatur in Text und Darstellung, Band 1: Archaische Periode (Hrsg.: Joachim Latacz), 2. Auflage, Stuttgart 1998, Seiten 15–16.

10 Wolfgang Schadewaldt: Die Anfänge der Philosophie bei den Griechen, 1978, Seite 37–38

Was ist Philosophie überhaupt? Das Wort Philosophie kommt von

philein: „sich zu eigen machen, sich aneignen“
(erst später hatte philein auch die Bedeutung [freundschaftlich] „lieben“) und
sophia: „die Weisheit“
(nicht: „Vielwisserei“, nicht Fachwissen, das Stolz/Arroganz verursachen kann, sondern ein Der-Wahrheit-Nachgehen im sokratischen Bewusstsein:
„Ich weiß dass ich nichts weiß“),
zusammen: „Weisheits-Aneignung“.

Der Mensch ist von Natur aus neugierig, wissensdurstig. Einer, „der nicht gern weiß“, ist in diesem Sinne gar kein normaler, richtiger Mensch. So ist der Anfang der Philosophie das Staunen. Wegen des Staunens hat der Mensch begonnen zu philosophieren, angefangen mit den wunderlichen, merkwürdigen Dingen, dann ist er aufgestiegen zu größeren Dingen: den Wechselerscheinungen von Sonne und Mond, bis zur Frage nach dem Ursprung des Ganzen. Die letzte Stufe wäre dann, über das Alltägliche und Selbstverständliche zu staunen. Platon: „**Das Staunen** ist die Einstellung eines Mannes, der die Weisheit wahrhaft liebt, ja es gibt keinen anderen Anfang der Philosophie als diesen“. Die Bibel, aus Psalm 8: „Wenn ich den Himmel betrachte und das Werk deiner Hände sehe – den Mond und die Sterne, die du an ihren Platz gestellt hast –, wie klein und unbedeutend ist da der Mensch und doch denkst du an ihn und sorgst für ihn! Denn du hast ihn nur wenig geringer gemacht und ihn mit Ehre und Herrlichkeit gekrönt.“ Aus Psalm 63: „Ich habe dich in diesem Heiligtum gesehen und deine Macht und Herrlichkeit **bestaunt**. (…) wenn ich wach liege, sinne ich über dich nach.“ Albert Einstein: „Wer es nicht kennt und sich nicht wundern, nicht mehr **staunen** kann, der ist sozusagen tot …“

1.1 Die Anfänge des Logos bei Homer, Hesiod und Solon[11]

1.1.1 Die Homerische Frage

Kurz gesagt geht es bei der „Homerischen Frage" darum, ob es einen Menschen mit dem Namen Homer historisch wirklich gegeben hat, und wenn ja, ob er Ilias und Odyssee oder nur eines davon oder nur einen kleinen Teil davon selbst gedichtet hat oder lediglich die Redaktion der Dichtungen besorgt hat – bis hin zu der Idee, dass möglicherweise jedes Kapitel oder jeder Abschnitt von jeweils einem anderen Dichter stammt.[12]

Ausgangspunkt für die Homerische Frage waren Unterschiede zwischen Ilias und Odyssee (2 Verfasser?). Eine entsprechende Homerforschung gebe es seit dem 2. Jahrhundert. v. Chr. Die Einheit von Ilias und Odyssee sei haltbar, die Entstehung sei auf das 8. Jahrhundert v. Chr. datierbar. Viele Theorien gebe es. Die Odyssee sei jedenfalls jünger als die Ilias. Über Homers Leben sei wenig bekannt, was der Frage nach seiner Existenz Vorschub leiste. Es gebe außerdem viele ihm zugeschriebene, aber unechte Werke. Homers Werk (Ilias und Odyssee) umfasse die chronologische schriftliche Komposition und thematische Ausrichtung der mündlich überlieferten Dichtung. Der Zweck sei zunächst die Unterhaltung des Adels gewesen. Dies gewährleistete die weite Verbreitung durch umherziehende Sänger. Später kam es zur Benutzung als Schulbuch.

Im Anhang der mir vorliegenden Ausgabe von Homers Ilias[13] findet sich die „Kritik der Homerkritik", eine kurze Geschichte der Homerforschung, mit dem Resultat: „So also steht Homer für uns als letztgültiger Dichter der Ilias da." Und: „Sicher hat er dabei unbedenklich auch schon fertig zusammenhängende, vorgeformte Stücke älterer Epik benutzt und in sein Werk eingefügt, aber eben nicht als Edelsteine in schlechter Fassung, sondern als Schmuckstücke einer wunderbaren Krone, die *sein* Werk ist."

---

11 Vieles in diesem Abschnitt stammt aus Schadewaldt: „Die Anfänge der Philosophie bei den Griechen"

12 Bezug hier und im weiteren: Herbert Bannert: Homer, und H. Mickisch: Taschenlexikon der Antike.

13 Tusculum-Ausgabe von 2001, siehe Literaturverzeichnis.

Der Altsprachler Wolfgang Schadewaldt (1900–1974) kann in einem Vortrag vor Theologen[14] in der „Hyperkritik" bei der Homerischen Frage deutliche Parallelen erkennen zu der historisch-kritischen Herangehensweise liberaler Theologen ans Neue Testament (letzter Teil der christlichen Bibel). Die Bibelkritik eines Rudolf Bultmann (1884–1976, deutscher evangelischer Theologe, Professor für Neues Testament, mit dem Anliegen, „den biblischen Mythos zu interpretieren" und die biblische Botschaft „an Menschen mit wissenschaftlichem Weltbild zu vermitteln") hielt er beispielsweise nicht für stichhaltig.

1.1.2 Die Gleichnisse Homers (um 730/700 v. Chr.)

Nach Einschätzung von Wolfgang Schadewaldt[15] ist das Gleichnis bei Homer kein Vergleich, um etwas zu verdeutlichen oder zu veranschaulichen, wie zum Beispiel: Er griff an wie ein Löwe. Das Homerische Gleichnis illustriert nicht, es ist keine Ausmalung, sondern charakteristisch dafür ist etwas, das nicht schon im Vergleich gegeben ist. Es geht in einer auffälligen Form über das eigentliche Vergleichsmoment weit hinaus und nimmt immer mehr Bildelemente in sich auf, so dass ein kleines Gesamtbild, eine eigene Geschichte entsteht. Das Homerische Gleichnis hat keine verdeutlichende Funktion, denn der so verdeutlichte Vorgang wäre auch ohne das Gleichnis verständlich.

Wenn etwa Hektor[16], von einem Steinwurf getroffen, zu Boden stürzt, ist das denn unverständlich? Und doch wird ein Gleichnis angefügt von einer blitzgetroffenen Eiche, mit weit darüber hinaus hinzutretenden Zügen: sie stürzt um, entwurzelt, der Geruch von Schwefel erhebt sich … eine Eiche, dieser herrlichste, stärkste und mächtigste Baum. Genau so ist Hektor. Es wird nicht (nur) verdeutlicht, sondern es kommt eine andere Dimension hinzu. Hektor ist nicht nur wie eine Eiche, er stürzt auch wie eine Eiche, und wir fühlen sofort: wenn ein solcher Baum stürzt, dann wird es ein gewaltiger Sturz sein (unvermittelt drängt sich einem die Assoziation mit der David-Goliath-Ge-

14 „Die Zuverlässigkeit der synoptischen Tradition" 1966.
15 „Die Anfänge der Philosophie bei den Griechen …", S. 65–74
16 Homer, Ilias, 14. Gesang, Verse 409 und die folgenden.

schichte auf). Dieser Baum wird auch nicht von einem Wind oder einem Sturm umgeweht, sondern der Blitz des Zeus schlägt ihn nieder. All dies dient dazu, die Furchtbarkeit dieses Geschehens zu zeigen, und darüber hinaus kommt mit dem Blitz des Zeus auch schon etwas Schicksalhaftes bzw. Göttliches mit hinein. All dies wird im Bild viel unmittelbarer sichtbar gemacht, als wenn der Dichter nur das Geschehen als solches beschreiben würde. Das Gleichnis sagt viel mehr und hat darüber hinaus auch nicht selten – wie hier – sinnliche Dimensionen.

Charakteristisch ist, dass neben das Geschehen, das erklärt werden soll, eine ganz eigene umfassende bilderbuchartige Geschichte tritt. Wo gibt es sonst so etwas, ohne dass es bereits von Homer beeinflusst ist, wie zum Beispiel bei Shakespeare oder vereinzelt auch bei Goethe? Zum großen Staunen findet man nur eine einzige Stelle, wo diese Art von Gleichnis-Gestaltung aufkommt: bei den Gleichnissen von Jesus im Neuen Testament (letzter Teil der christlichen Bibel). Sie runden sich ebenfalls zu kleinen Geschichten, auch wenn sie etwas anders strukturiert sind. Selbstverständlich haben die Gleichnisse von Jesus keine Beziehung zu Homer. Aber das gibt es ja gelegentlich in der Welt, dass an zwei Stellen – unabhängig voneinander – Ähnliches entsteht. Der Grund dafür könnte sein, dass auch die Gleichnisse von Jesus nicht nur etwas verdeutlichen wollen, sondern in ihrer ganzen Art ebenfalls tiefe Grundverhältnisse sichtbar machen. Und noch viel mehr: Das Gleichnis hat bei Jesus eine verändernde Funktion. Der Hörer/Leser soll sich in der Erzählung selbst entdecken können und damit eingeladen werden, seine Situation zu verändern. Am Hörer/Leser des Gleichnisses vollzieht sich der erste Grundakt des Glaubens. Dies wird besonders deutlich in der Geschichte von der syrophönizischen Frau, die Jesus bittet, ihrer Tochter zu helfen, worauf Jesus sagt: „Lasst erst die Kinder satt werden. Es ist nicht recht, dass man das Brot der Kinder nehme und es den Hündlein hinwerfe." Mit den Kindern meint Jesus die Juden. Sie aber antwortete: „Ja Herr, es essen doch die Hündlein unter dem Tisch von den Brocken, die die Kinder fallen lassen." Und in dem Augenblick sagt er: „Um dieses Wortes willen gehe hin. Von deiner Tochter ist gewichen…" Diese Frau hat das Gleichnis tief in sich aufgenommen, sie hat es vernommen, sie trat ein in das Gleichnis und antwortet aus dem Gleichnis, das Gleichnis weiterführend.

Und indem sie diesen Akt vollzieht, indem sie ganz eingeht in das Gleichnis, hat sich das Gleichnis schon erfüllt. Es ist ein Glaubensereignis im Gleichnis, ein Glaubens- und Erfüllungsereignis.[17] Die moderne Gleichnisforschung hat dem meines Erachtens nichts wirklich Wesentliches hinzugefügt: Interessant ist vielleicht die Einschätzung der Gleichnisse von Jesus als „ästhetisch autonome Kunstwerke", wodurch die Interpretation von allen früheren (zu engen) Fesseln befreit wurde. Die Gleichnisse von Jesus transportieren über alle Grenzen hinweg das Reich Gottes und sie verändern die Existenz von Menschen. Auch Viktor E. Frankl hat Gleichnisse verwendet bei den Themen mit philosophischem Tiefgang, für die einfache Worte nicht ausreichen würden, um die Verantwortlichkeit als Grundzug menschlichen Daseins zu vermitteln, um mit der Auflehnung des Menschen gegen die Verantwortlichkeit und seiner Flucht vor der Freiheit fertig zu werden, um dem Menschen zu helfen, mit seinem Leben Antworten zu geben auf die Fragen, die das Leben ihm stellt.[18] Doch zurück zu Homer:

Homer malt nicht die ruhende Welt, die ruhende Natur ab, sondern zeigt alles in Aktion. Es ist nicht nur das Walten einer Kraft. Entscheidend ist das „wie", wie alles am Werk ist. Jedes Wesen tut das, was ihm wesensgemäß ist: der Sturm bläst, das Meer brandet, der Löwe raubt, die Taube flieht. Es geht nicht nur um die Möglichkeit zu etwas, sondern um das Am-Werk-Sein der Dinge, etwas in seinem vollen Tätigkeitszustand: die Lampe, die brennt, das Haus, das nicht nur dasteht, sondern bewohnt wird und damit die ihm eigene und eigentliche Wirklichkeit gewinnt. Jedes Ding, jedes Wesen ist am Werk in seiner ihm wesensgemäßen Weise. Es ist das Funktionale, was Homer an der Welt sieht. Neben dem Sehen des Auges gibt es noch ein zweites Sehen, das die Griechen den „*nous*" (oder „Nus") nennen, oft mit „Denken" übersetzt („*noein*": denken, noetisch: geistig), aber es ist eher ein geistiges Witterungsvermögen, ein Bemerken, ein Spüren, wie wir es aus Karl May-Geschichten kennen, wenn einer plötzlich spürt, dass hinter einem Busch ein Feind liegt, ein Spüren, wenn gar nichts zu sehen oder zu hören oder zu riechen ist. Mit klarem Auge wird also die Er-

17 Schadewaldt führt das in seinem Vortrag von 1966 noch weiter aus.
18 Elisabeth Lukas: Der Seele Heimat ist der Sinn. Logotherapie in Gleichnissen von Viktor E. Frankl.

scheinung erfasst und dargestellt; aber hinzutreten muss der innere Blick des geistigen Auges, des *nous*, ein geistiges Wahrnehmen, das neben dem optisch, akustisch usw. korrekt Wahrgenommenen zugleich die inneren Strukturen erkennt, die die Erscheinungen tragen. Dieses Spüren widerspricht nicht der Korrektheit der Wahrnehmung, sondern ist deren Ergänzung, geradezu deren Erfüllung.

Homer hat in diesen Gleichnissen eine Art Bildersprache entwickelt, man könnte ein Bilderlexikon der Homerischen Gleichnisse zusammenstellen. Ganz ähnlich nennt Helmut Thielicke sein Buch über die Gleichnisse von Jesus „Das Bilderbuch Gottes“; in seinen Gleichnissen zeige Jesus uns zuerst seinen Vater, wir lernten, von Gott her die Welt neu zu entdecken. Das Geheimnis unserer zeitlichen und ewigen Bestimmung erschließe sich uns nur vom Wort Gottes her, in dem er uns anspreche und in dem er sage, wer er sei und was er mit uns vorhabe; aber dabei bediene er sich der Bilder unserer Welt. Es komme alles darauf an, die richtige Perspektive zu gewinnen, mit der sich uns der Sinn der Gleichnisse erschließt.

Das Homerische Gleichnis ist ein komplexes Gefüge von Verhältnissen und Bezügen. Zu Anfang wird der Gegenstand angegeben, dann das wesensgemäße Am-Werk-Sein der Natur und der Welt, was zu der Besonderheit des Homerischen Gleichnisses führt, das so neben die Haupthandlung tritt, nicht illustrierend, nicht ausmalend, sondern die Dinge auf ihr Grundwesen hin untersuchend und darstellend, und zwar vor allem in dem, was nur dem geistigen Auge zugänglich ist. Für ein solches komplexes Gefüge von Verhältnissen und Bezügen haben die Griechen später ein ganz einfaches Wort: Logos. Wir verstehen es hier am besten als Verhältnismäßigkeit, als sinnvolle Bezogenheit im großen Zusammenhang. Ein Haus etwa hat seinen Logos, und ich kann alles, was dazu gehört aufschreiben in Form von Zahlen. Die Funktionalität und Dynamik des Hauses besteht aber auch darin, dass es seinem Wesen entsprechend bewohnt ist. Schwieriger wird es bei der Rose oder beim Wolf, wo das nicht so exakt möglich ist. Noch schwieriger wird das dann beim Menschen.

All das führt unmittelbar zu Heraklit: Dem Widerspiel der Gegensätze und überhaupt aller Veränderung, dem Werden und Vergehen, liegt nach Heraklit etwas zugrunde, das sich im Wechsel festhält, eine ganz umfassende sinnvolle Bezogenheit, und bei ihm haben wir dafür auch das Wort: Logos, das bei Homer in dieser Bedeutung noch nicht vorkommt. Die Sache an sich, lässt sich bei ihm aber bereits nachweisen in der Struktur seiner Gleichnisse.

1.1.3 Die „Götter" des Hesiod (um 700 v. Chr.)

Dadurch, dass die dichterischen Helden-Erzählungen des Homer bei Hesiod übergehen in Lehrformen, macht das Denkgeschehen einen großen Schritt nach vorn. Bei Homer schlägt sich das Denken im Wesentlichen darin nieder, wie die Dinge gesehen und erzählt werden. Jetzt treffen wir das Denken selbst an; noch nicht in der seiner selbst bewussten Form des reinen Logos, noch bezogen auf das Gestalthafte, Sagenhaft-Gegenständliche, aber doch so, dass alles jetzt in ganz neuer Weise vom Denken erfasst wird und neue Weisen von Verhältnissen, Bezügen und Funktionen sichtbar werden.

Das Seiende ganz allgemein ist der Gegenstand der „Theogonie" des Hesiod, eines Lehrgedichts mit den drei Stufen: Kosmos, Götter und Menschen. Und die Frage nach dem Ursprung der Götter ist zugleich die Frage nach dem Ursprung der ganzen seienden Welt.

Man muss dazu wissen, was „die Götter" bei den alten Griechen bedeuten: Jedenfalls nicht das, was man im christlichen Umfeld unter Gott versteht. Man müsste bei den griechischen „Göttern" besser von „Mächten" sprechen, sie sind nicht grundgütig, allwissend, allmächtig, sondern sie können irren und ihr Wirken entspricht nicht unseren Vorstellungen vom Göttlichen, ganz im Gegenteil: Man findet sehr oft ein grausames Handeln bei den griechischen „Göttern" bzw. Mächten.

Da gibt es einerseits die „Olympischen" Götter, die ihren Sitz auf dem Olymp, dem größten Gebirge Griechenlands haben und die mit konkreten Namen benannt sind: Zeus, Poseidon, Apollon, Athene, Hermes usw. Und es gibt eine zweite Gruppe im Tartaros, dem tiefsten Teil der „Unterwelt", wohin Zeus sie verbannte nach seinem Sieg: die Titanen, Kronos und seine Verwandten.

Und es gibt die Mächte, die überall begegnen, in Quellen, Bäumen, Strömen, auf Wegen usw. Es ist ein Erfüllt-Sein der ganzen Welt von Mächten, die oft keine besonderen Namen haben, sondern als Gruppen erscheinen, wie etwa die Musen, die erst später Zahl und Namen bekommen. Aber diese Mächte leben nicht nur in der Natur, sondern auch gleichzeitig in uns selbst, als Leidenschaften, Affekte, wie Liebe, Hass u.a., die ja nicht bloß Affekte sind, sondern Mächte, und die als wirkende Mächte für den Menschen jener Zeit auch göttliche Wesen sind. Diese Mächte, draußen oder drinnen, ergreifen uns – auch wir sprechen noch davon, dass man von Liebe oder Hass ergriffen wird, ebenso von Neid oder Kummer. Hier aber ist das noch wie einzelne „Götter" gesehen.

Warum dichtet Hesiod eine „Götter-Entstehung"? Kein Zweifel, er stellt die gleiche Grundfrage wie die frühen griechischen Denker nach ihm, die das dann aus dem magisch-mythischen Bereich herauslösen, die Frage, wie alles Seiende geworden ist. Insofern ist Hesiods Werk zugleich eine Welt-Entstehungsgeschichte.

1.1.4 Die Rechtsidee des Solon von Athen (640–560 v. Chr.)

Solon hat nicht nur im politischen Leben gewirkt, durch seine Solonischen Gesetze bzw. durch seine Verfassung, sondern auch gedanklich zunächst auf Anaximander, der einmal sagt, dass die Dinge sich nach einer Notwendigkeit vollziehen und einander Buße zahlen nach der Ordnung der Zeit (siehe Kapitel 1.2.4), eine Übertragung der Rechtsidee auf den Kosmos. Der nächste ist dann Heraklit mit deutlichem Anklang: Die unsichtbare Struktur ist stärker als die sichtbare. Da haben wir wieder den Gedanken eines unsichtbaren inneren Gefüges, des inneren Verhältnisses zueinander, den Gedanken an einen Logos.

1.2 Die Milesier (625–525 v. Chr.)[19]

Von den frühen griechischen Denkern (die Physik mit Kosmologie/Astronomie, Chemie, Biologie, Geografie, Geologie, Meteorologie, Philosophie, Psychologie und Theologie in einem betrieben, kurz: „Naturphilosophie") sind keine vollständigen Schriften erhalten. Es

19 Die meisten Gedanken dieses Kapitels stammen aus den Darstellungen Schadewaldts, Poppers und Jaegers.

gibt nur Zitate (sogenannte Bruchstücke oder Fragmente) oder Berichte über diese früheren Denker in späteren Schriften anderer Autoren. Diese Zitate und Berichte hat Hermann Diels in den „Fragmenten der Vorsokratiker" (die „Vorsokratiker" sind solche „Naturphilosophen" vor Sokrates) systematisch gesammelt, deshalb sind diese erst seit 1903 richtig umfassend und übersichtlich zugänglich. Dass man die Fragmente der Vorsokratiker seit Beginn des 20. Jahrhunderts aufgrund dieser Ausgabe von Diels im Zusammenhang lesen kann, ist eine Erfahrung, die das Bild von den einzelnen frühen Denkern und von ihnen als einer Gruppe, wesentlich beeinflusst und verändert hat. Zuvor hätte man sich alles selber in der antiken und mittelalterlichen Literatur zusammensuchen müssen, um ein repräsentatives Bild davon zu bekommen. Unsere ersten Quellen über die frühen griechischen Denker sind Platon (427–347 v. Chr.) und Aristoteles (384–322 v. Chr.), es liegen bereits ca. 200 Jahre zwischen diesen unseren Quellen und den ursprünglichen Autoren selbst. Es gab einerseits wohl damals schon teils erhebliche Verständnisschwierigkeiten, insbesondere beim ausgesprochenen Rätselstil des Heraklit. So ist von Sokrates über Heraklit überliefert: „Was ich verstanden habe, ist ausgezeichnet – ich glaube auch das, was ich nicht verstanden habe, jedoch bedürfte es dazu eines delischen Tauchers". Außerdem hatten Platon und Aristoteles kein echtes Interesse daran, die Lehren der Vorsokratiker in ihrer historischen Entwicklung vorzustellen, nicht einmal diese angemessen zu verstehen, zu interpretieren und zu würdigen. Vielmehr missbrauchten sie diese eher, um sie, z. B. etwas abgeändert, als ihre eigenen Ideen zu verkaufen oder zumindest als Kontrast zu ihren eigenen Gedanken, als Bühne zur Selbstdarstellung, zu benutzen, oder auch, um sich lustig darüber zu machen, wobei der Clou häufig der war, dass sie deren Theorien – wie Sokrates dies so witzig zumindest behauptet – gar nicht richtig erfasst und verstanden haben.

Das große Thema speziell der Milesier ist Ursprung und Wesen („*genesis*") der gesamten Wirklichkeit, bzw. – wie dies später genannt wurde – ihre „*arche*" („Anfang", Ursprung). Viele Argumentationen leuchten uns heute natürlich nicht mehr ein, aber bedeutsam bleibt für uns der Schritt zum eigenen Denken, die Kühnheit der Hypothesen, die sie teils ohne jeden Bezug zum Augenschein, zu Beobachtungen, zu „Experimenten", überhaupt zu Anschaulichkeit, aufgestellt haben, zum

Teil „aus dem Stand", ohne Vorläufer, mit teils wirklich atemberaubenden Ergebnissen, entweder weil es Jahrtausende später bestätigt wurde oder weil es wegen seiner Abwegigkeit das Nachdenken in andere Richtungen massiv angeregt und gefördert hat, und dadurch Grundlage unserer heutigen Wissenschaft wurde.

1.2.1 Thales von Milet in Kleinasien (625–547 v. Chr.)

Herodot[20] schreibt: „Als die Lydier und Meder mit gleichem Erfolg gegeneinander Krieg führten, geschah es im 6. Jahr, während sich ein Zusammenstoß ereignete und die Schlacht entbrannt war, dass der Tag plötzlich zur Nacht wurde. Diese Verwandlung des Tages hatte Thales aus Milet den Ioniern[21] mit Bestimmtheit vorausgesagt, und zwar hatte er als Termin eben dieses Jahr [585 v. Chr.] angegeben, in dem dann die Verwandlung auch tatsächlich sich ereignete [28. Mai]."

Die Vorhersage der Sonnenfinsternis war nicht so schwer, die Babylonier hatten schon große Tabellen für diese Himmelserscheinungen. Aber es beweist die Beziehung, die Thales und die ionischen Griechen zu den Babyloniern hatten. Und wir sehen, wie er sich mit diesen Himmelsdingen beschäftigt und auch in der Öffentlichkeit gewirkt hat durch eine solche Vorhersage. Er war also ein Mann, der im Licht der Öffentlichkeit und des politischen Lebens stand, ein Mann der Tat und des praktischen Wissens, und mitten im Leben.

---

20 Buch I, Abschnitt 74, hier zitiert nach Wolfgang Schadewaldt: Anfänge der Philosophie bei den Griechen.

21 Ionien bezeichnete die Westküste von Kleinasien (der heutigen Türkei), wichtige Städte Ioniens waren Ephesus, Milet und Smyrna, wichtige Inseln Chios und Samos, insofern können Heraklit aus Ephesus und die Milesier (Thales, Anaximander und Anaximenes von Milet) auch als Ionier bezeichnet werden (Xenophanes stammte aus Kolophon, ebenfalls in Ionien, ebenfalls Pythagoras von Samos). Später hießen auch die im Mutterland auf der Balkanhalbinsel (Attika und Euboia) verbliebenen Teile dieses griechischen Stammes „Ionier". Diese hatten im Zuge der ionischen Kolonisation, möglicherweise bereits ab dem 11. Jahrhundert v. Chr., die Küsten Kleinasiens besiedelt. In der Philosophie wird die frühgriechische Aufklärung teils auch „ionische Aufklärung" genannt.

AM ANFANG war das Wasser. Ursprung und Endziel von allem ist das Wasser. Denn alle Dinge kommen aus dem Wasser zustande, indem es sich verfestigt, und werden wieder zu Wasser, indem sie sich verflüssigen.

Soviel als Versuch einer Rekonstruktion aus den Berichten über Thales. Wie kommt Thales zu seinen Theorien? Hierzu und im Folgenden Gedanken von Karl R. Popper[22].

Er [Thales] sagt, „dass die Erde vom Wasser getragen wird, auf dem sie fährt wie ein Schiff, und wenn wir sagen, dass sie bebt, schwankt die Erde infolge einer Bewegung des Wassers." Zweifellos hat Thales sowohl Erdbeben als auch das Wanken eines Schiffes „beobachtet", bevor er diese Theorie aufstellte. Der tiefere Sinn dieser Theorie war jedoch die Erklärung dessen, was die Erde hält und wie Erdbeben entstehen, und zwar durch die Annahme, dass die Erde auf dem Wasser schwimmt. Für diese Erklärung, die so erstaunlich die heutige Theorie der Kontinentaldrifte vorwegnimmt, konnte er sich aber unmöglich auf Beobachtungen stützen. Aber sie wird doch immerhin inspiriert sein von einem Analogieschluss aus Erfahrungen und Beobachtungen. Das kann man allerdings von der Theorie seines bedeutendsten Schülers Anaximander nicht behaupten.

1.2.2 Anaximander von Milet (610–545 v. Chr.)

Anaximanders Theorie über die Erde entspringt nicht einer Beobachtung oder einer aus Beobachtungen gewonnen Analogie, sondern sie ist tatsächlich geradezu das Gegenteil einer Beobachtung. Laut Anaximanders Theorie ist …

„[…] die Erde von nichts gehalten, sie bleibt dadurch an ihrem Ort, dass sie von allen Dingen den gleichen Abstand hat. Ihre Form ist […] einer (Säulen-) Trommel ähnlich […]. Wir gehen auf der einen ihrer Grundflächen, die andere liegt dieser gegenüber."

Die Trommel ist zwar selbstverständlich eine Beobachtungsanalogie. Die Vorstellung jedoch von der Erde als frei im Raum schwebend und

22 Karl R. Popper, in: Zurück zu den Vorsokratikern, in: Die Welt des Parmenides. München 2001, 4. Aufl. 2014.

die Erklärung ihrer Stabilität besitzt keinerlei Analogie auf dem weiten Gebiet der zu beobachtenden Tatsachen.

Diese Idee des Anaximander ist einer der kühnsten, revolutionärsten und außergewöhnlichsten Gedanken in der gesamten Geschichte des menschlichen Denkens. Sie ermöglichte die Theorien eines Kopernikus. Der Gedankenschritt des Anaximander war sogar noch komplexer und wagemutiger als der von Kopernikus. Die Vorstellung von der Erde als freischwebend in der Mitte des Weltalls und die Aussage, „dass sie unbewegt dank ihrer nach allen Seiten gleichen Entfernung oder ihres Gleichgewichts“ ist, bedeutet sogar eine Vorwegnahme der Newtonschen Idee von der unsichtbaren Schwerkraft.

Wie kam nun Anaximander zu dieser erstaunlichen Theorie? Sicherlich nicht durch Beobachtung, sondern durch Nachdenken. Seine Theorie stellt einen Versuch dar, eines der Probleme zu lösen, die sein Lehrer und Verwandter Thales, der Erste der Milesier oder Ionier, bereits vor ihm zu lösen versucht hatte. Wahrscheinlich argumentierte Anaximander auf gedanklicher Ebene gegen die Theorie des Thales (die Erde schwimme auf dem Wasser) folgendermaßen:

Die Theorie des Thales ist ein Musterbeispiel für jenen Typ von Theorie, die, wenn man sie konsequent weiterdenkt, zu einer unendlichen Folge von Fortsetzungen führen muss. Wenn man die stabile Position der Erde mit der Annahme zu erklären versucht, dass sie vom Wasser getragen wird – das heißt, dass sie auf dem Ozean treibt – muss man dann nicht auch annehmen, dass sich die stabile Position des Ozeans aus analogen Hypothesen ergibt? Das aber würde bedeuten dass man einen Träger für den Ozean finden müsste und dann erneut einen Träger für diesen Träger. Diese Erklärungsmethode ist unbefriedigend: erstens, weil man das Problem durch das Aufwerfen eines analogen Problems löst, und zweitens, etwas weniger formal und eher intuitiv gedacht, weil in einem derartigen System von Trägern oder Stützen jeder Sicherheitsmangel an einer der unteren Stützvorrichtungen zum Zusammenbruch des gesamten Gefüges führen muss. Daraus schließen wir intuitiv, dass die Stabilität der Welt nicht durch ein System von Trägern und Stützen gesichert sein kann.

Anaximander beruft sich stattdessen auf eine der Erde innewohnenden Struktur, die gewährleistet, dass sie nicht in eine bestimmte Richtung fallen kann. Er stellt den Grundsatz auf, dass es dort, wo es keine Unterschiede gibt, auch keine Veränderung geben kann und erklärt die Stabilität der Erde durch den gleichen Abstand von allen anderen Dingen. Das, so scheint es, war Anaximanders Gedankengang. Dieses Denken gibt die Vorstellung von einer absoluten Richtung auf – und damit auch die absolute Bedeutung von „aufwärts“ und „abwärts“. Das widerspricht nicht nur jeglicher Erfahrung, sondern es ist auch schwer zu begreifen. Das ignoriert Anaximander. Die Vorstellung einer gleichen Entfernung von allen Dingen hätte ihn allerdings zu der Theorie führen müssen, dass die Erde eine Kugel ist. Stattdessen nahm er an, sie habe die Form eines schmalen Zylinders bzw. einer Trommel mit einer flachen Ober- und Unterseite. Die Bemerkung „Wir gehen auf der einen ihrer Grundflächen, die andere liegt dieser gegenüber“ ist ein Hinweis darauf, dass es keine absolute obere Seite gibt, sondern dass im Gegenteil die Seite, auf der wir gerade gehen, diejenige ist, die wir aktuell als die obere „bezeichnen könnten“.

Warum hat Anaximander geschlossen, dass die Erde eine Trommel ist? Warum hat er nicht ihre Kugelform postuliert? Die Erfahrung durch Anschauung lehrte ihn, dass die Oberfläche der Erde im Großen und Ganzen flach ist. Das heißt insgesamt: Es war ein spekulativer und kritischer Gedankengang, eine abstrakte kritische Diskussion der Theorie des Thales, die ihn beinahe zu der richtigen Theorie von der Form der Erde geführt hat. Und es war Erfahrung durch Anschauung, die ihn in die Irre führte. Das letzte Quäntchen Kühnheit des Denkens fehlte dann doch noch.[23]

Ist Anaximander unwissenschaftlich, weil er mit Spekulation (und Deduktion: Schlussfolgerungen vom Allgemeinen auf das Besondere) und nicht mit Beobachtung (und Induktion: Schlussfolgerungen von Einzelbeobachtungen auf allgemeine Gesetzmäßigkeiten) arbeitet? Dann wären keine oder nur wenige physikalische Theorien wissenschaftlich. Entscheidend ist doch vielmehr die Erklärungskraft einer Theorie, und ob sie der Kritik und Nachprüfung standhält. Zwischen den Theorien Anaximanders und der späteren Physik besteht eine Kontinuität des Denkens: Die Theorien des Anaximander haben den Weg für die Theorien eines Kopernikus, Kepler, Galilei und Einstein

23 Auf mögliche Einwände und weitere kühne Theorien des Anaximander geht Karl R. Popper in „Die Welt des Parmenides“. 2001 München, 4. Aufl. 2015, Seiten 37–38 ein.

vorbereitet und geebnet. Er hat diese späteren Denker nicht nur beeinflusst, sondern hat ihre Leistungen durch seine denkerische Vorarbeit erst ermöglicht.

Aber sind die Theorien des Anaximander nicht falsch? Ja, sie sind falsch! Dies gilt aber gleichermaßen für viele andere moderne Theorien, deren Wissenschaftlichkeit niemand anzweifelt, obwohl sie nicht haltbar waren, selbst wenn sie sich auf zahlreiche Experimente stützten. Eine falsche Theorie kann eine ebenso große Leistung sein wie eine richtige. Viele falsche Theorien waren auf der Suche nach der Wahrheit nützlicher als manche anderen, die noch immer Bestand haben. Falsche Theorien können nämlich zu hilfreichen radikalen Abwandlungen führen und zur kritischen Betrachtung herausfordern. So taucht die Theorie des Thales, dass die Erde auf dem Wasser schwimmt, in veränderter Form bei Anaximenes auf, bei dem die Erde auf Luft schwebt wie ein Topfdeckel auf dem Dampf, bis hin zu Wegeners Theorie des Kontinentaldrifts im 20. Jahrhundert. Und sie regte Anaximanders Kritik an, was bei ihm zum Prinzip der frei im Weltraum schwebenden Erde führte. Und die Theorie des Anaximander legte eine Abwandlung nahe, die Theorie einer Erdkugel, die frei im Weltall schwebt, von Sphären umgeben, an denen Himmelskörper befestigt sind. Und durch die angeregte Kritik kam es zur Theorie, dass der Mond durch reflektiertes Licht leuchtet. So kam es zur Theorie des Pythagoras vom zentralen Feuer und schließlich zum helio-zentrischen Weltsystem (mit der Sonne im Mittelpunkt) des Kopernikus.

Die drei Milesier stellten sich die Welt als ein Heim, ein Zuhause aller Geschöpfe vor, so war es nicht nötig, weiter nach dem Zweck zu fragen. Es gab aber ein echtes Bedürfnis, ihren Bauplan zu erforschen, also nach Struktur, Grundriss und Baumaterial zu fragen. Außerdem gab es ein spekulatives Interesse am Ursprung der Welt. Thales untersuchte als erster den Bauplan der Welt. Bei Anaximander finden wir Antworten auf ihre Struktur. Die Frage nach dem Grundriss beantwortete er, indem er als erster eine Weltkarte zeichnete, wie überliefert ist. Seine Theorie zum Baustoff war das „Endlose", oder „Grenzenlose" oder „Unbeschränkte" oder „Ungeformte", das „Apeiron":

AM ANFANG war das Apeiron (das Unbeschränkte, das Unbegrenzte, das Ewige). Weil es der Anfang ist, ist es auch nicht entstanden und nicht vergänglich. Und dieses ist DAS GÖTTLICHE, denn es ist unsterblich und un-

vergänglich. Dieses ist Ursprung und Element, eine bestimmte, immerwährende Natur, es ist das Prinzip der seienden Dinge; seine Erhabenheit zeigt sich darin, dass es das Allumfassende ist und alles in sich einschließt; es ist etwas anderes als Wasser oder die üblichen Elemente [wie Wasser, Luft oder Feuer], die aus ihm entstehen.

Soweit dieser rekonstruierende weitergehende Überblick über seine Gedanken. Anaximander war, wie Thales, ein geschickter Mann auf den verschiedensten Gebieten des Lebens: Er war politisch aktiv, wie es damals eher selbstverständlich war. Als die Spartaner einen Feldzug gegen Persien erwogen, zeigte man ihnen die Entfernungen auf der „Weltkarte des Anaximander"; daraufhin ließen sie von ihrem Vorhaben ab. Er beschäftige sich auch mit den Dingen am Himmel und erfand die Sonnenuhr (oder übernahm sie von den Babyloniern). Er schrieb, im Unterschied zu Thales, ein Buch, noch dazu in Prosa – ein gewaltiger Schritt voran.

1.2.3 Anaximenes von Milet (585–525)

Anaximenes, Schüler und Nachfolger des Anaximander, erklärte den Übergang von Hitze und Kälte, von Feuchtigkeit und Trockenheit, mit einer Theorie der Verdichtung und Verdünnung. Er ersetzte das Apeiron durch Luft, ein Prinzip, das ebenfalls beinahe grenzenlos und formlos war und dennoch, gemäß der alten anaximanderschen Theorie der Dämpfe, nicht nur zur Bewegung fähig, sondern sogar die Hauptursache für Bewegung und Veränderung. Die kühnen, abstrakten Ideen seines Lehrers ersetzte er durch pragmatischere, weniger abstrakte. Die Erde schwebt nicht kugelähnlich im All, sondern ist flach und schwebt auf Luft, ähnlich wie ein Topfdeckel auf dem Dampf des Kochtopfes oder ein Schiff auf dem Wasser, ähnlich wie bei Thales. Er verstand Anaximander nicht, und war der am wenigsten kreativ und revolutionär Denkende der drei Milesier. Hier der Versuch einer Rekonstruktion seiner Haupttheorie:

AM ANFANG war die Luft. Denn aus Luft entsteht alles und in diese löst sich alles wieder auf. Die anderen Dinge rühren von denen her, die von der Luft abstammen. Denn je nachdem sie sich verdichtet oder verdünnt, tritt sie in anderer Verfassung in Erscheinung; denn wenn sie sich zu einer dünneren Verfassung auflöst, entsteht Feuer; Winde hingegen sind verfestigte

Luft, wenn sie geplättet wird, kommt eine Wolke zustande, und wenn sie noch mehr geplättet wird, Erde, und wenn sie sich maximal verfestigt, Steine.

1.2.4 Die Theologie der Milesier

Das Wort „Theologie" selbst ist eine griechische Schöpfung, aber nicht nur das Wort, sondern noch mehr die Sache, die es ausdrückt. Platon war der erste, der das Wort „Theo-logie" gebrauchte, und er ist offenbar der Schöpfer dieses Begriffs. Und es ist auch wichtig, zu erwähnen, dass „*logos*" erst seit Platon die Bedeutung „Vernunft", „Verstand", lateinisch „*ratio*", erhalten hat, die es vorher nicht hatte! Was also könnte griechischer sein als die Kühnheit, die sich anmaßt, mit der Kraft der Vernunft/des Logos („-*log*-ie") auch das Höchste und Schwierigste zu erforschen, nämlich das Sein Gottes („*theo*-„). Dieser neue Begriff entsprang dem Konflikt zwischen der mythischen Tradition und der geistig-vernünftigen, philosophischen, rationalen Behandlung des Göttlichen.

Die Frage nach dem Göttlichen nimmt bei den frühen griechischen Denkern einen wesentlich größeren Raum ein, als manchem Späteren lieb und recht ist. Zudem kennt dieses ältere griechische Denken noch keine Differenzierung zwischen einem theologischen Ast von den übrigen Verzweigungen des Denkens, wie wir das später, seit Platon, finden. Das führt dazu, dass wir die Philosophie eines Anaximander, Xenophanes, Parmenides oder Heraklit (entgegen der „modernen" getrennten Darstellung) stets als ein Ganzes erfassen müssen, vor allem wenn wir ihre Aussprüche über Gott oder das Göttliche richtig verstehen wollen. Die theologische Komponente ist von der physikalischen, kosmologischen, biologischen Grundstruktur ihres Denkens nicht zu trennen. Auch wenn spätestens seit Aristoteles nur oder vor allem ihre Errungenschaften als Naturforscher in den Fokus gestellt wurden. Man „verzieh" den ersten Bahnbrechern der Naturwissenschaften, dass sie ihre Erkenntnisse mit „halb mythologischen Elementen vermischten": So urteilten manche späteren Wissenschaftler in ihrem Eifer, die Modernität der frühen griechischen Denker zu erweisen. Wenn Cicero und Augustinus die „Physiker" von Thales bis Anaxagoras als die ersten Schöpfer einer philosophischen Theologie darstellen, so wiederholen sie nur, was sie in ihren griechischen Quellen damals (im Gegensatz zu später) noch finden konnten. Diese „Physiker“ gehören also durchaus auch in die Religionsgeschichte. Ist es nicht paradox, oder Ironie der Geschichte, dass genau dieses Erbe der Griechen, das ganz erheblich mehr ist als lediglich die Auflösung der alten Volks- und Dichter-Religion, von bleibender Bedeutung für die Menschheit ist und bleiben wird?

Der Begriff der philosophischen oder „natürlichen“ Theologie findet sich auch in dem das christliche Abendland begründenden Werk des „Kirchenvaters“ Augustinus (den ich hier nur ganz kurz erwähne). Nachdem er in den ersten fünf Büchern seiner „Bekenntnisse“ den Glauben an die Götter der Heiden als Irrwahn bekämpft hat, geht er vom 6. Buch an dazu über, die christliche Lehre von dem einen Gott darzulegen, und beginnt damit, dass er sie als mit den tiefsten Erkenntnissen der Philosophie übereinstimmend erweist. Diese Auffassung der christlichen Theologie als Bestätigung und Vollendung der Wahrheit der vorchristlichen Philosophie drückt das neue Verhältnis des christlichen Glaubens zur heidnischen Antike positiv und in allgemeingültiger Weise aus. Die Kontinuität der Überlieferung der griechischen Antike bis heute wurde durch die griechische Philosophie aufrechterhalten. Und dies war möglich in ihrer Eigenschaft als Grundlage und Wegbereiter der christlichen Theologie.

Nach diesen allgemeinen, grundsätzlichen Überlegungen kommen wir nun spezieller wieder zurück zu Thales und Anaximander:

Der rationalen Auslegung und Zusammenstellung der mythischen Überlieferung im Stil Hesiods tritt nun eine neue radikalere Form des rationalen Denkens gegenüber, die ihren Inhalt überhaupt nicht mehr aus der mythischen oder irgendeiner sonstigen Tradition schöpft. Ausgangspunkt dieses Denkens ist die von der eigenen Erfahrung des Menschen vorgefundene Wirklichkeit, das was vorhanden ist. Die himmlischen Mächte, von denen die Mythen der Vorzeit berichten, gehören nicht dazu. Das Interesse an den Dingen, die da sind, umfasst aber auch ihren Ursprung, also die Realität, die den Dingen unserer Erfahrung zugrunde liegt. Schon bei Homer war Okeanos (der göttliche Vater der Gewässer) der Ursprung aller Dinge, und bei Thales ist das Wasser der Ursprung von allem. Thales verzichtet aber auf jeden allegorisch-mythischen Ausdruck. Sein Wasser ist ein sichtbarer Teil der Erfahrungswelt und tritt dadurch mit dem Mythischen in Konkurrenz. Dass seine scheinbar physikalische Lehre für ihn zugleich einen übernatürlichen Charakter hat, enthüllt der einzige mehr oder weniger wörtlich von ihm überlieferte Ausspruch: „Alles ist voll von Göttern". Dies hängt zusammen mit der alten allgemeinen Grundvorstellung, dass tatsächlich alles beseelt und voll von göttlichen Wesen ist: Die Nymphen, die in Bäumen leben, usw. Diese Auffassung wirkt sich in der ganzen griechischen Naturbetrachtung aus, bis sie völlig vom Logos durchdrungen und damit wissenschaftlich wird. Aber auch dann steht hinter allem noch das Göttliche.

Für Thales war irgendwie die Vorstellung gegeben, dass die uns umgebende Natur erfüllt ist von Göttern, so dass er eigentlich gar nichts Neues damit sagt, nicht etwa der alten Zeit gegenüber einen Pantheismus predigt. Aber was ist dann das Besondere dabei? Auch, dass das Wasser der Ursprung von allem sei, was schon bei Homer stand, war nicht das Neue, sondern zweierlei: dass Thales die ältere Vorstellung „entmythologisiert", und dass er Fakten dazu angegeben hat. Das ist auch hier das Neuartige: Thales sagte es nicht allgemein, sondern hat gerade auf Dinge hingewiesen, in denen das göttliche Walten nicht so ohne weiteres in Erscheinung tritt wie bei der Bewegung des Meeres, den Winden, dem Blitz, usw. Er konzentriert sich auf etwas ganz Konkretes, die anziehende Wirkung des Magnetsteins, und gerade darin sieht er den Beweis, dass alles voll von Leben, voll von Kräften und Mächten und das heißt, voll von „Göttern" ist. Der Logos also ist das entscheidend Neue, das hineinkommt in die an sich ältere Vorstellung. Was Thales gemeint hat, ist die Kraft, die Dynamis. Damit liegt auch eine Neufassung des Gottes-Begriffes vor, abstrakter, vielleicht stärker mit Macht oder Kraft identifiziert. Das wäre ebenfalls eine Änderung, die in die alte Vorstellung kommt, bedingt durch das Hinzutreten des Logos, der seinen Siegeszug beginnt. Die Beschränkung unseres Wissens auf die Dinge, die uns umgeben, ist danach nicht notwendig gleichbedeutend mit der Preisgabe des Göttlichen. Dem denkenden Verstand tut sich in der neuen Erfahrung der Natur, der Wirklichkeit, eine neue Quelle der Erkenntnis des Göttlichen auf, und wir können es überall in der Welt wie mit Augen sehen, wie mit Händen greifen.

Eine witzige Anwendung desselben auf die Situation des Augenblicks ist eine Geschichte, die von Heraklit erzählt wird. Als er sich die Hände am Herdfeuer wärmte und sah, dass Besucher auf der Schwelle standen, rief er ihnen zu: „Tretet ein, auch hier sind Götter“. Auch über dem Eingangstor zur philosophischen Erkenntnis des Seins, die mit Thales beginnt, steht die Inschrift: Tretet ein, auch hier sind Götter. Diese Worte werfen ihr Licht auf den Weg der frühen griechischen Denker von Thales bis Platon.

Bei Anaximander erwächst seine Theologie unmittelbar aus dem Kern seiner neuen Anschauungen, die als Gesamtleistung eine überragende Geisteskraft bezeugen. In ihrem Drang nach Aufweisung mathematischer Proportion und Harmonie im Verhältnis des Ganzen und der Teile der Welt offenbart sich das Bestreben, in der Beschaffenheit der Wirklichkeit selbst den Schlüssel bzw. die Formel zu finden, die das Geheimnis ihrer verborgenen Struktur erschließt. Der Kosmos Anaximanders ist der Triumph des Geistes über eine ganze Welt roher Mächte und einer mythisch-feudalen Lebens- und Weltordnung. Den alten Göttern war es nicht erlaubt, in den neuen Weltenbau mit einzuziehen. An der Stelle dieses leeren Platzes erhob sich jetzt von neuem die Frage nach dem Woher, dem Ursprung aller Dinge. Das Wasser als Urelement seines Vorgängers verwarf er. Es kam nur etwas in Frage, aus dem die ganze Unermesslichkeit der vorhandenen Dinge hervorgegangen sein konnte. Es musste unbegrenzt sein und diesen Namen gab ihm Anaximander. Das Apeiron ist der Anfang und das Ende von allem, ähnlich wie es in einem orphischen Vers von Zeus heißt: Zeus ist Anfang, Mitte und Ende. Das ist schon beeinflusst von philosophischem Denken, Hesiod hätte es nicht schreiben können, es passte nicht zu der alten Götterabstammungslehre. Der Begriff eines Seins, das selbst Anfang und Ende ist, verbindet sich hier mit der Vorstellung des höchsten Gottes.

„Das Göttliche“ wird von Anaximander als selbständiger Begriff aus dem religiösen Denken eingeführt und mit dem rationalen Prinzip identifiziert. Diese Ausdrucksweise hat in der griechischen Philosophie Epoche gemacht und begegnet auch bei späteren Philosophen. Ausgehend von der Natur (der ganzen Welt, des gesamten Kosmos) wird die Idee eines höchsten Prinzips entwickelt, so bei Aristoteles und bei den Stoikern. Damit wirft Anaximander auch als erster die philosophische Frage auf, was das Wesen des Göttlichen ausmacht: Das Unbegrenzte „umfasst alles und steuert alles", und erfüllt damit die oberste Anforderung, die das religiöse Denken von jeher an die Gottheit gestellt hat: Es ist der Träger der höchsten Macht und Herrschaft. Ähnliches gilt für die Eigenschaft der Unsterblichkeit bzw. Unvergänglichkeit. Und es ist ungeworden, ungeschaffen. Gerade auch diese Eigenschaft kommt dem Prinzip aller Dinge zù. Für die alten Götter galt das nicht, man wusste noch nichts von der Ewigkeit im strengen Sinne des Wortes. Diese Schwäche des älteren theologischen Denkens war erkannt und gebannt. Es wäre irrig, wollte man dieser erhabenen Konzeption des Göttlichen die religiöse Bedeutung absprechen, indem man sagte, dies sei absolut abstrakt und deshalb nicht religiös, sondern rein philosophisch und zu dem Gott des Anaximander könne man nicht beten, o.ä. Jedenfalls verband Anaximander als erster die Vorstellung der Unendlichkeit und Ewigkeit mit seinem neuen Begriff des Göttlichen, was für uns heutige Menschen oft wie selbstverständlich zusammengehört.

Ein einziger Satz aus dem Werk des Anaximander ist wörtlich erhalten:

„Aus welchen Dingen aber der Ursprung (*genesis*) ist für die seienden Dinge, in diese hinein geschieht auch das Vergehen nach der Schuldigkeit (*chreon*). Denn es geben die Dinge einander Strafe (*dike*) und Buße (*tisis*) für ihre Ungerechtigkeit (*adikia*) nach der Anordnung (*taxis*) der Zeit (*chronos*).“

Mit diesen merkwürdigen und denkwürdigen Worten beginnt die europäische Philosophie, wo sie zum ersten Mal wörtlich zu uns spricht. Das unerhört Neue ist, dass neben dem Bestehenden und allenfalls noch dem Werden desselben, auch der Gesichtspunkt des Vergehens, das Ineinander von Werden und Vergehen, ins Denken Eingang findet, mit drastischen Auswirkungen, z. B. auf Heraklit. Der zweite Satz fragt: Nach welcher Regel vollzieht sich das alles, also Werden und Vergehen? Es ist klar, dass man überall, wo man Bewegung und Veränderung des Seienden ansetzt, auch irgendwie der Tatsache Rechnung tragen muss, dass das Ganze doch auch besteht, dass also in der Veränderung etwas Regelmäßiges anerkannt werden muss. Heraklit wird es den Logos nennen. Hier ist es die „Schuldigkeit". Was ist das? Im nächsten Satz hören wir von der Ungerechtigkeit, der Strafe und der

Buße. Gemeint ist die große Tatsache, dass wir überall beobachten, wie das eine vom Tod des anderen lebt, auf Kosten des anderen da ist, in der Welt des Lebendigen, der Pflanzen und Tiere, im Kampf ums Dasein (merkwürdig ähnliche Ansichten wie Darwin). Jedes Lebendige behauptet sich durch „Ungerechtigkeit", indem es übergreift über den eigenen Bereich hinaus in einen anderen Rechtsbereich. Diese „Ungerechtigkeit" ist gesetzt, sobald es Seiendes gibt. Es gibt in der Welt nicht ein ausgeglichenes Nebeneinander der Dinge in störungsfreiem Zustand, nicht einmal im Bereich des sogenannten Leblosen. Das Wasser nagt das Land an. Das Land drängt das Wasser zurück. Das Heiße übt starke Ungerechtigkeit aus: Es verdampft das Flüssige. Alles in der Welt verübt und erleidet in diesem Sinne „Ungerechtigkeit", unter dem Gesichtspunkt des Rechts betrachtet.

Aber das Besondere kommt noch: Nicht die Ungerechtigkeit konstituiert das All, das sonst allmählich zugrunde gehen müsste, sondern eine Gegenkraft, die immer wieder den Ausgleich herstellt. Denn letztlich bleibt alles im Ausgleich, gemeint ist die *dike* (das Recht), das alte Prinzip des Schiedsspruchs, des Vergleichs. Es gibt zunächst noch keine ordentlichen Gerichte, sondern ältere Männer, die vieles wissen, und vor die jede Ungerechtigkeit gebracht wird, wenn einer z. B. den Sklaven eines anderen erschlagen hat. Damit ist eine Störung geschehen, die nun einen Ausgleich verlangt, und zwar einen gerechten Ausgleich. So erteilen die Schiedsmänner dann ihren Spruch, der die Ausgeglichenheit wieder herstellt. Diese Grundvorstellung, in der man lebte, wird hier übertragen auf den Bereich des Seienden im Ganzen, und das ist das Neue innerhalb des griechischen Denkgeschehens, das hier eintritt. Die Rechtsordnung wird auf den gesamten Bereich des Seienden übertragen und wird zu einer Seinsordnung. Wenn also das Entstehen und Wachsen nur möglich ist infolge der Ungerechtigkeit, so erleben wir dadurch, dass ständig wieder dafür Buße bezahlt wird, auch durch die milderen Formen des Verändert- und Eingeschränkt-Werdens, „nach der Anordnung der Zeit". Dieses Werden und Vergehen vollzieht sich ja eben im Rahmen des Zeitlichen. Dieser Zusatz ist also mit äußerster denkerischer Exaktheit angefügt worden. Im zeitlichen Nacheinander vollzieht sich das Übergreifen wie auch die Buße dafür. Dies ist die erste Spekulation über das Seiende mithilfe des Zeitbegriffs. Die Zeit ist der Raum, in dem sich die Gerechtigkeit vollzieht.

Das ist ein ganz konkreter Gedanke. Wenn einem Ungerechtigkeit geschehen ist, dann muss man abwarten. Und dieser Gedanke kommt als entscheidendes Motiv hinein in die Seinsordnung und Theologie. Das Recht ist eine in der Wirklichkeit wohnende, wirksame, strenge Norm, die sich auf alle Fälle durchsetzt, und dadurch ist das physische Leben durch und durch sinnerfüllt. Dieses Bild ist die philosophische Deutung des Sinnes der Welt. Es geht um eine Weltnorm, die bejaht werden will, weil sie die göttliche Gerechtigkeit selber ist. Wir haben hier die erste philosophische Theodizee. Werden und Vergehen sind objektiv gerechtfertigt.

Anaximander (der „antike Darwin") lehrte außerdem, dass alle Tiere im Feuchten entstanden seien, dass einzelne Tiere an Land gekommen seien, und dass sich die Menschen erst aus anderen Lebewesen entwickelt hätten (erstaunlich moderne Gedanken, mindestens 550 v. Chr.), da sie im Unterschied zu allen anderen Lebewesen so lange Zeit hindurch Hilfe und Pflege bräuchten, dass sie sich nie hätten am Leben erhalten können. Der Mensch sei ursprünglich ein (hai-)fischartiges Lebewesen gewesen.

Diese Art des Denkens war etwas total Neues. Denken als Abenteuer, völlig zweckfrei, und ohne Rücksicht auf Anschaulichkeit oder Traditionen. Diese Radikalität des Denkens ist typisch europäisch, vor allem in Verbindung mit der Rationalität. Das rein Prinzipielle und Theoretische ist schon hier vorhanden. Die Griechen stehen am Anfang einer Denkbewegung, die uns bis heute hinreißt zu erstaunlichen neuen Weltsichten, und dadurch auch gleichzeitig den Charakter einer Gefährdung hat: ein echtes Abenteuer also.

1.3 Pythagoras von Samos (571–495 v. Chr.) und die Pythagoreer[24]

1.3.1 Seele, Musik, Zahl, Harmonie

Pythagoras befasste sich mit der Seele und kommt von da zur Musik, zur Zahl und zur Harmonie. Bei Homer ist die *psyche* (wörtlich damals: Atem, Hauch) das Prinzip der Lebendigkeit, das mit dem Atem

24 Vieles in diesem Abschnitt stammt aus Schadewaldt: „Die Anfänge der Philosophie bei den Griechen"

im Tod den Körper verlässt und in Form eines Abbilds im Hades (Unterwelt) fortlebt. Der „lebendige Odem“ (*näphäsch*) aus der Hebräischen Bibel drängt sich einem dabei gedanklich auf, den Gott dem Menschen in die Nase bläst, um ein lebendiges Wesen aus ihm zu machen, was dort aber unterschieden wird von dem Geist (*ruach*, Rauch). Das Neue, das jetzt hochkommt, ist, dass die Personalität des Menschen in die Seele verlegt wird, mit der Konsequenz, dass der Leib nun als das Gefängnis, das Grab der Seele gesehen werden kann. Und es kommt der Gedanke an eine Verantwortung der Seele nach dem Tod auf. Man sucht deshalb schon im Leben eine Art Versicherung für den Tod, durch Weihen, Regeln, Prüfungen usw. (Die Welt von Mozarts Zauberflöte kommt einem dabei in den Sinn.) Auf diese Weise wird ein neuer Seinsbereich im Seelischen entdeckt. Das tat Pythagoras.

Wunderliche Dinge werden von Pythagoras, der zunächst als eine Art Medizinmann oder Wunderheiler erscheint, berichtet: Er sei einmal von einer giftigen Schlange gebissen worden und er habe sie seinerseits gebissen, woraufhin die Schlange gestorben sei. Oder er habe einen Fluss durchwatet und dabei eine große, übermenschliche Stimme gehört: „Pythagoras, sei gegrüßt!“, was an die Taufe von Jesus in den Evangelien erinnert. Er ging von Samos, weil er sich dem Diktator nicht fügen wollte, nach Unteritalien und gründete eine Art Orden oder Bruderschaft, der bis zu Platons Zeiten lebendig und (auch politisch) mächtig geblieben ist. Die Pythagoreer sind die Begründer der Wissenschaft der Mathematik. Mit ihrer Mathematik haben die Pythagoreer die Platonische Akademie beeinflusst, die nach ihrem Vorbild gegründet worden war. In der Symmetrie sahen sie etwas Göttliches, aber auch etwas Seinsbegründendes.

Der Ausgangspunkt, der hinführte auf diese Mathematik als eine philosophische Erhellung des eigentlichen Seinsgrundes, war die Musik. Sie und die dazugehörigen Instrumente gehörten zu gewissen religiösen Riten der Reinigung und der Weihen, z. B. die Kithara bei apollinischen Riten, die Flöte bei dionysischen, usw. Die Musik kann erregen und besänftigen, und übt eine unmittelbare Wirkung auf den gesamten Seelenzustand des Menschen aus. Musik kann die Seele krank und wieder gesund machen (man denke an König Saul und Davids Harfe), das Innere aufrühren und wieder ordnen, bis hin zu modernen Ansätzen von Musiktherapie. Es gibt Geschichten, wie man das mit der Politik zusammen bringt, und etwa Musik gegen eine Revolution einsetzt (in den 68ern hat man demonstrierende Studenten mit Heintje-Musik zum Aufgeben bringen können). Das alles beweist, dass Musik tiefe Wirkung auf den Menschen ausübt. Und nun entdeckt Pythagoras, dass das Bewegende an der Musik Zahlenverhältnisse sind. Das Wunderbare, was solche Macht über den Menschen gewinnen kann, die Harmonie, die unmittelbar lustvoll wirkt, ist im Grunde eine Proportion zahlenmäßiger Art. Damit war die Brücke geschlagen vom scheinbar abstraktesten und rein denkbaren zum unmittelbar ergreifenden, lebendigen und sinnlichen Bereich. Das Elementare, das Dynamische, das Leben und Seele Bewegende wird zugleich rational, verstehbar, es wird Logos.

Als Pythagoras seinen berühmten Lehrsatz gefunden hat, soll er dem Gott einen Ochsen geopfert haben (und seitdem hätten sich alle Ochsen gegen diesen Lehrsatz verschworen): **Der Lehrsatz des Pythagoras: $a^2 + b^2 = c^2$.**

Das ist die bekannte Kurzform des Satzes des Pythagoras, einer der fundamentalen Sätze der euklidischen Geometrie. Er besagt, dass in allen ebenen rechtwinkligen Dreiecken die Summe der Flächeninhalte der Quadrate der am rechten Winkel anliegenden Seiten gleich dem Flächeninhalt des Quadrats der dem rechten Winkel gegenüberliegenden Seite ist.

Durch Zahlenspekulationen nach dem Prinzip „Die Elemente der Zahlen seien die Elemente von allen seienden Dingen, ja der gesamte Himmel sei Harmonie und Zahl“ haben die Pythagoreer aus zahlenmäßigen Symmetriegründen eine Gegenerde angesetzt, wobei sich Erde und Gegenerde um ein Zentralfeuer drehten (ähnlich wie man später in der Theoretischen Physik z. B. Gravitationswellen oder unbekannte Elementarteilchen wie das Boson theoretisch fordert und dann viel später erst nachweist). Die Mathematik wurde bewusst zum Weltprinzip erhoben. Dem Grundsatz, dass alles Symmetrie und Harmonie sei und ein gemeinsames Maß habe, widersprach die Entdeckung und der Beweis der irrationalen Zahlen anhand der Diagonalen des Quadrats durch Hippasos. Das bedeutete eine Erschütterung der gesamten Weltauffassung. Es war eine Art Einsturz des Himmels. Hippasos musste als Frevler am Göttlichen erscheinen in dieser Glaubenswelt. Er soll aus der Bruderschaft ausgestoßen worden sein und man habe seinen tödlichen Schiffbruch als Strafe des Himmels angesehen. Die Denkvorgänge waren also noch nicht im Bereich des reinen, abstrakten Denkens, sondern es ging um die Begründung des Lebens und der ganzen Welt, im Grunde also um „Theologie".

In der Kosmologie der Pythagoreer ist viel Sonderbares und Wunderliches, aber doch auch Interessantes zu finden. Beispielsweise die Sphärenharmonie und die Auffassung über die Bewegung der Planeten, die ich hier nicht darstellen möchte. Lediglich auf die Erkenntnis, dass die Erde eine Kugel ist, möchte ich noch eingehen. Diese Erkenntnis wurde in der Antike Pythagoras zugeschrieben (wobei ich es für plausibler halte, dass Parmenides als erster diese Erkenntnis gehabt haben könnte). Auch Platon und Aristoteles gingen von der Kugelgestalt aus und letzterer führt dafür zahlreiche Gründe bzw. Beweise an. In gebildeten Kreisen der Antike gilt seitdem, also seit dem 6. Jahrhundert vor Christus, die Erde als Kugel und nicht als Scheibe. Erathostenes errechnete im 3. Jahrhundert v. Chr. den Erdumfang. Der Globus als Erdmodell blieb seitdem die vorherrschende Lehrmeinung auch im europäischen Mittelalter und in der Neuzeit. Die Legende, die mittelalterliche Christenheit habe an eine Erdscheibe geglaubt, wurde als historischer Irrtum entlarvt, von der Historical Association of Britain. Zur Verbreitung der im 19. Jahrhundert aufgekommenen Legende trug die Erzählung „Das Leben und die Reisen des Christoph Columbus" (1828) von Washington Irving bei. Untersuchungen seit den 1990er Jahren zeigten, dass „außer sehr wenigen Ausnahmen seit dem 3. Jahrhundert v. Chr. gebildete Personen in der Geschichte des Westens nicht annahmen, die Erde sei flach", und dass die Kugelgestalt der Erde die dominante Lehrmeinung blieb.

1.3.2 Der „Katechismus" der Pythagoreer

Bei der Lehre der Pythagoreer ist interessant, dass wir eine Art Katechismus fassen können, der zwei Rubriken hat, eine mehr theoretische und eine praktische. Auch die äußere Form ist die des Katechismus, wie sie sich bis heute gehalten hat. Wir kennen das: die Frage „Was ist das?", auf die dann die Antwort und Erklärung folgt. Das ist also uralt. So wird etwa gefragt: „Was sind die Inseln der Seligen?" und der Schüler antwortet: „Sonne und Mond". Oder: „Was ist das Weiseste?" Antwort: Erstens die Zahl, danach, was allen Dingen den Namen gibt, also der Logos, des Weiteren die Heilkunst. Diese Form des Fragens und Antwortens findet sich bei den sogenannten Sieben Weisen, zu denen auch Pythagoras gerechnet wird. Und manch einem kommen die Fragen des Heidelberger Katechismus aus dem Lager der Reformierten (Calvinisten) in den Sinn: „Frage Nr. 1: Was ist unser einziger Trost im Leben und im Tod? [...]" oder: Was halten wir von der katholischen Eucharistie? ... (Die Antwort auf letzteres würde man heute anders formulieren – im Zeichen der Ökumene).

Der zweite Teil des Katechismus läuft mehr auf bestimmte Lebensregeln hinaus, teilweise sehr merkwürdig, zum Teil primitiver, magischer Aberglaube.

1.4 Xenophanes von Kolophon in Kleinasien (ca. 570–470 v. Chr.)[25]

Xenophanes war ein Dichter und Rhapsode (einer, der Dichtung vortrug). Er war Historiker, vielleicht sogar der Vater der Geschichtsschreibung. Er war ein höchst kreativer Denker. Er war ungewöhnlich kritisch und einzigartig in seiner Selbstkritik. Er kann als Begründer der griechischen Aufklärung betrachtet werden. Er nahm alle wichtigen Ideen der europäischen Aufklärung (ca. 1650–1800 n. Chr.) vorweg und stand nachdrücklich für sie ein: die Ideen des Kämpfens für die Wahrheit, des Gebrauchs einer klaren und bescheidenen Ausdrucksweise in Rede und Schrift, der Methode der Ironie und besonders der Selbstironie, des Vermeidens der Pose eines tiefen Denkers, der kritischen Betrachtung der Gesellschaft und des Blicks auf die Welt voller Staunen und ansteckender Neugier.

Seine Kritiker sahen ihn als ausgemachten Wirrkopf an oder waren Gegner der Aufklärung. Manche missverstanden ihn völlig bis hin zu der Einordnung, dass Xenophanes „nur irrtümlich zu einer Gestalt der Geschichte der griechischen Philosophie" geworden sei.

25 Die meisten Gedanken dieses Kapitels stammen aus den Darstellungen Schadewaldts, Poppers und Jaegers.

Er entwickelte Anaximanders Kosmologie (Astronomie) weiter. Seine höchst originelle rationalistische Theologie war es, die ihn seine Kosmologie entwickeln ließ. Er schrieb ganz bewusst Literaturkritik. Und er war Moralist. Er war Begründer der Wissenschaften, die wir heute Geologie und Meteorologie nennen. Er war der erste scharfe Kritiker der Gesellschaft und vor allem ihrer Institutionen. Er war der Begründer der Erkenntnistheorie (Epistemologie).

1.4.1 Xenophanes und die Milesier

Xenophanes war Schüler des Anaximander, und dieser wiederum des Thales. Im scharfen Gegensatz zu anderen „Schulen" mit dem Hauptanliegen, die Lehrmeinung des Gründers zu bewahren (z. B. Pythagoreer, s.o.), kam es der milesischen bzw. ionischen Tradition darauf an, Kritik zu üben, und die Lehren ständig zu verbessern, so dass auch tatsächlich jede Generation von Schülern mindestens eine wichtige Neuerung der Lehre hervorbrachte, und der Name des Neuerers wurde auch ganz offen überliefert. Die Devise war Verbesserung.

Xenophanes schließt sich in der Kosmologie dem Anaximander an, gegen Thales und gegen Anaximenes:

„Uns zu Füßen sehn wir, wie die obere Grenze der Erde
stößt an die Luft, doch die untre reicht hinab bis an das Apeiron."[26]

Er wurde missverstanden, namentlich von Aristoteles, im Sinne von (2. Teil):

„An der unteren Seite reicht sie (die Erde) hinab in die Unendlichkeit"

Aristoteles schreibt, Xenophanes glaubte, die Erde dehne sich unendlich nach unten aus, „um sich die Mühe zu ersparen, nach einem Grund zu suchen" (d. h. einem Grund für die augenscheinliche Stabilität der Erde), dabei zitiert er nicht Xenophanes, sondern drei verächtliche Verse des Empedokles zum Thema. Dabei „übersieht" Aristoteles bewusst oder unbewusst, dass Xenophanes hier vom anaximanderschen Urgrund der Welt, dem „Apeiron" spricht.

26 So allein Karl Popper.

1.4.2 Xenophanes' Lehre von dem einen Gott

Xenophanes führt das kritische Argument in die Theologie ein:

**„Stumpfe Nasen und schwarz: so sind Äthiopias Götter,
blauäugig aber und blond: so sehn ihre Götter die Thraker.
Aber die Rinder und Rosse und Löwen, hätten sie Hände,
Hände wie Menschen zum Zeichnen, zum Malen, ein Bildwerk zu formen,
dann würden die Rosse die Götter gleich Rossen, die Rinder gleich Rindern
malen, und deren Gestalten, die Formen der göttlichen Körper,
nach ihrem eigenen Bilde erschaffen: ein jedes nach seinem.“**

Für Xenophanes ergibt sich daraus das Problem: Wie sollten wir uns unsere Götter denken n a c h dieser Kritik am Anthropomorphismus (Menschen-Ähnlichkeit der „Götter“)? Die Antwort des Xenophanes ist monotheistisch (wenn auch Xenophanes, ähnlich wie Luther in seiner Übersetzung des Ersten Gebots, den Plural „Götter“ in der Formulierung seines Monotheismus verwendet. Nach Luther: „Ich bin der Herr dein Gott. Du sollst keine anderen Götter haben neben mir!“):

**„Ein Gott nur ist der größte, allein unter Göttern und Menschen.
Nicht an Gestalt den Sterblichen gleich, noch in seinen Gedanken.
Stets am selbigen Ort verharrt er, ohne Bewegung,
und es geziemt ihm auch nicht, bald hierhin, bald dorthin zu wandern.
Müh'los regiert er das All allein durch sein Wissen und Wollen.
Ganz ist er Sehen; ganz Denken und Planen; und ganz ist er Hören.“**

Das ist Xenophanes' Analyse der „Logik der höchsten Macht“, die ihn zunächst zur Ablehnung des Anthropomorphismus brachte, dann zur Entdeckung des Monotheismus und schließlich zu der Einsicht, dass Gott an Leib und Geist, bzw. an Gestalt und Verhalten dem Menschen nicht ähnlich ist. Damit fand er die Lösung des größten aller Probleme. Diese neue Einsicht des Xenophanes musste wie eine Offenbarung erscheinen. Trotzdem siegte seine intellektuelle Redlichkeit und Bescheidenheit in seiner Selbstkritik, dass diese Theorie nur eine Vermutung sei. Alles ist nur Vermutung. Aristoteles schrieb ihm die Lehre zu, dass die Gestalt seines Einen Gottes kugelförmig sei. Dies ist falsch und stellt eine Übertragung der Kugelgestaltigkeit von woanders her dar (siehe unten).

Xenophanes ist ein geistiger Revolutionär. Er muss aufstehen gegen die Götter Homers und Hesiods, die stehlen, lügen, sich gegenseitig betrügen und Ehebruch begehen. Er tat dies im Bewusstsein, dass der Dichter der eigentliche Lehrer des Volkes sei und sein Werk die verantwortliche Autorität. Im Mittelpunkt steht die Gottesfrage. Erst Xenophanes erklärt den Göttern des alten Glaubens offen den Krieg.

Er ist kein Pantheist. Er spricht seine Ansicht über die Gestalt Gottes nicht positiv aus. Er sagt nicht, die Welt sei Gott. Er schafft Raum für Erhabeneres.

Er geht aber noch weiter: Dieser Gott ist ein bewusstes, persönliches Wesen, nicht wie bei Anaximander, und nicht an Sinneswerkzeuge gebunden. Niemand kann bezweifeln, dass Xenophanes zu seinem Gott wirklich gebetet hat und im Leben ernst mit ihm gemacht hat. Die Unbewegtheit, die er für seinen Gott fordert, ist für ihn offenbar das Merkmal höchster Würde. Die Verbindung von Ruhe und Allmacht ist bahnbrechend geworden für den Gottesbegriff (siehe „der unbewegte Beweger" des Aristoteles).

Den Schritt zur Beanspruchung von Allgemeingültigkeit hat nicht erst das Christentum getan, sondern für die abendländische Welt hat schon die griechische Philosophie ihn grundsätzlich vollzogen. Wenn Augustinus die Philosophie der Griechen als die Vorstufe der christlichen Religion bezeichnet, so hat er den großen weltgeschichtlichen Zusammenhang völlig richtig dargestellt. Xenophanes ist in dieser Entwicklung nicht eine vereinzelte Erscheinung. Er erhebt nur die Folgen der philosophischen Umwälzung des religiösen Glaubens deutlich ins Bewusstsein; seither ist der Anspruch der Theologie auf Allgemeingültigkeit allen frühen griechischen Denkern gemeinsam und deren unausgesprochene oder ausgesprochene Voraussetzung. Aber erst im 4. Jahrhundert v. Chr., als die Götter der Stadtstaaten gestorben sind und alles sich im Weltreich Alexanders auflöst, tritt diese philosophische Theologie die Nachfolge an und tritt aus dem Hintergrund hervor, um den drohenden Sturz aller gültigen Autoritäten aufzufangen.

Die Quelle der Theologie des Xenophanes ist etwas ganz Neues, und zwar das Gefühl der Ehrfurcht vor der Erhabenheit des Göttlichen. Damit ist Xenophanes mit nichts anderem zu vergleichen, ja er ist vor allem auch als Theologe zu begreifen. Die menschlichen Laster sind dem Wesen Gottes nicht angemessen. Mit dem Begriff des Angemessenen wird eine der entscheidenden Saiten griechischen Wesens angeschlagen, und er hat eine unabsehbare Bedeutung für die Folgezeit gehabt. Seine Quelle ist das Gefühl für Harmonie und Proportion (was schon bei Pythagoras zum Ausdruck kommt und schließlich bei Heraklit „Logos“ heißen wird), eine besondere künstlerische Veranlagung der Griechen, und hier insbesondere die Anwendung auf das Gottesproblem, die Frage also nach dem, was Gott angemessen oder unangemessen sei. Dieses Kapitel beginnt mit Xenophanes. Seine Formulierungen waren so durchschlagend, dass den Späteren nicht mehr und nicht weniger zu tun übrig blieb, als seine berühmten Worte zu zitieren.

1.4.3 Die Erkenntnistheorie des Xenophanes

„Hätte nicht Gott sich bemüht und den gelblichen Honig erschaffen,
Feigen würden wohl vielen um vieles noch süßer erscheinen.“

Bei der Beurteilung der objektiven Realität stören Vergleiche: 100 Drachmen sind eine Menge, wenn man 20 erwartet hat. Sie sind aber enttäuschend wenig, wenn man mit 200 Drachmen gerechnet hat. Objektiv ist es dasselbe.

„Misstraue deinen eigenen Eindrücken“ lehrt Xenophanes. Das ist kritischer Empirismus. Er drückte seine Theorie in vier Verszeilen aus, und es gibt in der gesamten philosophischen Literatur nichts, das so kritisch, selbstkritisch, so korrekt und so wahr ist:

„Sichere Wahrheit erkannte kein Mensch und wird keiner erkennen
über die Götter und alle die Dinge, von denen ich spreche.
Selbst wenn es einem auch glückt, die vollkommenste Wahrheit zu künden,
wissen kann er sie nie: Es ist alles durchwebt von Vermutung.“

Diese Verse enthalten weit mehr als eine Theorie des Vermutungscharakters des menschlichen Wissens: Sie enthalten eine Theorie des objektiven Wissens.

Er lehrt hier, dass etwas, das ich sage, wahr sein kann, ohne dass ich oder sonst jemand weiß, dass es wahr ist. Das heißt aber, dass die Wahrheit objektiv ist: Wahrheit ist die Übereinstimmung dessen, was ich sage, mit den Tatsachen, ob ich nun weiß oder nicht, dass diese Übereinstimmung besteht. Das bedeutet aber, dass die Übereinstimmung unabhängig von meinem Wissen besteht: Die Wahrheit ist objektiv. Wahrheit und Falschheit von Aussagen hängen nur von den Tatsachen ab.

Darüber hinaus enthalten diese vier Verszeilen noch eine andere sehr wichtige Theorie, und zwar über den Unterschied zwischen der objektiven Wahrheit und der subjektiven Gewissheit. Auch wenn ich die vollkommene Wahrheit ausspreche, kann ich diese Wahrheit nie mit Sicherheit wissen: Ich kann sie nur vermuten. Es gibt kein unfehlbares Kriterium für die Wahrheit. Wir können nie ganz sicher sein, dass wir uns nicht geirrt haben.

Aber Xenophanes war kein erkenntnistheoretischer Pessimist. Er war ein Sucher. Es gelang ihm im Laufe seines langen Lebens, manche seiner Vermutungen zu verbessern, besonders seine wissenschaftlichen Theorien:

**„Wer das Unerwartete nicht erwartet, wird es nicht finden;
Für ihn wird es unaufspürbar sein und unzugänglich.“**

**„Nicht von Beginn an enthüllen die Götter den Sterblichen alles;
Aber im Laufe der Zeit finden wir, suchend, das Bess're.“**

„Meiner Vermutung nach sollt das als ähnlich der Wahrheit gelten“

Das ist seine „Lizenz zum Suchen“, und das „Bessere“ ist die Annäherung an die objektive Wahrheit, die Wahrheitsnähe. (Meint er hier seinen Monotheismus?)

Xenophanes' Theorie des menschlichen Wissens enthält folgende Punkte:

1. Unser Wissen besteht aus Aussagen.
2. Aussagen sind wahr oder falsch.
3. Die Wahrheit ist objektiv. Sie ist die Übereinstimmung des Inhalts der Aussage mit den Tatsachen.
4. Selbst dann, wenn wir die vollkommenste Wahrheit aussprechen, können wir das nicht wissen – das heißt, wir können es nicht mit Sicherheit wissen.
5. Da „Wissen“ im üblichen Sinn des Wortes „sicheres Wissen“ ist, kann es kein Wissen geben. Es gibt nur Vermutungswissen. „Denn alles ist durchwebt von Vermutung.“
6. Aber in unserem Vermutungswissen kann es einen Fortschritt zum Besseren geben.

7. Das bessere Wissen ist eine bessere Annäherung an die Wahrheit.
8. Aber es bleibt immer Vermutungswissen – ein Gewebe von Vermutung.

Einsteins Leistung z. B. zeigt uns, dass gerade unser bestes Wissen unsicher und ein Gewebe von Vermutungen ist. Kepler vertrat eine ähnliche Ansicht über die Naturwissenschaften, nämlich dass Irrtümer selbst in unseren am besten bewährten Theorien versteckt sein können.

Kepler war irritiert über eine Abweichung von der Kreisbewegung des Planeten Mars. Die Abweichung war sehr gering. Er schreibt: „Hätte ich den Unterschied von 8 Bogenminuten vernachlässigt, ich hätte mir die ungeheure Anstrengung des ganzen letzten Jahres 1604 sparen können." Warum zog er sich nicht auf die Messungenauigkeit zurück? Weil die bei einer Kreisbahn erwartete Entfernung immer an ein und derselben Stelle überschritten wurde. Das konnte nicht sein. Er versuchte es mit verschiedenen von Früchten hergeleiteten Formen, bis er sich endlich an die Ellipse erinnerte. Er leitete seine Ellipsentheorie nicht von den Berechnungen ab, sondern er arbeitete mit Versuch und Irrtum, mit Vermutung und Widerlegung.

Ohne Newton und Einstein kann einem heute die Bedeutung von Vermutungswissen kaum klar werden. Wie war dies Xenophanes vor über 2.500 Jahren möglich? Bei ihm wurde das Weltbild Homers erschüttert, so wie uns das Weltbild Newtons durch Einsteins Entdeckung einer neuen Theorie erschüttert wurde, die die Tatsachen einerseits ebenso gut, andererseits aber viel besser erklärte. Sowohl Einstein, als auch Xenophanes ersetzten das kritisierte Weltbild durch ein neues, und beide waren sich bewusst, dass ihr neues Weltbild nur eine Vermutung war.

So wurde auch die Idee der intellektuellen Bescheidenheit vor fast ebenso langer Zeit vorweggenommen, und zwar durch Xenophanes und Sokrates: „Erkenne dich selbst!", das bedeutet bei Sokrates: „Wisse, wie wenig du weißt!" Sokrates und Demokrit machten, etwa gleichzeitig und unabhängig voneinander dieselbe ethische Entdeckung: „Unrecht erleiden ist besser als Unrecht tun". Diese Einsicht, zusammen mit „Ich weiß dass ich nichts weiß, und kaum das", führte zur Toleranz, wie sie dann von Späteren gelehrt wurde, z. B. von Erasmus von Rotterdam (Theologe, Altsprachler, gestorben 1536 in Basel).

Jede rationale Diskussion im Dienste der Wahrheitssuche sollte auf folgenden drei Prinzipien beruhen:

1. Das Prinzip der Fehlbarkeit: Vielleicht habe ich unrecht, und du hast vielleicht recht; wir können natürlich auch beide unrecht haben.
2. Das Prinzip der rationalen Diskussion: Wir müssen versuchen, die verschiedenen kritisierbaren Theorien kritisch und natürlich möglichst unpersönlich zu prüfen.
3. Das Prinzip der Annäherung an die Wahrheit: Durch solche kritischen Diskussionen kommen wir fast immer der Wahrheit näher; und wir kommen fast immer zu einem besseren Verständnis, auch dann, wenn wir nicht zu einer Einigung gelangen.

1.5. Parmenides von Elea in Süditalien (515–445 v.Chr.)[27]

Bewegung und Veränderung bei Parmenides und Heraklit

Das allgemeine Problem der Veränderung wurde im Folgenden zum zentralen Problem der griechischen Kosmologie, und später schließlich bei Leukipp und Demokrit zu einer allgemeinen Theorie der Veränderung, der die moderne Wissenschaft fast bis zum 20. Jahrhundert gefolgt ist.

Angefangen hat die Beschäftigung mit der Veränderung als philosophischem Problem bei Parmenides und Heraklit; und bei Parmenides (und Zenon) war es überdies auch noch ein logisches Problem. Wie kann sich ein Ding verändern, ohne seine Identität zu verlieren? Wenn es dasselbe bleibt, verändert es sich doch nicht wirklich; wenn es sich aber wirklich verändert, dann ist es doch nicht mehr das Ding, das es einmal war?

Bereits alle drei Milesier betrachteten unsere Welt als unser Heim. Es gab da Bewegung, es gab Veränderung: „Saat und Ernte, Frost und Hitze, Sommer und Winter, Tag und Nacht." Das Haus war den Winden ausgesetzt, ein bisschen zugig, es gab Feuer im Herd, Wasser im

27 Die meisten Gedanken dieses Kapitels stammen aus den Darstellungen Schadewaldts, Poppers und Jaegers.

Kessel…, aber es bot Sicherheit und Stabilität. Für Heraklit allerdings – dem „Gegenspieler“ des Parmenides – stand das Haus in Flammen. In seiner Welt gab es keine Stabilität mehr. „Alles ist in Fluss, nichts ist in Ruhe“. Alle Dinge sind ständig in Bewegung, auch wenn wir es nicht wahrnehmen. Im Kessel kocht nicht nur das Wasser, auch der Kessel selbst brennt, und wenn er kalt ist, „verbrennt“ er ebenfalls langsam (er oxidiert, er verrostet). Wir sehen nicht, wie unsere Kinder heranwachsen, und es geschieht doch. Es gibt keine unveränderlichen Körper. Die Dinge sind nicht wirklich Dinge, sie sind Prozesse, sie sind ständig in Fluss. Sie sind wie Feuer, wie eine Flamme, ein Strom von Materie. Feuer ist der wahre Baustoff unserer Welt. Und die scheinbare Stabilität der Dinge ist hauptsächlich auf die Gesetze, die Maße und Proportionen (den Logos) zurückzuführen, denen die Prozesse in unserer Welt unterworfen sind. „Alle Dinge sind eins, ein ewig lebendiges, ewig loderndes Feuer, nach Maßen aufflammend und nach Maßen verlöschend“. Beide – Heraklit und Parmenides – unterschieden zwischen der Wirklichkeit, die unsichtbar hinter allem steht, und der Erscheinung, d.h. der sichtbaren Welt, bzw. wie wir als Menschen die Welt wahrnehmen, und kamen dabei zu Ergebnissen, die gegensätzlicher nicht sein könnten. „Die wahre Natur liebt es, sich zu verbergen“. Heraklit beruft sich bei seiner Theorie der Veränderung auf den Logos. Parmenides lehrte, dass die reale Welt eins sei, immer an ein und derselben Stelle verharre, ohne sich jemals zu bewegen, sie ist eins, ein unteilbares Ganzes, homogen und bewegungslos. Es gibt in Wahrheit keine Veränderung. Die Welt der Veränderung sei eine Illusion. Er leitet dies logisch davon ab, dass Nichts nicht existiert, es existiert also auch die Leere und das Leere nicht, deshalb kann es auch keine Trennung in Teile geben. In dieser vollen Welt sei für Teilung und Bewegung kein Platz. Die Atomisten (z. B. Leukipp, Demokrit) schlossen später auf die Fehlerhaftigkeit der Prämissen des Parmenides, da es ja Bewegung tatsächlich gibt (trotz Anerkennung der absolut logischen Argumentationsweise des Parmenides). Ihre Theorie der Veränderung besagte, dass sowohl die Atome wie auch das Leere (das „Nichts“) existierten, und dass daraus Bewegung von Atomen im leeren Raum resultieren könne.

Unsere westliche Zivilisation ist eine Zivilisation, die auf der Wissenschaft basiert, die sich von Kopernikus, Galilei, Kepler, Newton, Einstein, und vielen anderen herleitet, welche letzten Endes allerdings wiederum die Weiterentwicklung der Kosmologie der alten Griechen ist.

1.5.1 Parmenides als Kosmologe

Der Logos wird uns bei Parmenides sehr vielgestaltig begegnen, auf mindestens drei Ebenen. Parmenides ist einerseits ein unverzichtbarer Mitspieler des Jahrhunderte-Programms „Vom Mythos zum Logos“, der frühgriechischen Aufklärung, also der geistigen Bewegung von den sagenhaften Göttergeschichten, die ohne weiteren Nachweis beanspruchen, Wahrheit zu sein, hin zu einer denkerischen, vernünftigen, nachvollziehbar begründeten, bewiesenen „log-ischen“, rationalen Wahrheit. Andererseits installiert der zur gleichen Zeit lebende Heraklit den Logos geradezu als das in allem wirkende, alles steuernde göttliche Grundprinzip, als die „Weltformel“, und Parmenides, als der Gegenspieler von Heraklit, wird deshalb Heraklits Logos nicht ohne grundlegende Anfragen bleiben lassen. Dabei wird sich aber erst noch zeigen müssen, ob die Gegensätze oder die Ähnlichkeiten zwischen beiden Denkern überwiegen. Und drittens begegnet uns der Begriff Logos auch noch wörtlich bei Parmenides, in dem Sinn, dass alle Theorien, Schlussfolgerungen, Beweise, Gegenbeweise usw. „mit Logos“ zu prüfen sind, und das kann – entgegen der Ansage vieler Fachleute – nicht „mit der Vernunft“, „mit dem Verstand“ heißen, denn diese Bedeutungen hatte *logos* damals nachweislich noch nicht, sondern erst Jahrhunderte später.

Zum Einstieg in die Kosmologie (Astronomie, Astrophysik) des Parmenides hier ein Gedicht über die „Liebe“ der Selene (**die** „Erd-Trabantin“ [der Mond]) zu dem strahlenden Helios (**der** Sonnen-„Gott“ [die Sonne]):

Fragment B14–15:
(**Die**) Selene [Mond] und (**der**) Helios [Sonne]

Leuchtend bei Nacht, mit
dem Licht, das er schenkt,
so umirrt sie die Erde.
Immerzu blickt sie gebannt
hin auf den strahlenden Gott.

Man muss schon bewusst drauf achten, um zu sehen, dass die Selene (der Mond) ständig auf die Strahlen des Helios (der Sonne) „schaut". Einmal bewusst erkannt, wird man Selene nicht mehr betrachten können, ohne sich zu vergewissern, dass ihr Blick wirklich auf Helios' Strahlen gerichtet ist (obwohl Helios sich auch oft unter dem Horizont befindet). Karl R. Popper schreibt, dass er bereits mit 15 oder 16 Jahren von diesem Gedicht des Parmenides überwältigt war und sich bei jedem Blick zum Mond dankbar an Permenides erinnerte: „Ich persönlich verdanke Parmenides die unendliche Freude, die mir sein Gedicht von Selenes Sehnsucht nach Helios (DK B 14–15[28]) bereitet hat"[29]

Eine ganze Reihe höchst bedeutender astronomischer Entdeckungen werden Parmenides zugeschrieben: dass Morgen- und Abendstern identisch sind, dass die Erde kugelförmig ist (im Gegensatz zu den Vorstellungen des Anaximander, der sie als Säulentrommel sah), dass der Mond eine Kugel ist, dass der Mond sein Licht von der Sonne erhält. Fast genauso bedeutend ist seine Entdeckung, dass die Mondphasen ihre Ursache in dem sich wandelnden Erscheinungsbild der beleuchteten Halbkugel des Mondes, von der Erde aus gesehen, haben. Bis dahin gab es höchst phantasievolle Theorien über die Mondphasen, wie noch bei dem zur selben Zeit lebenden Heraklit nachzulesen ist. Dort werden die Mondphasen und die Sonnen- und Mondfinsternisse durch die Annahme erklärt, dass diese Erscheinungen durch Feuer in Schalen hervorgerufen werden, die um die Erde kreisen. Sie konnten uns ihre schwarzen Seiten ganz oder teilweise zuwenden. Ich möchte zu dieser Theorie hier nur Andeutungen machen. Dieser Theorie zufolge nahm der Mond nicht mehr zu oder ab, sondern seine Phasen waren das Ergebnis der Bewegung dieser Schalen. Nach der neuen Entdeckung des Parmenides jedoch waren die Mondphasen etwas ganz anderes, sie hatten nichts mehr mit einer Veränderung (Zu-/Abnahme) des Mondes, noch mit einer Bewegung zu tun. Sie waren vielmehr „reine Illusion – das trügerische Ergebnis des Spiels von Licht und Schatten".

28 Diels/Kranz, Fragment B14–15, in: Die Fragmente der Vorsokratiker: 3 Bände. Griechisch und Deutsch von Hermann Diels. Zahlreiche Auflagen. Die späteren Auflagen wurden herausgegeben von Walther Kranz.

29 Karl R. Popper: Die Welt des Parmenides. Seite 174.

1.5.2 Von der Kosmologie zur Erkenntnistheorie

Demnach führen uns unsere Sinne in die Irre. Wir dürfen ihnen nicht trauen. Sie täuschen uns: Wir glauben, dass der Mond entweder tatsächlich zu- und abnimmt, oder dass er uns durch Bewegung mehr oder weniger seine schwarze Seite zudreht, während er genau das nicht tut; stattdessen spielt uns nur das Licht auf seinem dunklen, schweren und unveränderlichen Körper etwas vor:

Fragment B7

Niemals kann sich erweisen, dass Dinge sind, die nicht sind.
Halt den Gedanken fern von solch einem Weg der Forschung!
Lass nicht die vielerfahr'ne Gewohnheit dich dorthin verführen!
Nicht dem geblendeten Auge, dem tauben Gehör, noch der Zunge
darfst du vertrauen: Allein durch den Logos[30] entscheide die These,
die so häufig umstritt'ne, und die von mir hier widerlegt wird.

Das ist die rein verstandesmäßige, denkerische Erfassung der nichtsichtbaren Welt hinter der sichtbaren, und die Ablehnung reinen Erfahrungs- und Beobachtungs-Wissens und insbesondere die Ablehnung des Vertrauens auf die Sinne als Quellen der Erkenntnis. Selene bewegt sich nicht so, wie es uns erscheint. Könnten wir diesen Satz vielleicht verallgemeinern? Und dann kam die große intellektuelle Erleuchtung, die Offenbarung, wie ein Geistesblitz! Blitzartig erkannte Parmenides, dass die gesamte Wirklichkeit (wie die des Mondes) eine dunkle Kugel von dichter Materie ist und dass (die anscheinende) Bewegung gar nicht existiert, und er konnte diese Erkenntnis sogar logisch beweisen:

Grundsatz 1: Nur das Seiende ist (Nur was ist, ist).
Grundsatz 2: Das Nichts, das Nicht-Sein, ist (existiert) nicht.

Logische Folgerungen:

1. Das Nicht-Sein wäre die Abwesenheit von Sein: Es wäre das Leere.
2. Das Leere kann es nicht geben, da das Nicht-Sein nicht existiert.
3. Die Welt ist voll: ein Block.

30 Logos hier: „Rechenschaftsablegung", Rechtfertigung

4. Es gibt keinen Raum für Bewegung und somit auch nicht für Veränderung, wenn die Welt voll ist und es das Leere nicht gibt.
5. Bewegung (und Veränderung, eine Art von Bewegung) ist unmöglich.

Was aber ist Licht? Parmenides: Es ist gar kein Ding, es besitzt an sich, wie Hitze oder Kälte, keine Materie, keine Masse. Es ist bloße Erscheinung, die lediglich unsere Sinne reizt, unsere Augen. Es besitzt keine reale Existenz, keine Wirklichkeit. Wir hätten deshalb dem Licht nicht einmal einen Namen geben dürfen: Nur existierende, wirkliche Dinge dürfen mit Namen versehen werden. Bei Parmenides ist von einer Art Verirrung bzw. „Sündenfall der Erkenntnis" die Rede, der offenbar darin besteht, dass den Elementen bzw. „Formen" Licht und Nacht zwei verschiedene Namen gegeben wurden, statt nur einer. So wird dem Parmenides am Ende des Vorworts seines Lehrgedichts von „der Göttin" die „Geschichte des Sündenfalls" versprochen:

Fragment B1, Sätze 31–32

Aber auch hören sollst du, wie es kam, dass die täuschende Meinung
alles durchdringen konnt, mit Notwendigkeit Geltung erlangend.

Am Übergang vom Ende des „Weges der Wahrheit" zur „Geschichte des Sündenfalls" in seinem Lehrgedicht heißt es:

B8, Sätze 50–54

Hier endige ich meine Rede, die bis hierhin verlässlich,
und meine klaren Gedanken zur Wahrheit.
Höre nun die Vermutung der Menschen,
indem du auf meine Worte hörst mit Blick auf die trügerische Welt.
Sie beschlossen zwei Formen Namen zu geben;
aber von diesen beiden hätte eine niemals benannt werden dürfen.
Hier war es, wo in die Irre sie gingen....

Die meisten Gelehrten haben intuitiv angenommen, dass es das Licht sei, das benannt werden durfte, weil es existiert, und dass die Nacht nicht wirklich sei und deswegen nicht benannt werden durfte, während Karl R. Popper, dem ich hier (wie zumeist, bei Parmenides) folge, das Gegenteil behauptet: Legitim sind die Namen „Nacht", oder „dunkler Mond", oder (ein) „dichter und schwerer Körper" oder „dunkle, schwere Masse".

Der verbotene Schritt bestand darin, dem „Licht“ – einem Nicht-Ding – einen Namen zu geben. Hier gingen „sie“, die Sterblichen, die intellektuellen „Sünder“ – „in die Irre“, und so kamen sie dazu, an Nicht-Dinge zu glauben, an das Leere, an den leeren Raum und somit an (die Möglichkeit von) Bewegung und Veränderung. Und darum ist gerade „Licht“ das verbotene Wort. Das Ding an sich, ohne das Spiel von Licht, ist dunkel wie der Mond an sich.

1.5.3 Das Lehrgedicht[31] (das „Epos“, der „Mythos“) des Parmenides

Es ist wundervoll, dass wir von Parmenides einen so umfangreichen Zitatenschatz wirklich eigener Worte haben, so dass wir uns hier an ihn halten können und nicht – wie bei den vorherigen frühen griechischen Denkern – nur an Rückverweise anderer. Es sind insgesamt 19 wörtliche Zitate bzw. Fragmente („Bruchstücke“ des Lehrgedichts) von Parmenides erhalten (mit B1 – B19 durchnummeriert).

Der Aufbau des Lehrgedichts:

Vorwort	B1–2	Weihe, Entrückung, Gottesbegegnung
	B3,B8.34	**Denken und Sein ist dasselbe**
	B4–5	Gottesschau
	B6–7	Wege, die keine sind (siehe unten IB und II)
Teil I	B8.1–51	**Der Weg der Wahrheit**
		Der Weg IA: „Sein ist“
		Der Weg IB: „Nichtsein ist nicht“
Teil II	B8.51–61	**Der Weg des Scheins**
	B9–19	Kosmologie
	XY	Das meiste davon wurde wohl nicht überliefert

Das Lehrgedicht beinhaltet ein Vorwort, dem zwei Hauptteile folgen: der Weg der Wahrheit und der Weg der Erscheinungen bzw. des

31 Die Formulierung „Lehrgedicht“ taucht übrigens auch andernorts auf, so werden – für mich überraschend – z. B. auch Psalmen Davids (32, 52, 53, 54, 55, 60, 142) oder anderer Beter, wie der Korachiter (Psalm 42, 44, 45), von Asaph (Psalm 74, 78), Hemann (Psalm 88) und Ethan (Psalm 89) als Lehrgedicht tituliert, zumindest in einigen heute gängigen Übersetzungen.

Scheins bzw. der menschlichen Vermutungen. Oder: der Weg des Wahren Wissens und der Weg des Vermutungswissens. Eine Sonderstellung nimmt das Thema „Denken und Sein" ein. Der Weg der Wahrheit umfasst neben dem Sein noch das Nichtsein, einen der zwei Wege, die keine (gangbaren) Wege sind.

Das Vorwort

Das Vorwort beginnt mit einem Akt der Weihe (Initiation), gefolgt von seiner Reise (Wagenfahrt) zur Göttin (wohl Dike, die Göttin der Gerechtigkeit, die Hüterin der Wahrheit) und seinem freundlichen Empfang durch sie, einer Art Himmelfahrt oder sogar Entrückungserlebnis, einem Weg der Gottesbegegnung und Gottesschau, die in eine Art Erleuchtung in der Form eines Geistesblitzes, in eine Art Bekehrung/Umkehr mündet. Es ist ein Weg vom Nichtwissen zum Wissen, und dazwischen vollzieht sich das Öffnen eines streng bewachten Tores, ein Weg, der hinaufführt, also ein Aufstieg oder Überstieg, und das heißt ja philosophisch „Transzendenz". Was später diesen Begriff ausmacht, das ist es, was diese ganze Bildlichkeit hier eindrucksvoll darstellt.

Wolfgang Schadewaldt führt dazu aus, dass das äußerlich Dichterische nicht Einkleidung ist, um das Gemeinte besser wirksam werden zu lassen, sondern darauf beruht, dass Parmenides tatsächlich eine Vision gehabt hat. Dabei bräuchte man nicht jede Einzelheit geistig ausdeuten. Ebenso falsch wäre es, z. B. das Visions-Erlebnis des Apostels Paulus psychologisch auszudeuten, was man auch gemacht hat und wodurch alles dann recht banal wird. Schadewaldt behauptet, dass hier eine vergleichbare Vision vorliegt, denn gerade da, wo das Denken stärker zu sich selbst gelangt, da geschieht dieser Vorgang nicht kühl und ruhig, sondern in einer starken Ekstatik. Dies geht insbesondere die Erkenntnis des Parmenides an, die man eigentlich IST IST schreiben müsste und die er selbst kaum anders ausdrücken kann, und die stark von einer solchen Ekstatik durchdrungen ist. Es war eine folgenreiche Grunderkenntnis, die auf solch ekstatischem Weg gewonnen wurde und dann natürlich auch nur rein denkerisch-philosophisch erfasst werden konnte.

Die Situation des Parmenides ist die Kosmologie der Milesier (Thales, Anaximander, Anaximenes). Der Verlust der religiösen Tradition in der alten Mythologie und der alten Kosmologie stellt eine große

Herausforderung für Parmenides dar. Er formuliert seine Lehre sowohl im Rahmen seiner Tradition, als auch diese Tradition überwindend. Dies ist keine Rückkehr zum Mythos, sondern dessen Überbietung. Dies geschieht so, dass die entscheidenden Weisungen zwar von einer Gottheit ausgehen, deren fundamentalste Forderung jedoch darin besteht, „ihren *mythos*" (ihre Offenbarung) zu prüfen, d. h. *logos* (Rechenschaft) für diesen „*mythos*" abzulegen (*logon didonai*, Logos geben) und ihn einem *e-leg-chos* (Beweis/Gegenbeweis/Beweis durch Widerlegung) auszusetzen (siehe auch Abschnitt **1.5.2, Fragment B7**)[32]. Die scheinbare Paradoxie besteht in der Rettung des Mythos durch den Logos (was geradezu eine Umkehr der Wegbeschreibung „Vom Mythos zum Logos" bedeuten würde)[33]:

Fragment B2

Wohlan denn, ich werde reden, höre du aber den „Mythos"[34]
und eigne ihn an,
welche als einzige Wege des Suchens nämlich zu denken sind:
der eine: dass es ist und dass es nicht sein kann, dass es nicht ist –
er ist des Vertrauens Pfad (folgt er der Wahrheit doch);
der andere: dass es nicht ist sowohl und dass Notwendigkeit besteht, dass es nicht ist, bezogen auf diesen Fußsteig zeige ich freilich,
dass er ganz richtungslos ist.
Denn du könntest das Nichtseiende nicht erkennen (nicht ist es ja zu erreichen), noch könntest du es erklären.

Die Ablehnung des zweiten Weges/Pfades aufgrund von intuitivem logischen Denken zerstört die Vorstellung von Bewegung (außer vielleicht der Rotation an einer Stelle) und mit ihr den „gesunden Menschenverstand".

Teil I der Offenbarung: der Weg der Wahrheit

Dieser Teil ist fast ganz erhalten. Die wichtigsten Botschaften, die er enthält, sind ganz klar zu verstehen, auch wenn sie sehr verblüffend wirken. Es handelt sich um eine Theorie der Erkenntnis und um eine Theorie der wirklichen Welt, wie sie nur „den Göttern" bekannt ist. Die beiden Theorien werden von der Göttin mit göttlicher Autorität

32 *-log-* in *logos* und *-leg-* in *elegchos* geht auf eine und dieselbe Wortwurzel zurück
33 Helmuth Vetter, Parmenides – Sein und Welt, 2016.
34 „Mythos" hier: göttliche Offenbarung

verkündet, doch nicht im Geist eines Dogmatismus. Parmenides als ihr Zuhörer wird aufgefordert, als kritischer Denker sich selbst davon zu überzeugen und Rechenschaft abzulegen von diesem Überprüfungsprozess (siehe **Fragment B7** in Abschnitt **1.5.2**). Sie wendet sich an seinen Verstand, wohl auch an seinen intellektuellen Ehrgeiz. Hier Originalton Parmenides[35] (Vorwort):

B6, Sätze 1.2

Not ist, dass das, was du sagst und denkst, ein Seiendes ist;
es ist nämlich Sein,
ein Nichts gibt es nicht;
das heiße ich dich zu bedenken.
[SEIN IST; NICHTSEIN IST NICHT]

Demzufolge ist die wirkliche Welt „voll": Sie ist eine kugelförmige Masse fester Materie. Und daraus folgt, dass es in dieser Welt keine Bewegung geben kann. Es geschieht praktisch nichts:

B8, Sätze 1–13

Als einziger noch der „Mythos" des Weges bleibt: dass es ist;
auf diesem Weg gibt es Zeichen, viele gar:
dass das Seiende ungeworden und dem Verderben nicht unterworfen ist,
ganz und einzig in seinem Bau, unerschütterlich und ohne Ende;
nicht war es jemals, noch wird es sein, da es auf einmal im Augenblick alles ist, eines, ununterbrochen;
welches Erzeugen wolltest du denn bei ihm erforschen?
Auf welche Weise gewachsen von wo?
Nicht aus dem Nichtseienden lasse ich's sagen dich und auch nicht denken;
nicht nämlich sagbar noch denkbar ist, dass es nicht ist.
Und welche Schuld trieb es denn später oder früher,
beim Nichts anfangend, zu sein?
So muss es entweder ganz und gar sein oder nicht.
Und niemals wird die Macht des Vertrauens zulassen,
dass aus Nicht-Seiendem etwas daneben entstehe.

Das Schockierende an dem Gedicht des Parmenides ist nicht, dass die Göttin unsere Welt der Erfahrung, der Erscheinungen als falsch und trügerisch bezeichnet, sondern dass sie eine Theorie der Wirklichkeit offenbart, die jedem vernünftigen Menschen unmöglich und verrückt erscheinen muss, eine Theorie, von der sie behauptet, dass sie wahr sei,

35 Übersetzung und Kommentar nach Helmuth Vetter.

und dies sogar noch logisch beweist. Um das Weltbild des Parmenides zu verstehen, genügt es nicht, nur Teil 1 zu betrachten. Die Welt des Scheinens in Teil 2 ist nötig, um Teil 1 zu verstehen. Teil 2 beschreibt den kosmologischen Wandel als ein Schattenspiel, ein Spiel von Licht und Nacht auf dem dreidimensionalen Block der unveränderlichen Wirklichkeit. Er enthält eine vermutete Kosmologie, von der behauptet wird, sie sei die beste (B1.31 – 32, siehe oben Abschnitt **1.5.2**). Es geht dabei um eine Erklärung, wie und warum die Menschen die Welt des Scheins mitsamt Bewegung, Werden und Vergehen, Geburt und Tod akzeptiert haben. Denn in Wahrheit muss das wohlgerundete Blockuniversum – das Ding an sich – wie der Mond sein, die Leinwand, auf der die Schatten spielen. Die Leinwand ist wirklich, lichtlos und farblos wie der dunkle, schwere, wirkliche Mondkörper. Natürlich muss die Wirklichkeit – die „Leinwand" – an erster Stelle stehen (Teil „1"); die „Unwirklichkeit" an zweiter.

Ironischerweise gehen wir auch heute von einem „runden" Universum aus, „rund" im Sinne einer vierdimensionalen „Kugel" ohne Grenze/Ende, aber mit endlichem Rauminhalt, in dem das, was wir als Raum wahrnehmen, nur die „Oberfläche" ist, vergleichbar mit der Ober"fläche" der dreidimensionalen Erdkugel, nur eben 1 Dimension „höher". Analog kommt man auf der Erdoberfläche, wenn man immer „geradeaus" weitergeht, an seinen Ursprungsort zurück, und genauso kommt man, wenn man in Einsteins Universum immer geradeaus weiterfliegt (extrem schnell und extrem lange), irgendwann an seinen Ursprungsort zurück, streng parmenideisch:

B5

Es macht für mich keinen Unterschied,
wo ich anfangen werde: Dort nämlich werde ich wiederum hinkommen.

Das Universum hat weder Anfang noch Ende, noch in seiner dreidimensionalen Präsentation einen Mittelpunkt. Alle Orte sind gleichwertig (nach Einstein).

Gemeint ist bei Parmenides allerdings in erster Linie die zeitliche Anfangslosigkeit des Universums, die er postuliert. Es gibt also keinen Ursprung, keine Herkunft wie bei den Milesiern (Wasser, Apeiron, Luft).

Die Kreisbewegung kann aber auch als Teil der Methode interpretiert werden: Sie geht aus vom Seienden und kehrt zum Seienden zurück, und jeder der drei Wege (Weg der Wahrheit/des Seienden, der Weg des Nichts/Nichtseienden, der Weg der menschlichen Vermutungen/der Erscheinungen/des Scheinenden/des Scheins), wie man es auch anfängt, führt zum Ausgangspunkt zurück.

Teil II der Offenbarung: der Weg des Scheins

Der Weg der Erscheinungen, der menschlichen Vermutungen, ist überlieferungsmäßig ein Scherbenhaufen. Es existiert etwa ein Dutzend kurzer Bruchstücke (Fragmente) von höchst interessanter und poetischer Eindringlichkeit. Sie handeln von Kosmologie, Kosmos-Entstehung und von der Biologie des Menschen. Eines dieser Fragmente (B10) teilt uns mit, worum es in diesem 2. Teil des Lehrgedichts geht, und dies wird von Plutarch (um 45–125 n. Chr., griechischer Schriftsteller) in einem sehr interessanten Bericht gestützt. Diese beiden Textstellen lassen erahnen, wieviel von diesem Teil verlorengegangen sein muss. Und man kann Plutarchs Bericht entnehmen, dass er den 2. Teil von Parmenides' Epos für höchst originell hielt.

Rätsel um Parmenides:

Die Göttin schreibt dem Teil 2 „keine wahre Verlässlichkeit" oder „keine wahre Sicherheit" zu. Dies würde es immerhin noch ermöglichen, Teil 2 als eine Beschreibung einer Welt der Erscheinungen, eher als einer Welt reiner Illusion zu betrachten. Aber der Text geht über einen unsicheren, hypothetischen Charakter von Teil 2 hinaus, er behauptet, dass Teil 2 falsch und sogar trügerisch und verführerisch ist:

B8, Sätze 51.52

Höre nun die Vermutung der Menschen,
indem du auf meine Worte hörst mit Blick auf die trügerische (*apatelon*) **Welt.**

Dies erklärt natürlich sehr gut, warum in der Antike Teil 1 fast komplett überliefert wurde und Teil 2 („Lug und Trug") wohl überwiegend verloren ging.

Andererseits stellt sich die Frage: Warum sollte die Göttin sich überhaupt die Mühe machen, brillante, aber eindeutig falsche, ja sogar

„trügerische" Theorien aufzustellen? Popper suchte offenbar ca. 80 Jahre seines Lebens nach einer Lösung dieses Rätsels und fand: Dieses Problem ist lediglich an einem einzigen Wort festzumachen, dem Wort „*apatelon*": trügerisch, fälschlich, verführerisch. Ersetzt man ***apatelon*** durch „***apateton***" (unbetreten, sehr neu, ungewöhnlich, bis jetzt unbenutzt/unbekannt) im Sinne einer sehr neuen Vermutungstheorie, dann würde das zu Plutarchs[36] Äußerungen passen und auch erklären, wie Teil 1 und Teil 2 zusammengehören und einander bedingen. Teil 1 kann man ohne Teil 2 nicht verstehen. Parmenides ist in erster Linie Kosmologe und beide Teile seines Gedichts sind ein Versuch, kosmologische Probleme zu lösen, in erster Linie das Problem der Veränderung. Teil 1 leugnet die Wirklichkeit von Veränderung. Teil 2 beschreibt den kosmologischen Wandel, ein Spiel von Licht und Nacht auf dem Block der unveränderlichen Wirklichkeit, er enthält eine vermutete Kosmologie, von der behauptet wird, sie sei die bisher beste (B1, Sätze 31.32). Alles würde plötzlich Sinn machen ... ohne diesen „Kopierfehler" (hier ändert also nicht ein Wort, sondern tatsächlich ändert ein einziger und noch dazu sehr ähnlicher Buchstabe alles).

Denken und Sein ist dasselbe

Für Prof. Detlef Dürr[37] ist das DENKEN UND SEIN IST DASSELBE des Parmenides eine gute Definition der physikalischen Theorie, auch der heutigen:

B3

Das Selbe nämlich ist Denken sowohl als auch Sein.

Also, grob gesprochen: Das Sein IST dadurch, dass es gedacht wird. Ist das Unsinn? Es hört sich wie Unsinn an, und es hört sich so an, als wäre das SEIN, ohne gedacht zu werden, nicht möglich. Das ist Unsinn, und kann so nicht gemeint sein. Wäre ich nicht Physiker, schreibt Prof. Dürr, würde ich es nicht verstehen. Dass Parmenides von seinem Zeitgenossen Heraklit und dann auch Sokrates und Platon verstanden

---

36 Plutarch (um 45–125 n. Chr.) ist ein griechischer Schriftsteller

37 München, 2000 (http://www.mathematik.uni-muenchen.de/~duerr/ws99/ws99.html, aufgerufen am 19.3.2017)

wurde, ist absolut bemerkenswert. Die Leute haben einander verstanden, vielleicht weil sie mitgedacht haben.

Also was Parmenides eigentlich im Kopf hat, ist die Physik unserer Zeit, also die eines Galilei, Newton, Faraday, Maxwell, Einstein, ..., deren Theorien. Es geht darum, denkend die Welt zu durchdringen, der Sache auf den Grund zu gehen, und der Grund ist das rein Gedankliche, das fundamental Gedachte: das definiert für uns das Sein. Der Mensch kann nur denkend der Natur gegenübertreten, und indem er ausspricht, was er denkt, bekommt das uns erfassbare Sein einen Namen, und es IST, es ist das IST für uns.

Physik ist also nicht einfach nur ein Modell der Realität. Also nach Parmenides: Physik IST (unsere) Realität. Denn das Gedachte und das Sein ist dasselbe. Grob gesagt: Die Elemente der physikalischen Theorie definieren Realität. Die Newton'sche Massenanziehung ist eine Kraft, die Gravitationskraft. Sie ist gedacht, also sie IST. Womit sollte man dieses IST der Kraft vergleichen? Mit einem anderen IST? Mit welchem? Mit der Realität? Man vergleicht die Theorie mit der Realität? Nein! Newton hat das Kraftgesetz gedanklich gefunden und nicht etwa durch Experimente. Es ist wahr, dass Einstein sich freute, als Experimente ihn bestätigten, aber was heißt hier Bestätigung oder Ablehnung? Man kann das Experiment ja nur innerhalb dieser Theorie überhaupt analysieren, denn es gibt ja nur diese Realität und keine andere. Man kann sich verdacht haben, das ist erlaubt, das würde auch Parmenides einem zugestehen. Und wenn einmal ein Denker kommt, und die Sachen anders sieht, einfacher, klarer, schöner, dann hat Newton ausgedient, geirrt, das sollte erlaubt sein, aber nichts ändert sich an dieser Erkenntnis des Parmenides, dass Sein ist, und dass Sein und das Gedachte dasselbe sind. Heraklit setzt die externe Welt als Objekt der physikalischen Beschreibung an und seine Vision, seine Einsicht, ist die, dass diese Naturbeschreibung eine auf Gesetzen beruhende ist. Aber Heraklit ist ohne Parmenides nicht denkbar und nicht verstehbar. Man muss sich die Mühe machen, hinter die Gedanken zu kommen, man muss die Wurzeln der Gedanken erkennen, die Grundfrage in den Griff bekommen, ohne das ist alles nur halb verstanden, wenn überhaupt.

Ontologie

Die Ontologie ist die Seinslehre, die Lehre vom Seienden, eine Disziplin der (theoretischen) Philosophie, die sich mit der Einteilung des Seienden und den Grundstrukturen der Wirklichkeit befasst. Fragen der Ontologie sind zum Beispiel „Was ist der Mensch?", „Gibt es einen Gott?" oder „Hat die Welt einen Anfang?", oder im Bereich der Naturwissenschaften „Was ist Materie?", „Was ist die Raumzeit?", „Was ist das Leben?" oder „Was ist der Geist?". „Ontologie" und „Metaphysik" wird heute zumeist gleichbedeutend verwendet.

Nach Helmuth Vetter und vielen anderen gilt Parmenides als „Vater der Ontologie", auch wenn das Wort Ontologie noch unbekannt war. Erst zwei Jahrhunderte später ist die Ontologie Thema der Untersuchungen des Aristoteles, allerdings unter dem Namen „Erste Philosophie". Am Anfang seines vierten Buches, der später so genannten Metaphysik, ist davon die Rede.

„Parmenides war kein Ontologe, sondern ein Kosmologe" schreibt Karl Popper. Karl Popper hält generell nichts von Ontologie. Es gebe „tautologische" (allgemein immer wahre) Behauptungen (z. B. „Wenn es regnet, regnet es", z. B. „Entweder es regnet, oder es regnet nicht", oder „Was ist, ist"). Parmenides habe eine nicht-tautologische Behauptung („Es kann keine Bewegung geben") versucht, von einer tautologischen Behauptung („Nur was ist, ist") abzuleiten. Wir wissen aber heute, dass eine nicht-tautologische Behauptung nicht gültig von einer tautologischen abgeleitet werden kann. Parmenides musste damit also letztlich irren. Sein Problem war Veränderung: eine kosmologische Frage.

Zusammenfassung und Folgen:

Parmenides war der erste große Theoretiker, der erste Schöpfer einer deduktiven (vom Allgemeinen auf das Besondere schließenden) Theorie mit Grundsätzen und logischen Schlussfolgerungen. Einer der größten Denker, die es je gegeben hat. Er schuf das ehrgeizigste, kühnste und erstaunlichste deduktive System aller Zeiten mit makellosen logischen Schlussfolgerungen. Es dauerte weit mehr als 2000 Jahre, bis die Logiker lernten, dass es keinen natürlichen oder intuitiv befriedigenden Weg gibt, logisch verhängnisvolle Schlüsse zu vermeiden (siehe auch Hofstadter: „Gödel, Escher, Bach – ein Endlos Geflochtenes Band"). Der nächste Schritt, der aber nur durch die steile Vorlage des Parmenides möglich wurde, war die Erkenntnis von Leukipp und Demokrit, dass die schlichte Existenz von Bewegung eine empirische Widerlegung des hypothetischen Systems des Parmenides ist. Sie schlossen daraus, dass sowohl das Volle als auch das Leere existieren: die „Atome" und das Leere. Und so kam es, dass die bedeutendste physikalische Theorie aller Zeiten aus einer kritisch inspirierten Diskussion der Gedanken des Parmenides geboren wurde, die zu einer Widerlegung seiner Theorie reizte und führte.

Mit Parmenides gibt es erstmals eine Sphäre der logischen Gegensätze, des Gebots der Widerspruchsfreiheit und des logischen Zwangs, und somit nun doch für den Menschen einen Zugang zu Wahrheit.[38] Diese Wahrheit wird letztlich nicht geoffenbart, sie wird auch nicht mit den Sinnen erfasst. Sie ist unanschaulich, sie beruht nicht auf Tradition, noch auf Autorität. Der Zugang zu dieser Wahrheit wird vielmehr eröffnet durch die überzeugende Argumentation (B7, Satz 5, siehe oben) und die Kraft des Beweises. Seine Kraft aber bezieht der Beweis einfach daraus, dass er einleuchtet: weil er einleuchtet ist er zwingend. Eben dieses Einleuchten ist seine Kraft.

Diese Einführung von logischer Schlussfolgerung, Argumentation, Beweis, Widerspruchsfreiheit und logischem Gegensatz war offenbar eine einmalige Leistung, die dann auch sogleich ihre Fruchtbarkeit im 5. Jahrhundert v. Chr. beweisen konnte. Und in der Tat sollte sie, wie wir heute nach über 2.500 Jahren sagen können, für alle Folgezeit von fundamentaler Bedeutung sein.

1.5.4 Die Theologie des Parmenides

Die frühen griechischen Denker waren keine religiösen Erbauungsmänner, die mit den Mitteln des Verstandes erweisen wollten, was für ihr Gefühl von Glauben von vornherein feststand. Aber andererseits muss man sich auch immer wieder hüten, den Bereich reiner geistiger Erkenntnis und die geistliche, religiöse, spirituelle Sphäre einander als etwas hermetisch Abgeschlossenes und Isoliertes gegenüberzustellen,

38 Heitsch: „Logischer Zwang", in: Parmenides, Hrsg.: Hans von Steuben

wie sich mitunter die moderne Wissenschaft gegenüber dem christlichen Glauben abgrenzte und sich als methodisch atheistisch erklärte. Das Bewusstsein der Eigengesetzlichkeit solcher „autonomer" Teilbezirke des Geistes war den frühen Griechen völlig fremd.

Nur durch göttliche Kraft und Veranlassung fand Parmenides Einlass in die höhere Welt. Sein Eintritt in diese Welt ist übermenschlich-überirdische Begnadigung. Und was er von dort berichtet, ist Offenbarung durch die Herrscherin dieses Reichs. Sie verpflichtet ihn zur sendungsbewussten Verkündigung der göttlichen Wahrheit, wie auch zur schärfsten Bekämpfung des „Wahns der Sterblichen". Damit will der Philosoph sich nicht einfach effektvoll in Szene setzen. Es ist eine echte Vision. Es ist ein Anklang an die Sprache der Erweckungsprediger, wenn Parmenides von den Sterblichen klagend ausruft, dass sie auf dem Weg des Irrtums umherschweifen. Die Gattung der altgriechischen „Prophetenrede" ist hier noch zu spüren: „Ohren haben sie und hören nicht, Augen haben sie und sehen nicht." Für Parmenides sind ja im Besonderen Augen und Ohren die Verführer der Menschen. Hier geht es nicht um die Sache irgendeiner religiösen Sekte. Er formuliert nicht nur Lehrsätze, sondern baut eine ganze geistige Welt auf. Sein Durchbruch zur Erkenntnis des wahren Seins ist darin eingebettet. Er geht den Weg des Heils. Diesen Weg findet man nicht irgendwo auf dieser Erde. Dieser Weg des Heils kann nur von höherer Instanz eingegeben werden.

Die beiden Wege, der richtige und der Irrweg, zeigten sich schon bei Hesiod, mit dem schmalen Weg der Tugend und dem breiten der Untüchtigkeit, mit entsprechenden Auswirkungen auch auf das Jenseits.

Parmenides nennt (B8) eine Reihe von Zeichen des Seienden: diese Eigenschaften sind häufig Verneinungen von Eigenschaften der sinnlichen Welt: ungeworden, unvergänglich, ganz einzig, unerschütterlich, zeitlich unbegrenzt und vollendet, nach allen Seiten gleichmäßig wie eine Kugel.

Wie die älteren Denker ihr Urprinzip mit dem Göttlichen gleichsetzten, so ist auch bei Parmenides die Verknüpfung der Erkenntnis des Seins mit der religiösen Sphäre gegeben. Ein Theologe wird darin Gott vermissen, trotz des lebendigen religiösen Empfindens darin. Die Spiritualität liegt für einen Griechen in der Würde und Bedeutung des

Erkannten. Parmenides bekämpfte jede Art von Dualismus (z. B. Licht und Nacht), das stärkste religiöse Motiv lag nun einmal im Gedanken der Einheit. Parmenides hat es noch verstärkt, indem er die Eigenschaften der Vollkommenheit, Unbewegtheit und Unbegrenztheit in die Einheit aufnahm.

1.5.5 Der Logos bei Parmenides

Allein durch den Logos[39] entscheide die These, die so häufig umstritt'ne, und die von mir hier widerlegt wird. Die Entscheidung ist klar; sie bezieht sich auf die Alternative „es ist, oder es ist nicht". Die Entscheidung fällt nämlich für das Sein und gegen das Nichtsein. Dieser Logos wird dem Vollzug des eigenen Denkens gegenüber geleistet. Es genügt der Gottheit nicht, dass der Vollzug des Denkens geleistet wird. Sie verlangt, dass Parmenides sich eigens auf dieses Denken einlässt, Rechenschaft von ihm gibt (Logos gibt), und nicht nur Beweise liefert, sondern dies mit Logos tut: Es geht darum, wie er denkt, und genau so legt er Rechenschaft davon ab. Anders als im Fall der überlieferten Mythen gehört zum Logos sowohl die Nachprüfbarkeit (e-leg-chos[40], Beweis) als auch die Prüfung selbst. Zur Bedeutungsgeschichte von *logos* verweise ich hier auf die Ausführungen zu Heraklit (in Abschnitt **1.6.1**) und auf das noch viel ausführlichere Kapitel über die Bedeutung von Logos im Neuen Testament (**2.1**, speziell in Abschnitt **2.1.2**)

1.6 Heraklit von Ephesos in Kleinasien (540–480 v. Chr.)[41]

Von Heraklit sind etwa 130 Fragmente erhalten, meist kurze Sätze in Prosa. Man kann sich kaum einen Gesamtzusammenhang vorstellen, in den diese Sätze eingebettet gewesen sein könnten, so dass es auch

---

39 Logos hier: „Rechenschaftsablegung", Rechtfertigung

40 *-leg-* (in *e-leg-chos*) und *-log-* (in *log-os*) gehören im Griechischen zum gleichen Wortstamm.

41 Sehr viele Gedanken über Heraklit in diesem Kapitel habe ich entnommen bei Schadewaldt: Die Anfänge …

eine Sammlung von wohlkomponierten, zugespitzten Sinnsprüchen, Sprichwörtern, Weisungen, Lebensweisheiten bzw. Weisheitssprüchen gewesen sein könnte.

Die Sprüche des Heraklit sind sehr schwer zu verstehen und sehr schwer zu übersetzen. Seine Sätze sind eher im Stil von Orakelsprüchen konstruiert. Das Orakel legt die Zusammenhänge nicht offen und klar dar, sondern beschränkt sich auf eher unklare Andeutungen. Ebenso macht Heraklit von Gleichnissen und Widersprüchen Gebrauch, die vom Hörer oder Leser erst mühsam entschlüsselt werden müssen. Man spricht auch von Heraklits „Rätselbuch". Einige seiner Widersprüche sind als Gemeinplätze in unsere Sprache eingegangen, in Form von Sprichwörtern oder Redewendungen: „Das Leben ist der Tod, und der Tod ist das Leben", „Je mehr es sich verändert, desto mehr bleibt es das Gleiche", „Das einzig Beständige ist die Veränderung",

Am Anfang zitiere ich das erste berühmte Fragment, das mit Abstand das längste ist, obwohl es auch nur 3 Sätze umfasst, und das wohl vom Anfang des Werkes stammt, so dass man dieses auch ohne weiteres verstehen kann:

B1

Obwohl der Logos (da) ist, erweisen sich die Menschen als solche, die sich nicht damit befasst haben: sowohl, bevor sie ihn hören, als auch, sobald sie ihn gehört haben. Denn obwohl alles entsprechend diesem Logos geschieht, gleichen sie Unerfahrenen, wenn sie heran gehen sowohl an Worte [*epe*, das ist die Mehrzahl von *epos*], **als auch an Werke** [*erga*, das ist die Mehrzahl von *ergon*] **von der Art, von welcher ich es darlegen werde, indem ich jedes einzelne nach seiner natürlichen Wesensbeschaffenheit** (*physis*) **auseinander legen und nachweisen werde, wie es sich damit verhält. Den Menschen ist alles verborgen, was sie, nachdem sie erwacht sind, tun, so wie sie alles vergessen, was sie im Schlaf tun.**

Zuerst einmal ein paar Schlaglichter auf Heraklit als Einleitung zu seinen Lehren, wobei hier natürlich seine Logos-Lehre im Vordergrund stehen soll:

Der Logos ist allen gemeinsam – und die Masse der Menschen lebt dennoch so, als hätten sie jeder eine nur ihm gehörige Denkmöglichkeit. Sie sind mit dem Logos, der das All verwaltet, am unablässigsten zusammen und gehen täglich damit um, und stehen doch nicht damit im Einklang, sie sondern sich von ihm ab und er kommt ihnen fremd vor. Man hat's ihnen beigebracht und sie gehen ständig damit um, sie begreifen es aber nicht – bilden sich's aber ein! Aber Wahrheitserkenntnis und Durchblick durch die Erscheinungswelt wird möglich nur für den, der den Logos hat. Wer den hat, der kommt zum Verständnis der Absicht, die alles steuert – durch alles hindurch, der sagt und tut das Treffende, der gerät in Sprache und Handeln in Einklang. Und wer mit diesem Logos eins geworden ist, kann dann auch die letztmögliche Wahrheit erkennen: die Verfugtheit von Gegensätzlichem – dass alle Dinge eins sind. Die Unterschiedlichkeit der Dinge ist nur menschlicher Schein, für die Gottheit aber gibt es sie nicht.

Aus Feuer ist alles entstanden und im Feuer wird alles enden. Die gegebene schöne Ordnung aller Dinge, dieselbe in allem, ist weder von einem der Götter noch von einem der Menschen geschaffen worden, sondern sie war immer, ist und wird sein: Feuer, ewig lebendig, nach Maßen entflammend und nach denselben Maßen erlöschend. Und die ganze Welt ist weder Menschen-, noch Götterwerk, sondern etwas Un-Gemachtes und darum Un-Vergängliches, ein ewig lebendiges Feuer. Alles ist im Fluss. Es ist unmöglich, zweimal in denselben Fluss hineinzusteigen.

Der intelligenteste/weiseste/erleuchtetste Mensch wird gegen die Gottheit als Affe erscheinen – an Weisheit/Erleuchtung, Schönheit und an allem andren.

1.6.1 Der Logos des Heraklit: Die Erklärung für alles – Die Weltformel

Der Logos-Begriff bestimmt – weit über die Fragmente hinaus, in denen das Wort Logos vorkommt – die gesamte Denkweise Heraklits, und ist deshalb der Schlüssel zu ihrem Verständnis.[42] Als eine Voraussetzung für seine Philosophie erweist sich die griechische Sprache, und insbesondere, dass die Wörter *logos* und *lego/legein* das Denken in sich tragen, das sich bei Heraklit dann sehr ausgeprägt entfaltet. Sie enthalten ein rechnerisches Element, mit Verwandtschaft zur Zahl, und im

42 wie Ewald Kurtz die Zusammenfassung seiner Dissertation über die Logos-Fragmente Heraklits einleitet

Aspekt der „passenden Beziehung“, bzw. „Harmonie“ mit Anklängen an Pythagoras. Aus beidem ergibt sich „Verhältnis“ als mögliche Grundbedeutung von Logos, bzw. Proportion, Proportionalität, Bezug, Struktur, Relation, Relationalität. Heraklit wird bewusst, dass sowohl im Sein, in den Dingen, als auch in der Sprache bzw. im Denken dasselbe „Verhältnis“ herrscht, und dass er diesen Logos auch noch im gesamten Kosmos entdeckt.

Die Grundbedeutung des Tätigkeitswortes „*leg-o/leg-ein*“ ist: ich leg-e (zusammen), ich sammle (zusammen), ich lese (auf) (wie bei der „Weinlese“), zähle (auf), lese („lese Buchstaben auf“), rede. Die Grundbedeutung von Logos ist demnach Zusammenlegen, Sammeln, (geordnetes, vernünftiges, sinnvolles) Aufzählen. Dieser Tätigkeitsaspekt bleibt in allen Bedeutungen vorherrschend. Es gibt aber einige Bedeutungen, die man Nebenbedeutungen nennen könnte, wo der Tätigkeitsaspekt zurücktritt. So bedeutet *log-os* nicht nur das Zählen, sondern auch die Zahl, nicht nur das Erzählen, sondern auch die erzählte Geschichte, nicht nur Rechnen, sondern auch die daraus resultierende Rechnung, nicht nur die Begründung, sondern auch der Grund, der Sinn, nicht nur die Beziehung in dem Sinne einer subjektiven Tätigkeit, sondern auch in dem Sinne einer objektiven Proportion/Relation. Auch die Bedeutung Definition gehört wahrscheinlich hierher, denn die Definition ist ursprünglich, d.h. in der Sokratischen Praxis: das Resultat der Tätigkeit des Rechenschaftsgebens.[43] Beurteilen mit dem Denken oder mit der Vernunft kann hier nicht gemeint sein, das bedeutet *logos* in der Zeit vor Platon noch nicht. Es bahnt sich aber diese spätere philosophische von Aristoteles aufgenommene Bedeutung an. Sowohl bei Parmenides, als auch bei Heraklit gibt es kein einziges Beispiel von *logos* mit dem einfachen Sinn von „Wort“.

Eine viel ausführlichere Darstellung der Bedeutungsentwicklung und des Bedeutungsumfanges von *logos* folgt im Kapitel über Logos im Neuen Testament (**2.1**), speziell in Abschnitt **2.1.2**. Logos ist unter anderem auch jüngstes Mitglied der Synonymen-Familie *epos, mythos, ainos, rhema, logos* (Wort, Rede). Die großen geistigen Umwälzungen des 6. und 5. Jh. tragen zur strengen Differenzierung dieser zunächst bedeutungsverwandten Wörter bei. Dabei erfahren *epos, mythos* und

43 Verdenius 1966.

ainos starke, vorwiegend abwertende Bedeutungseinschränkungen; *logos* dagegen erfährt eine wertpositive Bedeutungs-Erweiterung und ist im Unterschied zu *mythos* durch das Merkmal der Nachprüfbarkeit gekennzeichnet (*e-leg-chos*, Beweis/Gegenbeweis). Schwierig ist die Wiedergabe von „Logos" im Deutschen mit einem einzigen Wort.

Wir müssen uns dabei über die dreifache Schichtung des Logos bei Heraklit klar sein: Der Logos ist zweifellos auch das „Wort", das Heraklit „sagt" (nicht: spricht!), d. h. das Wort, das in Form von Buchstaben und Lauten sein Buch ausmacht. Das ist „sein" Logos. Aber es besteht auch kein Zweifel, dass nicht nur dieses „Wort" als solches gemeint ist, sondern dass er damit den Anspruch erhebt, „den" Logos damit zu sagen bzw. zu schreiben bzw. auszusagen, d. h. irgendwie eine grundsätzliche, universale strukturelle Beschaffenheit des Seins, also insgesamt drei Dinge:

1. diese seinsmäßige strukturelle Beschaffenheit der Welt.
2. den von diesem Weltlogos wirklich vernommenen und so gedachten Logos, erfasst im *nous* (oder lautlich eingedeutscht: Nus: mit dem „inneren Auge", in „denkender Gesamtschau", mit der inneren Witterung; als Tätigkeitswort: *noeo/noein*, als Eigenschaftswort: noetisch, in Zusammensetzungen z. B.: no-o-gen), und als der so vernommene Logos ist er dann
3. der auch gesagte/geschriebene Logos, „sein/Heraklits" Logos (sein Buch).

Und in allen 3 Schichtungen (Strukturiertheit des Seins/der Welt, schauendes Denken, geschriebene Sprache) ist es doch ein und derselbe Logos.

Es geht hier um die Erkenntnis, dass alle Ereignisse im menschlichen Leben wie auch im Kosmos in einem ganz bestimmten Zusammenhang zueinander stehen, der seinem Wesen nach vernunftmäßig fassbar und sinnvoll ist. Weil nun ein solches Verhältnis zwischen allen Dingen und Ereignissen besteht, vereinigt dieser Zusammenhang alles zu einem einzigen Gefüge und verleiht durch diese Verbindung allem eine Struktur und mit der Struktur eine Gestalt. Es liegt im Wesen der Proportion/Relation, dies zu bewirken. Ähnlich haben schon die Pythagoreer die Proportion bei den Intervallen der Musik aufgefasst. Denn der Name für die einzelnen Intervalle ist bei ihnen *harmonia*, „die passende Verbindung". Die *harmonia* beruht auf der Proportion, dem Verhältnis. Auch im Kosmos ist die Proportion die Voraussetzung für die pythagoreische *harmonia.*

Mit dem Logosbegriff ist von Natur aus die Frage nach der Einheit und nach dem Verhältnis des Einzelnen zum Ganzen verbunden. Hierin dürfte der innere Grund für die enge Beziehung liegen, die in Fragment B50 zwischen dem Logos und dem „in allem sein" besteht:

Hipppolytos (christl. Philosoph, gestorben 235 n. Chr.) (B50):

Heraklit sagt nun, es sei das Ganze (oder: das All, *to pan***)**
trennbar untrennbar,
geworden ungeworden,
sterblich unsterblich, [...]
„Indem sie nicht mich, sondern den Logos hören, ist es weise, übereinstimmend mit dem Logos zu sagen (*homo-logein***),**
dass Eins Alles sei (*hen panta einai***)",**
sagt Heraklit.

Das Vorhandensein des Logos in allem Geschehen erklärt es auch, dass dieser über die *phronesis* („Klugheit" bzw. den Sinn höchsten Bei-Sinnen-Seins und Wach-Seins) das menschliche Leben bestimmt, so dass die ethischen Aussagen Heraklits mit dem Logos-Begriff verbunden sind. Ähnlich gründet später Aristoteles, wenn auch in anderer Weise, seine gesamte Ethik auf seinen Logos.

Der Sinn der Sprache gründet auf dem richtigen Verhältnis innerhalb eines Wortgebildes, wenn dieses der Wirklichkeit (dem Sein) entspricht. Deshalb ist in der Sprache derselbe Logos. In der Sprache vollzieht sich für ihn das Denken, so dass das Denken letztlich vom Sein her bestimmt ist. Den Logos (das Verhältnis und die Struktur der Dinge) entnahm Heraklit folglich aus der Wirklichkeit, und daraus resultiert sein Wahrheitsbewusstsein. Auch das Erkennen ist ein Erkennen von Verhältnissen und Beziehungen, sogar so weit, dass es keine rationale Erkenntnis gibt, bei der nicht mit dem Verstand Verhältnisse und Beziehungen erkannt werden. Der Mensch denkt in Beziehungen, Verhältnissen, Strukturen.

Die Zergliederung zum Erfassen des Logos führt zu Gegensätzen, zwischen denen es eine Mitte gibt, von der jeder der beiden Gegensätze gleich weit entfernt ist. Der Ausgleich unter den Gegensätzen kommt durch ihre gegenseitige Ablösung zustande. Die Proportion wird durch den Umschlag hergestellt. Gegensätze streben auseinander, zugleich aber auch zusammen. Denn einerseits bleiben sie Gegensätze, andererseits brauchen sie einander, um bestehen zu können. Zwei Gegensätze entsprechen einander genau im Ausmaß ihrer Gegensätzlichkeit. Auf die Gegensätze stieß Heraklit am ehesten im Alltag mit seinen Kämpfen. „Der Krieg" (Wettkämpfe/Konkurrenz) ist für ihn der Urheber und Bauherr allen Geschehens. Aller Widerstreit läuft nach einem vernunftmäßig fassbaren Verhältnis ab, so dass das gesamte Geschehen durch den Logos einen Sinn erhält. Der Logos bildet als sinnvolles Verhältnis den Hintergrund dieses „Streites".

Der Logos waltet auch im Kosmos. Die drei Grundbestandteile des Kosmos, Feuer, Wasser und Erde, lösen in beständigem und gleichzeitigem Wechsel einander ab. Dadurch haben sie ewige Dauer, und mit ihnen hat sie auch der Kosmos. Der rationale Charakter dieser Erklärung wird durch das Wort „Maß" noch verdeutlicht. Der Kosmos besteht in sich selbst, aber es gibt das „göttliche Gesetz", von dem alles Geschehen beherrscht wird und das das richtige Verhältnis im Sein gewährleistet. Die überzeitliche Bedeutung der Kosmologie des Heraklit liegt in dem Versuch, das Geschehen im Kosmos mit der ratio (Verstand) zu erfassen. Das ist eine Voraussetzung für die Naturwissenschaften der Neuzeit. Heraklit hat im Kosmos den großen Zusammenhang und die sinnvolle Bezogenheit aller Dinge und allen Geschehens aufeinander erkannt, eine wichtige Voraussetzung für das (teleologisch bestimmte = zweck- und zielorientierte) Denken des Aristoteles. Wenn Heraklit die sinnvollen Beziehungen im Kosmos bemerkt und hinter ihnen ein göttliches Gesetz sieht, so nimmt er in seiner Betrachtungsweise die Göttlichkeit der Weltordnung wahr. Auch seine Welterklärung hat die Ursache im Staunen, worin Platon und Aristoteles den Beginn des Philosophierens erblicken. Die Eigenart der alten Griechen, sich mit ihren Sinnen und ihrem Denken staunend der Wirklichkeit zuzuwenden, ist auch mit ein Grund dafür, weshalb Heraklit im Sein wie in der Sprache ein und denselben Logos wahrnimmt: Logos als eine wechselseitige, rational fassbare Bezogenheit innerhalb des Seienden, die sich auch in der Sprache zeigt, als „Verhältnis" und als „Wort".

Der dritte Bereich, in dem der Logos erscheint, ist die *„psyche"*. Heraklit betrachtete die Seele wie den Kosmos: wie ein „grenzenloses Land" (Fragment B45): als einen Mikrokosmos, dessen Struktur sich ebenfalls auf den Logos gründet. Auch hier ist der Logos nichts als ein „passendes Verhältnis".

B2

Weil der Logos gemeinsam ist, deswegen muss man folgen dem Gemeinsamen. Aber obwohl der Logos ein gemeinsamer ist, leben die Vielen, als hätten sie eine eigene Einsicht.

Hier taucht der Begriff des Gemeinsamen auf. Dieses Gemeinsame heißt, dass der Logos in allem waltet, alles durchdringt und trägt und letztlich lenkt, und andererseits, dass auch alle an ihm teilhaben. Das Für-sich-Sein ergibt die Grundlage des Nicht-Erkennens des Logos, der eben nicht in irgendeinem Für-sich-Sein besteht, sondern gerade im Gemeinsamen.

B34, Satz 1

Sie sind (des Logos) unverständig, auch wenn sie ihn gehört haben (und indem sie als Hörende unverständig bleiben) sind sie wie Taube (die kein Gehör haben).

Wir kennen ähnliches aus dem Neuen Testament, wo es auch darum geht, dass es Menschen gibt, die dem eigentlichen Sinn gegenüber unvernehmend bleiben, taub, nicht nur schwerhörig, sondern völlig leidenschaftslos. Dann folgt:

B34, Satz 2

Und so zeugt für sie das Sprichwort: anwesend sind sie abwesend.

Das meint nicht körperliche Anwesenheit bei geistiger Abwesenheit.

Sie sind an dem Logos dran, befassen sich damit, und doch sind sie dabei auch wieder von ihm weg. Eine andere Übersetzung:

B34, Satz 2

Obgleich sie dran sind, sind sie doch wieder davon entfernt.

B89

Heraklit sagt, dass die Erwachten einen und zwar einen gemeinsamen Kosmos haben, dagegen die Schlafenden jeder seinen eigenen.

Der Logos kann bei Heraklit nicht mystisch verstanden werden, auch nicht als gewollter Widerspruch in sich oder irgendetwas, von dem man nur mit verschwommener Begeisterung sprechen könnte, sondern Heraklit ist ein so großer Denker, weil er sachlich ist, und nur so dürfen wir ihn verstehen. Der Logos ist im Grunde weiter nichts als „die Rechnung", die Proportionalität, auf die Heraklit immer wieder stößt im Wechsel von Werden und Vergehen als das Unveränderliche.

Und selbst an den Stellen bei Heraklit, an denen „Proportion" nicht passt, wahrt Logos immer den Grundcharakter eines geordneten, großen, alles bestimmenden Zusammenhanges (Relationalität), und bedeutet nie nur „Wort".

B79

Der Mann gilt vor Gott als kindisch wie der Knabe vor dem Mann.

Das Interessanteste daran ist, dass sich hier ein Logos zeigt, eine Proportion in vollkommener Form, und zwar:

Gott : Mann = Mann : Kind.

Oder in einem einfachen („Drei-„) Satz:

Verglichen mit Gott ist der Mann nur ein Kind. Ein bekanntes „Verhältnis" zwischen zwei Größen dient zur Erschließung eines Unbekannten („x"):

x : a = a: b

Damit reduziert Heraklit den Menschen auf sein eigenes Maß, zeigt ihm, wie er ist in seinem Abstand von dem höheren, wahren, dem „absoluten" Sein.

B83

Der weiseste Mensch wird Gott gegenüber erscheinen als ein Affe, sowohl an Weisheit wie auch an Schönheit wie allem anderen.

Gott : Weiser = Weiser : Affe

Oder ausformuliert: Die höchste menschliche Weisheit, mit der göttlichen verglichen, ist nur eine äffische.

So wird aus der Fülle von scheinbaren, orakelähnlichen Paradoxien des Heraklit reinste Mathematik.

B124

Der schönste Kosmos ist nur wie ein *sarma* (ein Haufen von wahllos hingeschütteten Dingen, ein „Misthaufen").

Das Gleichheitszeichen ist da und man kann ein Verhältnis aussprechen:

Der Haufen : Kosmos = Kosmos : etwas anderes (x)

Und was ist dies andere? Es ist deutlich gemeint eine höhere, letzte, geistige Welt des Seins, eine tiefe unsichtbare Seinsordnung, die durchaus dem Gott in den beiden anderen Gleichungen entspricht und hier nur nicht angegeben wird. Es ist schwierig zu beschreiben, aber doch klar beabsichtigt. Wir blicken auf den Kosmos und sehen eine Ordnung. Und nun sagt er von dieser Ordnung, sie sei nichts als etwas ganz ungeordnet und zufällig Zusammengeschüttetes, gegenüber einer anderen Ordnung, die noch jenseits davon ist. Mit dem Wort „Jenseits" kommt man von selbst in den Bereich des Hinübersteigens, der „Transzendenz". Es gibt einen transzendenten Überkosmos gegenüber diesem, den wir kennen: Die Welt jenseits (oder besser: über) unserer irdischen Welt.

B52

Der *aion* ist ein Kind, das sein Brettspiel treibt.

Man weiß nicht recht, was *aion* heißt und man kann es – ähnlich wie *logos* – kaum übersetzen. Es hängt mit der Zeit zusammen, wie wir es kennen: „Von Äon zu Äon", womit nicht „Ewigkeiten" gemeint sind, sondern große Zeitperioden, eine Art Umlauf, der ganz in sich ruht. Etymologisch hängt es eher nicht mit *aei* (immer) zusammen. Es ist die Lebenszeit, insofern auch das Leben des Menschen als eine Einheit gefasst wird, nicht so sehr das Vergehen daran. Man kann es schon verstehen: eine bestimmte zeitliche Ordnung, Zeit, die in sich selbst zurückkehrt, periodisch ist, die nicht linear verläuft.

Die Ordnung, die wir antreffen im Zeitlichen und die zweifellos eine Ordnung ist, ist doch nur zu verstehen wie diejenige, die auch ein Kind im Brettspiel einhält: nicht reine Willkür, das gerade ist nicht kindlich, auch beim Brettspiel nicht, wo feste Gesetze herrschen. Aber es ist eben doch nur eine gesetzte Ordnung, nur Spielregeln, aber absolut verbindlich. Aber wir würden nicht daran denken, nach solchen Ordnungen unser Leben einzurichten. Sie machen Freude und beschäftigen den Geist, man entspannt im Spielhaften. Nun aber sagt Heraklit, so wie dieses Spiel als Ordnung doch eine gleichsam reduzierte Ordnung ist, so auch diese große Zeitordnung, in der wir stehen. Auch sie ist nur willkürlich gesetzt und in sich selbst beschränkt – gegenüber, wie wir wieder hinzufügen müssen, einer darüber hinausgehenden Ordnung. Wieder eine Gleichung:

x : *aion* = *aion* : Brettspiel

wobei x eine umfassendste Ordnung bedeutet, wieder transzendentaler Art:

Der Logos ist diese in allem waltende, alles steuernde/lenkende Seinsordung über unserem Kosmos, über unserer Raumzeit, und hat hier teilweise gleichzeitig die Grundbedeutung Proportion. Heraklit setzt den Seinsgrund (Ursprung und Wesen alles Seienden, *arche*) nicht mehr an in einem Seienden (z. B. Wasser) unter anderen (Luft, Erde, Feuer), auch nicht in der Zahl (wie Pythagoras), sondern in erahnten Verhältnissen und Bezügen, die in allen Wechseln das Bleibende sind. Mag alles noch so fließend und wallend sein und alles sich ständig verändern, es vollzieht sich doch nach inneren, festen Regeln, und diese Regeln sind nicht anders angebbar als mit dem Begriff des Logos, jenes großen Gesamt der Verhältnisse und Bezüge. Das ist ein gewaltiger Fortschritt des Denkens über alles Frühere hinaus. Von diesem Logos her – und nur von ihm – können alle anderen Teile der Lehre des Heraklit wirklich verstanden werden, von dieser Konzeption des transzendenten (übersinnlichen, übernatürlichen, überirdischen) Seinsgrundes als Gesamt aller Verhältnisse. Mit diesem Logos ist ein Mittel gefunden, um aus dem bekannten Bereich des Seins und des Menschlichen vorzudringen zum Seinsgrund (*genesis, arche*) und dem Göttlichen, den eigentlichen Gegenständen der Philosophie.

Der Logos: Die Erklärung für alles. Die Weltordnung. Die Weltformel

Einstein war zuletzt auf der Suche nach der Weltformel[44], die mathematische Formel für die ganze physikalische Welt. Bisher gab es nur kurze, knackige Formeln für Elektromagnetische Wellen und Felder (Maxwell-Formeln), für die Relativität, für die Gravitation bzw. für Gravitationsfelder und -wellen, usw.,[45] aber es gibt keine Formel für alles Physikalische, keine Formel, die alles Physikalische beinhaltet – kei-

44 Corey S. Powell: „Eine Theorie von Allem. Jetzt wollen Physiker schaffen, was Einstein mißlang“, 2015.

45 siehe auch: Bruno Mansoulié: ALL OF PHYSICS (ALMOST) in 15 EQUATIONS

ne „Weltformel". Heraklits Anspruch ist noch um ein vielfaches höher: Er präsentiert eine Formel für alles, nicht nur im physikalischen Sinn, sondern eine, die wirklich ALLES erklärt, nicht nur die physikalische Welt, sondern die Welt mit allen denkbaren Teilbereichen und Aspekten. Es wird aber nirgends genau gesagt, was der Logos definitiv ist, was der Inhalt des Logos ist, was die Erklärung der Welt, das Prinzip hinter der Welt, was die Weltformel, die Erklärung für alles ist. Aber es bieten sich gleich mehrere Fragmente als Erklärung an:[46]

B50

Indem sie nicht mich, sondern den Logos hören, ist es weise, übereinstimmend mit dem Logos zu sagen (*homo-logein*), dass Eins Alles sei (*hen panta einai*).

Hier wird die Formel „dass eins alles ist" ausdrücklich als das ausgewiesen, was das Wesen des Logos darstellt. Weitere Sätze bieten sich aufgrund ihres formelhaften Charakters ebenfalls als Erklärung für den Logos an:

B10

Verbindungen:
Ganzes und Nichtganzes,
Zusammentretendes – Auseinandergehendes,
Zusammenklingendes – Auseinanderklingendes:
und aus allem eines und aus einem alles.

B8

Das Auseinanderstrebende zusammentretend und aus dem Auseinandergehenden die schönste Harmonie.

B51

Sie verstehen nicht, wie das Auseinandergehende mit sich selbst zusammengeht, eine rückgespannte Harmonie, wie vom Bogen und der Leier.

B80

Man muss wissen, dass der Krieg allgemein ist und das Rechte Streit und dass alles geschieht in Übereinstimmung mit Streit und dem, was geschuldet ist.

46 so zusammengestellt von Christof Rapp, 1997.

B30

Diesen Kosmos (derselbe für alle) schuf weder einer der Götter noch der Menschen, sondern er war immer und ist und wird sein immer lebendes Feuer, entflammend nach Maßen und erlöschend nach Maßen.

Jeder dieser Sätze könnte eine Definition des Logos darstellen. Dagegen spricht aber, dass Heraklit in B1 (siehe oben) nicht von mehreren, sondern von einem bestimmten Logos spricht, und darüber hinaus heißt es in B41 sogar ausdrücklich, dass das Weise ein einziges ist.

Es wird hier der schwer trennbare Zusammenhang des Logos mit anderen Schwerpunkten Heraklits deutlich:

1. Mit dem ewigen Feuer als
   a) Grundstoff des Kosmos und der Seele und
   b) mit seiner Identifikation mit der Weltordnung (B30, siehe oben), mit seinem regelmäßigen Entflammen und Erlöschen, mit den Formeln
   „Alles ist eines“ und „Aus allem eines und aus einem alles“.
2. Mit der „Einheit der Gegensätze“ (B50 und B10, siehe oben)
3. und mit der „Flusslehre“: der Weltlauf als beständige Aktion und Reaktion („Krieg und Zwist“ als Gesetzmäßigkeit der Welt, B80, siehe oben)

1.6.2 Gegensätze, Identität, Feuer, Kosmos, Logos, Sein, Gesetz, das Göttliche

Die in der Überschrift genannten Gebiete lassen sich bei Heraklit nicht wirklich trennen in eine Gegensatzlehre, Einheitslehre, Flusslehre, Feuerlehre, Kosmologie, Logos-Lehre, Ontologie. Auch die Überschriften hier sind willkürlich.

Aber mit dem Verhältnis des Bekannten zum Unbekannten, des Menschlichen zum Göttlichen, kommen wir schon zur berühmten Gegensatzlehre des Heraklit, für die ein Begriff wichtig ist, der Begriff des Austausches oder Umschlags.

(Plutarch[47]) B88

Es ist darinnen als Dasselbige ein Lebendiges und Totes, Wachendes und Schlafendes, Junges und Altes.

In diesem Sein der Welt also gibt es Gegensätze, wie er sie beispielhaft hervorhebt und nun sagt er, dass das alles im Sein Dasselbe ist. Und:

Denn dieses auf der einen Seite ist, wenn es umgeschlagen ist, jenes andere, und jenes andere wieder ist, wenn es umgeschlagen ist, dieses.

Wir haben also diese Gegensätze und sie sind „identisch". Die Art und Weise aber, wie sie identisch sind, nennt er hier „Umfallen". Dieser Umschlag ist es, der die Gegensätze verbindet und als „identisch" ausweist. Ganz klar formuliert! Das Sein besteht aus Gegensätzen, die ineinander überfließen, und das ist ein Umschlagen, und dadurch gelangt dieses Hinüberfließen zum Aufhören: Leben und Tod, Schlafen und Wachen, usw.

B90

Des Feuers Wechseltausch ist das All (*to pan*), und das Feuer der von allen/ allem (*ta panta*), so wie die Waren der Wechseltausch sind für das Gold und das Gold für die Waren.

Hier wird dieselbe Sache Austausch im wirtschaftlichen Sinne genannt. Es gibt einen Umsatz, oder Austauch, und ein solcher ist das Feuer für alles andere, was im Einzelnen ist. Alles ist Austauschobjekt des Feuers. Ein unendlich treffendes Bild. So wie das Feuer im ersten Teil des Satzes, so dominiert das Gold im zweiten, ist Träger der Valuta, der große Wertmesser. Darin sind Gold und Feuer sich ähnlich. Die Vorstellung, mit der man dachte, ist gleichsam geronnenes Feuer, zu Luft, Wasser und Erde „geronnen". Und wie das Gold den Wertmaßstab gibt für alles andere, so haben wir wieder dieselbe Proportion für das Feuer und alles andere. Es wird eine Wertskala festgesetzt. Dieser Logos, der da besteht zwischen dem Gold und den Waren, besteht auch zwischen dem Feuer als Grundelement und allem Seienden. Der Umschlag, Austauch, Umsatz lässt deutlich Logos als Proportion und als weltordnendes und weltlenkendes und steuerndes „Prinzip" durchscheinen.

---

47 Plutarch (um 45–125 v. Chr.) ist ein griechischer Schriftsteller.

Wir haben eine Fülle von seienden Dingen um uns herum, die ständig im Fluss sind, aber dieser Fluss ist, wenn man ihm auf den Grund geht, nicht Turbulenz, sondern Gesetzlichkeit. In der Fülle des Veränderlichen kristallisieren sich Gegensätze heraus, zwischen denen sich überall das Werden und Vergehen vollzieht, und dies besteht in einem Umschlag des einen ins andere nach einem bestimmten Verhältnis bzw. nach einer bestimmten Ordnung. Die Gegensätzlichkeit und die Proportion im Umschlag ist das eigentlich Dauerhafte im Fluss der Veränderung. Es ist großartig, wie Heraklit dieser ganzen Welt des Werdens und Vergehens gegenüber steht wie andere auch, aber nun nicht wie Parmenides dies alles beiseite rückt als reine Erscheinung/"Schein"/Spiel von Licht gegenüber einer Vision des wahren, richtigen, reinen Seins, sondern die Welt durchschaut und in ihr selbst bestimmte Elemente findet: die Gegensätze, den Umschlag/Austausch, und den Logos, diese drei, die eigentlich das Sein begründen im Veränderlichen. Indem dies aber die Grundstruktur des Seins ist, wird es auch zum Denkmittel. Indem er diesen Logos, der das Sein selbst bestimmt, anwendet als Denkmittel, hat er die Gewähr, dass er den geheimen Logos auch da bekommt, wo er sich entzieht, weil er in den göttlichen Bereich hineinreicht.

B114

Wo einer sinnvoll vorrechnet aus dem *nous* („Geist/Verstand", dem inneren, geistigen Auge) **heraus, der muss sich stützen auf das Gemeinsame von allen.**

Das ist nichts anderes als der Logos. So wie den Sinnesorganen die Wahrnehmungen, genauso entspricht dem *nous* (Nus) als Wahrnehmungsorgan „das Gemeinsame", was die körperlichen Sinnesorgane nicht wahrnehmen können.

1.6.3 Logos und Gesetz

B114

Für diejenigen, die mit Verstand (*nous*) sprechen, gilt es, sich an dem zu stärken, was allen gemeinsam ist, wie an einem Gesetz (*nomos*) eine Stadt und noch viel stärker. Denn genährt werden alle menschlichen Gesetze von

einem einzigen, dem göttlichen. Denn es hat die Oberhand so weit, wie es will, und genügt allem und kommt noch darüber.

B43

Den Übermut/das Überschreiten der Grenzen (*hybris*) gilt es noch eher zu löschen als eine Feuersbrunst

B 44

Für das Volk gilt es, zu kämpfen für das Gesetz wie für eine (Stadt-)Mauer.

Nomos/das Gesetz wird hier zum Bild für das Gemeinsame, das allgemein Verpflichtende, das, was alle gemeinsam haben, nämlich den Logos, als eine seiner Haupteigenschaften (allen gemeinsam). Der Logos geht ein in „diejenigen, die mit Verstand sprechen", er wird eins mit ihrem Wort, ja er ermöglicht erst das „Sprechen mit Verstand", damit aber auch das Aussprechen der Wahrheit (bei Heraklit).

Der Vergleich von *logos* und *nomos* zeigt zweierlei: dass *logos* nicht ein Gesetz ist – sonst könnte ihn Heraklit nicht mit dem Gesetz vergleichen – dass er aber andererseits mit dem *nomos* Ähnlichkeit besitzt. Die „Gesetze" haben normhaften Charakter, der eine Ordnung schafft, aufrechterhält und verbürgt. Es gibt für Heraklit zwei Stufen: Über den menschlichen Gesetzen steht das eine göttliche Gesetz. Die menschlichen Gesetze erhalten vom göttlichen Gesetz ihr Leben (ihre „Ernährung"). Während Hesiod noch in Zeus den Urheber des *nomos* erblickt, ist bei Heraklit der *nomos* selbst göttlich, ohne einen weiteren Urheber erkennen zu lassen. Der Nomos hat die Oberhand, hat die höchste Macht wie ein König oder Zeus. Wenn der Nomos soweit Macht hat, wie er will, dann gibt es keine höhere Macht als die seine. Die Aussagen passen auf eine persönliche Macht („wie es will"). Hierin drückt sich Heraklits Abkehr vom Götterglauben der Überlieferung aus. Das Göttliche wird eher sachlich gedacht: Aus dem Willen, den ein persönlicher Gott besitzt, wird die allgemeine göttliche Norm. Heraklit hat hinter allem Sein und Geschehen eine göttliche Ordnung erblickt, die durch das Walten eines göttlichen *nomos* erhalten wird. Die Lebensordnung der Menschen, die durch die menschlichen Gesetze geregelt wird, steht als Teil innerhalb der großen göttlichen Ordnung. Wenn auch dieser Gedanke in einem Vergleich ausgesprochen wird, hat er doch für Heraklit größte Bedeutung. Auch die Naturordnung ist für Heraklit eine Rechtsordnung, wie sich aus anderen Fragmenten ergibt, ähnlich wie bereits bei Anaximander. Sie ist aber bei Heraklit eine rationale, im Sinne von mit Maß und Zahl berechenbare. So erhält die Welt eine Gestalt, die sich rational darbietet, und jenes göttliche Gesetz wird ein rational geprägtes Gesetz. Zurück zum ersten Teil von B114: Die mit Verstand reden wollen, sollen sich mit dem *logos* noch mehr stärken als eine Stadt mit dem Gesetz: Der *logos* wird auf die Ebene des göttlichen Gesetzes emporgehoben. Es stellt sich die Frage nach dem Verhältnis zwischen dem *logos* und dem göttlichen *nomos*:

B50

Hippolytus sagt [indirektes Zitat]: **Heraklit sagt nun, es sei das Ganze (das All,** *to pan*) **trennbar untrennbar, geworden ungeworden, sterblich unsterblich, [...]** [direktes Zitat, Heraklit wörtlich:] **„Indem sie nicht mich, sondern den *logos* hören, ist es weise, das Gleiche zu sagen** *(homo-logein)*: **Eins ist Alles** *(hen panta einai)*,**...“ sagt Heraklit.**

Der Satz „hen panta einai“/Eins ist Alles“ bezieht sich dabei irgendwie auf die Gegensatzpaare. Auch wenn Heraklit hier von sich weg weist um dem *logos* einen überpersönlichen Charakter zu geben: Sein Wort und der allgemeine *logos* sind eins. Seine eigenen Entdeckungen sind allgemeingültig. Wenn das Hören des Logos das homo-logein (das Gleiche sagen) nach sich zieht, dann ist das Wort der Menschen wiederum Ausdruck des Logos. Unzertrennlich verbunden ist mit dem Logos der Gedanke, dass Eins Alles ist. Die Menschen können diesen Sachverhalt aus dem Logos entnehmen. Hier wird die Klammer sichtbar, die den Logos mit Heraklits Einheitsbegriff und Einheitslehre und mit seiner Gegensatzlehre verbindet. Auch der Satz „Eins ist Alles“ ist mit der gesamten Seinsordnung verbunden. Dann ist aber auch der Logos zur gesamten Seinsordnung in Beziehung gesetzt:

Der Logos ist etwas Seiendes, ob die Menschen dies nun erkennen oder nicht. Er liegt allem Geschehen und Entstehen zugrunde. Er begegnet allen in allem, und bestimmt alles Tun und Denken. Er steht mit dem göttlichen Gesetz auf einer Stufe.

Heraklit hat sein Denken ganz nach dem Sein ausgerichtet, sein eigenes Wort verschmilzt mit dem allgemeinen, im Sein begründeten

Logos. Das erklärt seinen selbstbewussten Ton: Sein Selbstbewusstsein ist Wahrheitsbewusstsein.

Die gesamte Wirklichkeit ist ein gegliedertes Gefüge, der Logos ist die proportionale, rational fassbare Struktur und Bezogenheit von allem Seienden, und das „Wort“ wird ein ganz bestimmtes Wort. Auf diese Weise hängt der Logos eng mit „Eins ist Alles“ zusammen. Denn hier wird über die Beziehung des Einen zu Allem, also über den Einheitsbegriff, gesprochen. Zum Verhältnis gehört es wesentlich dazu, die von ihm erfassten Gegenstände durch ihre Bezogenheit zu vereinigen. An dieser Stelle wird auch die Beziehung zwischen Logos und göttlichem Gesetz deutlicher: Der Logos ist als Struktur gleichsam die Gestalt alles Seienden und Geschehenden, die das göttliche Gesetz durch seine Herrschaft hervorruft und aufrechterhält, und durch die er selbst in Erscheinung tritt. Weil der Nomos „herrscht, soweit er will“, deshalb ist wohl auch der Logos „gemeinsam“.

1.6.4 Die All-Einheit

Die Alleinheit (gelesen: All-Einheit, altgriechisch Ἓν καὶ Πᾶν, hen kai pan, deutsch ‚Eins und Alles‘ oder auch Einheit des Alles) ist ein philosophischer und theologischer Fachausdruck, der die unteilbare Einheit allen Seins beschreibt, inklusive aller Wesenheiten, Welten und Universen.

Erste Alleinheitsformulierungen stammen von Heraklit („**Aus Allem Eins und aus Einem Alles**“, und „**Das All** *(to pan)* **ist trennbar untrennbar, geworden ungeworden, sterblich unsterblich… Indem sie nicht mich, sondern den *logos* hören, ist es weise, das Gleiche zu sagen** *(homo-log-ein)*: **Eins ist Alles** *(hen panta einai)*.“

Diese Alleinheit hat eine enorme philosophische und theologische Wirkungsgeschichte, die ich hier nicht darstellen möchte. Wie die Alleinheit bei ihrem „Erfinder“ zu verstehen ist, habe ich bereits umfangreich ausgeführt.

1.6.5 Abschließende Anmerkungen zur Theologie des Heraklit

Auch Heraklit ist – ähnlich wie Pythagoras, Xenophanes und Parmenides – eine Art philosophischer Religionsstifter oder Prophet oder zumindest ein Bekenner. Ein Prophet, der die Menschen aus ihrem Schlaf wachrüttelt: **„Den Menschen ist alles verborgen, was sie, nachdem sie erwacht sind, tun, so wie sie alles vergessen, was sie im Schlaf tun."** Er ist der Prophet einer erkannten Wahrheit, aber einer nicht rein theoretischen Wahrheit. Seine Lehre soll auch Einfluss auf das praktische Verhalten des Menschen haben, auf **„Worte und Werke"**.

Heraklit will nicht nur erkennen, was ist, sondern dadurch auch das Leben der Menschen erneuern und sie befähigen, ihr Leben „wach" zu führen, bewusst des Logos, nach dem alles geschieht, und „gemeinsam", in einer mit den anderen „gemeinsamen" Welt. Die wahre Einsicht verbindet und verpflichtet unmittelbar alle, die an ihr teilhaben, im Unterschied zu Privatmeinungen. Das Bewusstsein seiner Berufung, sein prophetisches Bewusstsein, sein Wissen, dass er der Träger des Logos ist, gibt ihm Kraft, den Gegendruck „der Vielen" zu ertragen. Dieses Band, das eine geistig frei gewordene, individualisierte Gesellschaft zu neuer Gemeinschaft verbindet: Das ist die soziale Funktion des Denkens: Alle menschlichen Gesetze werden genährt vom göttlichen Gesetz.

Der Logos ist Urheber für das göttliche Gesetz. Der Weckruf des Propheten ist die Aufforderung, als Wachender zu vollbringen, was dieses göttliche Gesetz will, die höchste Norm des Weltgeschehens, die den Sinn dieses Geschehens begründet. Der tiefgreifende Unterschied zu modernen „Naturgesetzen" ist offensichtlich.

Krieg ist der Vater aller Dinge. Das ist das göttliche Gesetz. Dieses Prinzip wird mit Gott gleichgesetzt: **Gott ist Tag-Nacht, Winter-Sommer, Krieg-Frieden, Sättigung-Hunger.** Er ist der ständige Wechsel und Kampf der Gegensätze in der Welt, auch von Krieg und Frieden. **Es ist immer ein und dasselbe darin: Lebendiges und Totes, Wachendes und Schlafendes, jung und alt. Denn dieses ist umschlagend jenes und jenes ist wiederum umschlagend dieses.** (B88). Das Ineinander-Umschlagen ist die Einheit des Gegensätzlichen, durch Berührung oder Verknüpfung oder Zusammenfügung/Harmonie. Beim Bogen und der Leier ist die Zusammenfügung der Gegenkräfte die Dynamik.

Unsichtbare Harmonie ist besser als sichtbare. (B54)
Die Natur (das Wesen) der Dinge liebt es sich zu verbergen. (B123)
„Wer nicht mich, sondern (durch meinen Mund) den Logos vernommen hat, für den ist es weise zuzugeben, dass alles eins ist. (B50).
Aus allem eins und aus einem alles.

Die Einheit aller Dinge ist Heraklits A und O. Der Prozess des Werdens und Vergehens ist das beständige Umschlagen der Gegensätze ineinander. Er erlebt ihn als den „Weg hinauf und hinab", den alles unaufhörlich geht, der einerseits derselbe, andererseits aber auch nicht derselbe, sondern der umgekehrte Weg ist. Das neue ist die transzendente Fassung des Einheitsgedankens, mit der er dem Dasein eine neue Sinndeutung abringt. Das göttliche Gesetz wird ihm zum Ausgangspunkt einer neuen Sinngebung der Welt und der menschlichen Existenz. Er will seine Mitmenschen dahin führen, dieses Gesetz bewusst in sich aufzunehmen und es mit ihrem ganzen „Tun und Denken" zu bejahen.

Allerdings hat die große Paradoxie des „Eins und Alles" gewaltig gewirkt, z. B. auf Hölderlin, Schelling und Hegel, mit nicht unbedingt originalgetreuen Ergebnissen. Zu nennen wären auch Platon, Plotin, die Stoiker (sie betrachteten den Logos als universelles Vernunftprinzip, das Göttliche, welches auch in jedem Menschen sei), Lessing, Spinoza, Herder, Fichte, Goethe, Nietzsche, Kant, Carl Friedrich von Weizsäcker u.v.a.m. Die Alleinheit ist auch – ganz anders als hier bei Heraklit – Element des Pan(en)theismus. Arthur Schopenhauer (1788–1860) kritisierte Pantheismus als „Euphemie für Atheismus": „Ein unpersönlicher Gott ist gar kein Gott, sondern bloß ein missbrauchtes Wort." Ebenso beschrieb zu Beginn des 21. Jahrhunderts Richard Dawkins den Pantheismus als aufgepeppten Atheismus („sexed-up atheism").

Alle Äußerungen Heraklits über das Verhältnis des Menschen zu Gott versuchen peinlichst menschliche Züge von Gott fernzuhalten: **Ein Mann heißt der Gottheit kindisch wie ein Knabe dem Manne** (B79). **Verglichen mit Gott ist der schönste Mensch ein Affe.** (B83).

Heraklit unterscheidet sich von Xenophanes in seiner festen und dichten Kraft, die sich zu einem einzigen, großartigen Wurf sammelt. Mit ihm gemeinsam schreibt er Gott weltbewegenden Geist und höchste Weisheit zu.

1.7 Der Logos-Begriff bei Parmenides und Heraklit: Ein Vergleich

W. J. Verdenius schreibt:[48] „Die wichtigste Übereinstimmung scheint mir in der Tatsache zu liegen, dass beide Philosophen die Wirklichkeit in einen wahrnehmbaren Vordergrund und einen nur mit dem Denken zu erfassenden Hintergrund auseinanderlegen. Beide versuchen, den Zusammenhang dieser beiden Schichten der Wirklichkeit zu bestimmen, und bei beiden hat dieser Versuch die Form eines Logos, …"

Die wesentlichen Punkte dieser Gegenüberstellung sind m.E. folgende:

Bei Heraklit fällt der göttliche Logos im Grunde einerseits mit der Weltordnung und andererseits mit der Darlegung seiner Philosophie zusammen. Bei Parmenides hingegen handelt es sich beim Logos um eine Erörterung über das wahre Wesen der Dinge. Diese göttliche Erörterung offenbart sich bei Parmenides nicht unmittelbar in der menschlichen Erörterung, sondern er hat auf die göttliche Erörterung, die göttliche Offenbarung zu hören. Er soll aber diese göttliche Offenbarung nicht einfach passiv hinnehmen, sondern selbst aktiv erörternd beurteilen. Heraklit hört nicht auf den göttlichen Logos, denn er kennt ihn schon. Es gibt aber auch Hinweise, die Parmenides wieder in die Nähe Heraklits bringen. Ihm wird die Weltlenkung und Weltbestimmung offenbart. Es wird aber auch die Erörterung gelenkt und bestimmt, in welcher diese Weltaspekte dargelegt werden. Mit anderen Worten: die systematische Erörterung, der Logos, und die Weltordnung selbst sind zwei Seiten ein und derselben Sache, genauso wie bei Heraklit. Wie steht es nun mit dem menschlichen Logos? Parmenides soll die göttliche Erörterung in einer eigenen Erörterung beurteilen, aber wir hören weder von einem Dialog noch sonst von einer eigenen Darlegung, die auf die göttliche Offenbarung folgte. Das legt den Gedanken nahe, dass zwischen den „beiden Logoi" ein sehr enger Zusammenhang besteht, ja dass sie im Grunde identisch sind: Sie sind ein und derselbe Logos.

Parmenides beschreibt hier eigentlich den Weg seines eigenen Denkens. Es besteht eine enge Verbindung von Denken und Sprechen (hier bei Parmenides, aber auch bei Heraklit). Dieser Weg ist „vielbe-

48 im Artikel "Der Logosbegriff bei Heraklit und Parmenides."

sagend". Ein Weg der viel zu besagen hat, ist zugleich ein Weg, auf dem vieles bedacht wird. Ein vielbesagender Weg ist ein Weg tiefer Gedanken. Der Denker nennt sich selbst schon in dem Augenblick, als er sich auf den Weg macht, einen wissenden Mann, weil er diesen Denkweg schon öfters begangen hat. Der Weg des eigenen Denkens wird metaphorisch flankiert von der eigenen Überlegungskraft und der Erleuchtung des eigenen Geistes. Überlegung und Erleuchtung sind nicht scharf voneinander geschieden, und die Schnelligkeit betont eine Andeutung der Gedankenblitze des Philosophen. Mit seinen eigenen Argumentationen überzeugt er sich von der Wahrheit seiner Entdeckung. Die Entdeckung der Wahrheit steht am Ende des Denkweges. Seine Entdeckung war für Parmenides ein echtes religiöses Erlebnis, und es war zugleich ein echtes physisches Ereignis. Parmenides fasst nämlich die Überlegung seines Denkens nicht als eine rein logische oder psychologische Tätigkeit auf. Die ganze Welt besteht aus zwei Substanzen, Licht und Nacht.[49] Das menschliche Erkenntnisvermögen unterliegt dem Wechsel dieser beiden Substanzen. Geistige Konzentration und Erleuchtung fällt mit einer physischen Konzentration von Licht zusammen. Eine Alleinherrschaft des Lichts im Geiste ist Parmenides allein vorbehalten geblieben. Wie konnte er das erreichen? Hier kommt Heraklit zuhilfe. Die Seele ist ein besonderer Aspekt des gegenseitigen Umschlags der Elemente. Bei dem einen Menschen ist sie überwiegend feucht, bei dem anderen überwiegend trocken und feurig. Die erkennende Seele hat aber „eine Proportion, die sich selbst mehrt, d. h. sie hat das Vermögen, mit dem Urfeuer in direktem Kontakt zu treten und sich dem Urfeuer ganz anzugleichen. Auf ähnliche Weise tritt Parmenides mit dem Urlicht in Verbindung. Seine geistige Konzentration ist so groß, dass er den Dualismus von Licht und Nacht überwindet und einer völligen Erleuchtung teilhaftig wird. Dieser Gesichtspunkt der Transzendenz ist sehr wichtig. Wer in diesem transzendenten Licht zu Hause ist, betrachtet die ganze übrige Welt als das Haus der Nacht.

Die Frage, wer diese Konzentration des Lichtes und des Geistes letzten Endes zustande bringt, der Mensch oder die Gottheit, wird von Parmenides nicht gestellt. Dass das helle Element in seinem Geist

49 Hierin besteht eine der Kontroversen zwischen Karl R. Popper und anderen Fachleuten, siehe Kapitel 1.5.

überwiegt, ja sogar diesen ganz erfüllt, verdankt er der göttlichen Gnade, aber zugleich seiner eigenen Geisteskraft. Göttliche und menschliche Initiative sind Komponenten, keine Gegensätze. Die Offenbarung der Gottheit und die Beurteilung ihrer Erörterung in einer menschlichen Erörterung sind also nicht zwei aufeinanderfolgende Phasen, sondern gleichzeitige und komplementäre Aspekte desselben Prozesses. Es ist ein und derselbe Logos, der in beidem wirksam ist.

1.8 Exkurs 1: Der Logos bei den Stoikern

Man kann die antike (griechische) Philosophie in 4 Perioden einteilen: Erstens die Kosmologische Periode, das sind die frühen griechischen Denker, die ganzheitliche Philosophie betrieben, sich mit der ganzen Welt, dem ganzen Kosmos beschäftigten. Vertreter aus dieser Periode (von Thales bis Demokrit) bilden den Inhalt von Kapitel 1 (bis 1.7). Zweitens die Anthropologische Periode: Der Mensch steht im Mittelpunkt, bis hin zu „Der Mensch ist das Maß aller Dinge“. Das waren die Sophisten und Sokrates. Drittens die Systematische Periode: Die Philosophie ist nun in viele verschiedene Gebiete aufgeteilt. Platon und Aristoteles erarbeiteten eine gewisse Systematik der Gebiete der Philosophie. Viertens: die Ethisch-Praktisch-Religiöse Periode: nur noch ein Gebiet: Wie soll ich leben?, das Persönliche! Zwei „neue“ Schulen: die Stoiker („Seelenruhe“, alles mit Gleichmut ertragen) und die Epikureer („Genuss ohne Reue“).

In der Stoa (bei den Stoikern, eine wichtige philosophische Richtung in der europäischen Antike) ist Logos der Ausdruck für die Geordnetheit und sinnvolle Abgestimmtheit der Welt, und wird eben darin mit dem Gottesbegriff gleichgesetzt, eine Art „(Welt-) Gesetz der Vernunft“. Gott ist der Logos aller seienden Dinge und der Grund für die Einheit dieser Welt. Er ist das Welt-schaffende Prinzip, die allem innewohnende und wirksame Kraft, er ist die göttliche Vernunft, der Inbegriff von Gottes Weisheit. Die Welt ist eine großartige Entfaltung des Logos, der materiell als Feuer, Geist, oder „Äther“ vorgestellt wird. Als organische Kraft, die die Materie formt, den Pflanzen Wachstum und den Tieren Bewegung gibt, ist er der Logos-„Same“, der sich entwickelt und dieser Same ist seinem Wesen nach Vernunft. Als Weltgesetz, Gesetz der Welt wie des Einzelnen, gibt er den Menschen die Kraft des Erkennens und ethischen Handelns. Der Logos des Menschen ist nur ein Stück des großen allgemeinen Logos. Im Weiteren wurde der Logos mit der Natur gleichgesetzt und zu einer schöpferischen Macht. Im Logos der Stoa sind rational-ordnende und vital-zeugende Kraft in eins gesetzt.

Der göttliche Logos trägt den Kosmos, der die eigentliche Heimat des Menschen ist, in der er sich als Mitbürger Gottes fühlen kann. In seiner Seele lebt ein Funken des Welt-Logos, der als feuriges Pneuma (Hauch, Geist) vorgestellt wird. Er befähigt ihn, auch Widriges als Schickung von Gott (=Logos) zu bejahen.[50]

1.9 Exkurs 2: Der Logos des Philon von Alexandria

Philon von Alexandria oder Philo von Alexandrien lebte in etwa zur gleichen Zeit (20–10 v. Chr. bis 40–50 n. Chr.) wie Jesus (7 v. Chr. bis 30 n. Chr.) und war ein einflussreicher jüdischer Philosoph und Theologe. Er ist der bekannteste Denker des hellenistischen Judentums, und es wird in den folgenden Kapiteln noch einige Male von ihm zu reden sein, nicht zuletzt wegen seiner Vermittlerrolle zwischen Judentum und Hellenismus (mittlere Stoa, Mittelplatonismus, vereinzelt auch Neupythagoräismus).

Seine Dreizahl der Kräfte Gottes wurde bei der Formulierung der christlichen Dreieinigkeit aufgegriffen. Der Logos ist bei ihm der Aspekt Gottes, der in Beziehung zur geschaffenen Welt steht. Sein Logos-Begriff konnte für die Lehre von Christus ausgewertet werden. Fast alle christlichen Apologeten (Verteidiger der christlichen Lehre nach außen) haben ihm viel zu verdanken. Durch seine Beliebtheit wurde Philon quasi zum „Kirchenvater ehrenhalber“. In manchen griechischen Handschriften wurde Philon tatsächlich als Bischof angesehen.

Fast 50 seiner Schriften sind überliefert, 20–25 sind verloren gegangen. Der Logos spielt eine ganz große Rolle bei Philon, dieses Wort kommt über 1.300 mal in seinen überlieferten Schriften vor. Der Logos ist zwar auch ein Gott, steht aber an zweiter Stelle, er ist ein „Abbild“

50 so Heinrich Krefeld aus Rheine/Ems in seiner Hellenika.

des höchsten Gottes, und hat in der Weltschöpfung grundlegende Bedeutung. Gott hat zusammen mit der Weisheit als seinen älteren erstgeborenen Sohn, der mit dem Logos gleichgesetzt wird, die Unsichtbare Welt erzeugt. So ist der Logos eine von Gott ausgehende Mittlergestalt, die die Verbindung herstellt zwischen Gott, Welt und Mensch, der auch wieder die Welt und den Menschen vor Gott vertritt als Hohepriester und Fürsprecher.

Der Jude Philon fasst also als erster einen ursprünglich universalen Begriff (hier: Der Logos) personell, als eine Person, auf, hier mit Bildern aus dem Bereich der Zeugung und der Sohnschaft.

2 Der Logos und die griechische Bildung im Neuen Testament

2.1 Der Mensch gewordene Logos des Johannes-Evangeliums

Der Johannes-Evangelist stellt ein Lied vom Logos an den Anfang seines Evangeliums. Dieser Logos-Hymnus hebt sich durch seinen Inhalt und durch seine poetische Form deutlich vom nachfolgenden Text des Evangeliums ab. Zwei Einschübe über Johannes den Täufer – ebenfalls poetisch geformt – unterbrechen den Zusammenhang. Weiter schreibt Gese dazu:[51] Die frühantike Weisheit (bzw. Philosophie), ein internationales Phänomen, das von einer bestimmten menschlichen Kulturstufe an greifbar ist, ist die Frühform der Wissenschaft. Die Möglichkeit des Menschen, feste Ordnungen in der Welt zu entdecken, führt zu einer entsprechenden Welterkenntnis. Diese Weltordnung trat dem erkennenden Menschen in göttlicher Autorität entgegen, allerdings nicht in der Autorität der einzelnen regionalen oder nationalen Götter, sondern in der Autorität „des Gottes". Einzelne Übernahmen aus Ägypten, Syrien, usw. durch Israel hält Gese für denkbar. Insbesondere in der Zeit Salomos begegnete Israel der altorientalischen Kultur und der dortigen Weisheit in besonderer Weise. Nach der Babylonischen Verschleppung wird das Verhältnis Gottes zur Weltordnung von der Jahwe-Offenbarung her geprägt. War der Gott Israels der Schöpfergott, so war die Erfahrung der Schöpfungsordnung Erfahrung Jahwes. Welterkenntnis wird so zur Gotteserkenntnis, die ursprünglich weltliche Weisheit wird zur göttlichen Weisheit, sie wird zu einer Person, die schon vor der Schöpfung existierte. Eine ebensolche Weisheit ist der Logos der frühgriechischen Denker. Der Logos der Bibel hat letztlich vorchristliche Vorläufer, zum Beispiel bei Heraklit![52]

---

51 Zur biblischen Theologie, 1989, Seiten 173-181.

52 …so Justin der Märtyrer und Philosoph (100-165, Rom).

Johannes-Evangelium, Kapitel 1, Verse 1–5.9–14.16–18
(ohne Verse 6–8 und 15, nach der Zürcher Übersetzung von 2007, leicht abgeändert nach Hartmut Gese 1989, mit Markierung des strukturellen Aufbaus ebenfalls nach Hartmut Gese):

Das Gott-Sein des Logos

A	a	1 **Am Anfang war der Logos,**
		und der Logos war bei Gott,
	b	**und Gott war der Logos;**
		2 **dieser war am Anfang bei Gott.**
	c	3 **Alles ist durch ihn geworden,**
		und ohne ihn ist auch nicht eines geworden.

Das Licht – allgemeines Offenbarungshandeln

B	a	**Was geworden,** 4 **in ihm war er das Leben,**
		und das Leben war das Licht der Menschen.
	b	5 **Und das Licht scheint in der Finsternis,**
		und die Finsternis hat es nicht erfasst.

[6–8]

Menschliche Aneignung

	c	9 **Er war das wahre Licht,**
		das jeden Menschen erleuchtet,
		indem es in die Welt kommt.

Die Nichterfüllung

C	a	10 **Er war in der Welt,**
		und die Welt ist durch ihn geworden,
		und die Welt hat ihn nicht erkannt.
	b	11 **Er kam in das Seine,**
		und die Seinen nahmen ihn nicht auf.

Die Gottgeburt des Gläubigen

D a 12 **Die ihn aber aufnahmen,**
denen gab er Vollmacht,
Gottes Kinder zu werden,
b **denen, die an seinen Namen glauben,**
13 **die nicht aus dem Blut,**
nicht aus dem Wollen des Fleisches
c **und nicht aus dem Wollen des Mannes,**
sondern aus Gott gezeugt sind.

Die Inkarnation – Ziel des Offenbarungshandelns

E a 14 **Und der Logos wurde Fleisch**
und wohnte unter uns,
und wir schauten seine Herrlichkeit,
b **eine Herrlichkeit, wie sie ein Einziggeborener vom Vater hat,**
voller Gnade und Wahrheit.

[15]

Menschliche Aneignung

c 16 **Aus seiner Fülle haben wir ja alle empfangen**
Gnade um Gnade.

Die Erfüllung

F a 17 **Denn das Gesetz wurde durch Mose gegeben,**
die Gnade und die Wahrheit ist durch Jesus Christus geworden.
b 18 **Niemand hat Gott je gesehen.**
Als Einziggeborener, als Gott, der jetzt im Schoß des Vaters ruht, hat er Kunde gebracht.

2.1.1 Der Logos des Johannes und des Heraklit und die Weisheit Salomos

Walther Kranz, ein Altsprachler und Philosophie-Geschichtsforscher, ist der erste Universitäts-Fachlehrer der alten Sprachen. Er machte die antike Bildung populär. Er übernahm auch die Herausgabe der „Fragmente der Vorsokratiker" von Hermann Diels, ab der 5. Auflage ganz. Seine Ehefrau war Jüdin, deswegen wurde er 1935 an eine Hauptschule versetzt und verlor 1937 seine Lehrberechtigung vollständig. Er nahm 1943 den Lehrstuhl der Universität Istanbul an. Dieser Walther Kranz schreibt 1949 zum Thema Logos:

Nach der Tradition lebte der Evangelist Johannes eine Zeitlang in Ephesus und starb dort. Hat aber jener Johannes auch nur eine Zeitlang in Ephesus gelebt, so versteht es sich von selbst, dass er die Schrift des berühmtesten seiner vormaligen Mitbürger, Heraklit, gelesen hat, dessen Statue in Ephesus stand, und dessen Bild nach dieser Statue die Stadt in römischer Zeit auf ihre Münzen setzte. Aber auch wenn Johannes kein Epheser war – Ist es vorstellbar, dass ein griechisch denkender und schreibender gebildeter Mann des so gebildeten 1./2. Jahrhunderts n. Chr., der eine neue Verkündigung des Logos bringt, die berühmteste griechische Logos-Lehre nicht kennt? Dies war ja auch ungefähr die Epoche, in der der Stoiker Epiktet (ca. 50–135 n. Chr.) als Christ gelten konnte, so nahe kamen gewisse seiner Lehren den christlichen. Ein Vergleich des Logos des Johannes mit dem Logos des Heraklit zeigt, dass der Gedankengang parallel läuft:

Beide Male ist der erste Gedanke: Der Logos ist seit Ewigkeit, „immer" sagt Heraklit, „am Anfang" Johannes.

Beide Male geschieht oder geschah alles gemäß diesem Logos oder durch diesen Logos, mit beinahe wörtlichem Gleichklang.

Beide Male hören wir als Gegensatzgedanken: trotzdem haben die Menschen kein Verständnis dafür.

Beide – und das ist besonders erstaunlich – wiederholen sogar diesen Gegensatzgedanken noch einmal: „sie gleichen Unerfahrenen“ sagt Heraklit, „und die Welt hat ihn nicht erkannt“ sagt Johannes.

Aber auch die Ineinandersetzung von Logos und Licht ist bereits Heraklitisch: nicht nur das „ewig lebendige Feuer“, sondern auch das „nie untergehende Licht“, der „Blitzstrahl“, ist ihm Symbol, Anschauungsform des Logos.

„Und Gott war der Logos“ sagt Johannes, und Göttlichkeit offenbarte auch Heraklit: Logos und Gott ist bei ihm dasselbe.

Aber wir besitzen ja sogar Zeugnisse, dass die philosophisch gebildeten Christen der ersten Jahrhunderte selbst Johannes mit Heraklit verglichen haben, so Justin der Märtyrer und Philosoph. Dass der Evangelist Johannes, der diesen Prolog (Vorwort) niederschrieb, nicht eine „Mittelquelle“ benutzte, sondern das Original Heraklit, erscheint notwendig.

Es ist klar, dass damit nur e i n e Komponente in diesem komplizierten Gebilde benannt ist. Eine andere Komponente ist sicherlich nicht griechischen, sondern orientalischen Ursprungs.

Diese Komponente arbeitet Hartmut Gese detailliert heraus. Er ist Alttestamentler und schreibt in seinen „Alttestamentlichen Vorträgen“, so der Untertitel von „Zur biblischen Theologie“, auch ein Kapitel über den Johannes-Prolog. Gese hatte Theologie und Orientalistik studiert. In seiner Promotion untersuchte er Hesekiel 40–48 und seine Habilitation war eine Arbeit zur altorientalischen und alttestamentlichen (altjüdischen) Weisheit. In Tübingen hatte er später den Lehrstuhl für Altes Testament (hebräische bzw. erster Teil der christlichen Bibel) inne. Wie seine Veröffentlichungen zeigen, ist er nicht nur Experte für das alte Israel und das Alte Testament, sondern auch für die Religionen Kanaans, Altsyriens und Mesopotamiens. Nach Gese bilden Altes und Neues Testament ein einheitliches Ganzes biblischer Tradition, zu der unabdingbar auch die „Alttestamentlichen Spätschriften“ der sogenannten zwischentestamentlichen Epoche gehörten. Das Neue Testament erweise sich als Ziel und Abschluss dieses Traditionsprozesses. So sind in Christus alle alttestamentlichen Traditionen zusammengefasst und abgeschlossen. Der poetische Aufbau des Logos-Liedes am Anfang des Johannes-Evangeliums habe seine Parallele in der poetisch-sprachlichen Komposition der Schöpfungs-Erzählung in 1. Buch Mose, Kapitel 1. Diese poetische Struktur habe ich zwar oben beim Abdruck des Textes visuell dargestellt, ich möchte aber weder hier, noch im Kapitel 4.4 (Der Logos und das Universum) näher darauf eingehen.

Walther Kranz weiter: Jedoch zu selbständigem Urteil auf diesem außer-hellenischen Gebiete unfähig, müssen wir uns begnügen, lediglich das griechische Element im Johannesprolog herauszuheben, müssen aber auch betonen, dass, wenn man dieses übersieht, nach unserer Ansicht das eigentliche Wesen dieses Hymnus sicher nicht ganz erfasst wird. Man muss nachzudenken versuchen, was der empfand, der dieses griechische Wort als philosophisch-religiösen Begriff niederschrieb oder hörte, ein Wort, das ein hohes Erbe griechischen Geistes in sich vereinte. Noch etwas anderes ist zu bedenken. Seit dem 5. Jahrhundert vor Christus tritt in Griechenland der Gedanke auf, der Logos sei ein Gottessohn, nämlich Hermes/Merkur. Und nicht nur Augustus konnte in der Gestalt des Merkur als Retter der Welt erscheinen (so bei Horaz), sondern sogar Paulus wurde ja von den Einwohnern Lystras spontan als Hermes verehrt. Auch gegen eine solche, damals offenbar weitverbreitete volkstümliche Vergötterung des Logos wendet sich Johannes mit seinem Logos-Hymnus: Niemand anderes als Jesus sei der Logos, der Sohn Gottes, der Retter der Welt.

Heraklit schrieb ca. 500 v. Chr.:

Für den Logos sind die Menschen ohne Verständnis, sowohl bevor sie von ihm gehört haben, als auch wenn sie von ihm gehört haben.

Aber Wahrheits-Erkenntnis und Durchblick durch die Erscheinungswelt wird möglich nur für den, der den Logos hat.

Wer den Logos hat, der kommt zum Verständnis der Absicht, die alles steuert – durch alles hindurch, der sagt und tut das Treffende, der gerät in Sprache und Handeln in Einklang.

Und wer mit diesem Logos eins geworden ist, kann dann auch die letztmögliche Wahrheit erkennen:

die Verfugtheit von Gegensätzlichem – dass alle Dinge eins sind.

Das Johannes-Evangelium spricht auch vom Logos, mit ähnlichen Stichworten:

Er – der Logos – war in der Welt,
und die Welt ist durch ihn geworden,
und die Welt hat ihn nicht erkannt.
Er kam in das Seine,
und die Seinen nahmen ihn nicht auf.
Die ihn aber aufnahmen,
denen gab er Vollmacht,
Gottes Kinder zu werden, ...

Parmenides (ca. 500 v. Chr.) hörte:

„Nicht dem geblendeten Auge, dem tauben Gehör, noch der Zunge
darfst du vertrauen: Allein durch den Logos entscheide die These,
die so häufig umstritten und die von mir hier widerlegt wird"

und entdeckte am Ende seines Denkweges: Die menschliche Erkenntnis unterliegt dem Wechsel von Licht und Finsternis. Wenn man mit dem Urlicht in Verbindung tritt, kommt durch göttliche Gnade die völlige Erleuchtung, die Allein-Herrschaft des Lichts. Die übrige Welt ist das Haus der Finsternis.

Johannes-Evangelium:

In ihm – dem Logos – war Leben, und das Leben war das Licht der Menschen.
Und das Licht scheint in der Finsternis, und die Finsternis hat es nicht erfasst.
Er war das wahre Licht, das jeden Menschen erleuchtet [...].

Dazu Ulrich Wilckens (deutscher Theologie-Professor und Bischof, geb. 1928)[53]:

> „Der Sinn des griechischen Wortes „Logos" V1 und V14 ist mit keinem deutschen Wort in seinem Vollsinn wiederzugeben. Luther übersetzte mit „Wort", weil er als Ausleger der Meinung war, dass hier vom Schöpfungswort Gottes (1. Mose 1,3 „und Gott sprach") die Rede sei. Aber weder dieses ist hier gemeint, noch das Wort Gottes, das Jesus selbst in seiner Verkündigung geredet hat [...]"

Die johanneische Gemeinde sah in dem Logos, von dem sie in diesem Hymnus sang, Jesus Christus, ihren Herrn, den Sohn und Gesandten Gottes. Darum bezog sie alles, was die Philosophen über das universa-

53 Das Neue Testament, übersetzt und kommentiert, Seite 311–312.

le göttliche Grundprinzip (die Vorsokratiker, speziell: Heraklit) oder über die „Weltvernunft“ (die Stoiker) sagten (vor allem in Vers 1–4), wie auch alles, was die jüdische Überlieferung von Gottes Weisheit lehrte (vor allem in den Versen 9–13) auf Christus. In Jesus, dem Mensch gewordenen Gott, kommt folglich alles Heil zusammen, das Gott schon vor der Schöpfung seiner geliebten Welt zukommen lassen wollte.

Hans Bruns (deutscher Theologe und Bibelübersetzer, 1895–1971)[54] schreibt: „[...] Für die griechischen Leser klang noch etwas anderes mit: sie sprachen von einem Logos als dem Urprinzip, als der „Weltvernunft“. Dazu sagt Johannes: Was ihr in eurer Philosophie meint und ahnt, ist in Jesus da. Er ist auch das Licht, er scheint jetzt in die dunkle Welt hinein. [...]“

Hier fließt auch ein, was die jüdische Überlieferung von der Weisheit Gottes sagt, teils auch als eine selbständige Person, die wie ein Kind auf Gottes Schoß sitzt und zu den Menschen geschickt wurde (ich beschränke mich hier auf die generell anerkannte innerbiblische Literatur, obwohl die „zwischentestamentliche“ jüdische Weisheitsliteratur viel umfangreicher darüber schreibt):

Die Sprüche Salomos, aus Kapitel 8, Verse 12a, 22 und 29c-31:

Ich, die Weisheit wohne bei der Klugheit. [...] Der Herr hat mich geschaffen am Anfang seines Wegs, vor seinen anderen Werken, vor aller Zeit. [...] Als er die Grundfesten der Erde festsetzte, war ich bei ihm auf dem Schoß (gehalten) (Hartmut Gese)/**da stand ich als Werkmeisterin ihm zur Seite** (Zürcher Bibel) **und war seine Freude Tag für Tag, spielte vor ihm allezeit. Ich spielte auf seinem Erdkreis und hatte meine Freude an den Menschen.**

Die Sprüche Salomos, Kap. 8, Verse 29c-30a, 31 (Neue Genfer Übersetzung):

als er das Fundament der Erde legte – da war ich als Kind an seiner Seite. [...] Ich spielte auf seiner weiten Erde und hatte meine Freude an den Menschen.

54 Am 23. Oktober 2018 stellte mir mein Schwiegervater Hanspeter Jauslin ein „Neues Testament, neu übertragen ...von Hans Bruns“ von 1959 zur Verfügung. Im Kommentar findet sich das folgende Zitat.

Johannes-Evangelium:

Am Anfang war der Logos,
und der Logos war bei Gott,
und Gott war der Logos.
Alles ist durch ihn geworden.
Als Einziggeborener, als Gott, der jetzt im Schoß des Vaters ruht,
hat er Kunde gebracht.

Der jüdische Theologe Philon von Alexandria hat diese Weisheit Gottes zusammengesehen mit der göttlichen Weltvernunft (Logos), von der die griechischen Philosophen damals vielfach als von der schöpferischen Urkraft der Welt sprachen. Der gläubige Jude konnte darin aber nichts anderes sehen als die Kraft seines Gottes, des einen einzigen Schöpfergottes Israels.

Klaus Berger (deutscher Theologe, geb. 1940) schreibt dazu[55]:

> „Die „Bibel in gerechter Sprache" übersetzt „der Logos" mit „die Weisheit". Aber warum hat der Autor von Joh 1 nicht „die sophia/die Weisheit" statt „der logos/der Weltsinn/Weltverstand" geschrieben?
> 1. Im Milieu der Griechen verstand man Logos besser, weil es den Weltsinn/die Weltvernunft bezeichnete.
> 2. Jesus, *der* Mensch gewordene Logos, war männlich. Deshalb wollte Johannes Jesus nicht *die* Sophia/*die* Weisheit nennen."

Joseph Ratzinger (Papst Benedikt XVI.)[56] schreibt: „Jesus Christus – die fleischgewordene Liebe Gottes: Das eigentlich Neue im Neuen Testament sind nicht neue Ideen, sondern die Gestalt Jesus Christus selber, der den Gedanken, auch den Gedanken der Liebe, dadurch dass er Fleisch (und Blut) wird, außergewöhnliche Realität gibt. In seinem Tod am Kreuz verschenkt sich Gott selber, um den Menschen zu retten. Liebe in ihrer radikalsten Form."

1. Johannes-Brief, Kapitel 4, Verse 8–10:

8 **Wer nicht liebt, hat Gott nicht erkannt; denn Gott ist Liebe.**
9 **Und Gottes Liebe zu uns ist daran sichtbar geworden, dass Gott seinen einzigen Sohn in die Welt gesandt hat, um uns durch ihn das Leben zu geben.**

55 in seinem Kommentar zum Neuen Testament 2011.
56 in „Gott ist die Liebe", Seiten 32–36

10 **Das ist das Fundament der Liebe: nicht, dass wir Gott geliebt haben, sondern dass er uns geliebt und seinen Sohn als Sühneopfer für unsere Sünden[57] zu uns gesandt hat.**

Das Kreuz von Jesus Christus ist die Liebe Gottes zum Anschauen. Im Letzten Abendmahl nahm Jesus seinen Tod und seine Auferstehung schon bildhaft vorweg, indem er seinen Jüngern in Brot und Wein sich selbst, seinen Leib und sein Blut, gibt. Wenn die antike Welt davon geträumt hatte, dass letztlich die eigentliche Nahrung des Menschen – das, wovon er als Mensch lebt – der Logos, die ewige Vernunft, der höchste Sinn von allem, das universale göttliche Grundprinzip, ist: Nun ist dieser Logos wirklich Speise für uns geworden – als Liebe. Darin empfangen die Jünger nicht nur statisch den fleisch- (und blut-) gewordenen Logos, sondern sie werden in die Dynamik seiner Hingabe mit hineingenommen. Und diese Vereinigung mit Christus ist zugleich eine Vereinigung mit allen anderen, denen er sich schenkt, sie zieht mich hinein in die Einheit mit allen Christen. Gottesliebe und Nächstenliebe sind vereint. Der fleischgewordene Gott, der fleischgewordene Logos, zieht uns alle an sich.

2.1.2 Das Bedeutungsfeld des altgriechischen Wortes „*logos*"

Zufällig kaufte ich mir im Januar 2017 den neuen „Nestle/Aland", 28. Auflage mit griechischem Wörterbuch im Anhang, und stellte zuhause mit Entsetzen fest, dass im Wörterbuch bei *logos* lediglich die Bedeutungsfelder „Reden", allenfalls noch „Rechenschaft" vertreten sind. Was vollständig fehlt, ist alles, was mit Sinn, Zweck, Grund oder Vernunft, Verstand, Denken, Weisheit zu tun hat.

Ich meldete mich daraufhin beim Institut für neutestamentliche Textforschung in Münster, ich erreichte nur per mail jemand (Dr. Klaus Wachtel antwortete).

57 Der Tod von Jesus Christus am Kreuz war ein stellvertretendes Opfer: Als Schuldloser sühnte er die Schuld der Menschen, indem er die Strafe für das von ihnen begangene Unrecht auf sich nahm – eine Stellvertretung, die allen zugute kommt, die an ihn glauben.

17. Januar 2017

Sehr geehrte Damen und Herren,

letzten Samstag kaufte ich das NT graece mit Wörterbuch.
Weshalb wird das Bedeutungsfeld von logos dermaßen "amputiert" dargestellt? Es fehlt m.E. so etwas wie Sinn, Zweck, Verstand, Vernunft, Weisheit, zumindest aber Sinn, Vernunft. Gibt es Gründe dafür oder ist dies schlicht Unkenntnis der restlichen antik-griechischen Literatur beim Autor? Zumindest der Vorsokratiker und der jüdisch-hellenistischen Weisheitsphilosophie?

Freundliche Grüße
Hilmar Gumbrecht

18. Januar 2017

Sehr geehrter Herr Gumbrecht,

das Wörterbuch von Rudolf Kassühlke ist ein kleines, wie auch der Titel sagt. Es enthält die Grundbedeutungen der aufgenommenen Wörter. Wenn Sie weitere Aufschlüsselung der Bedeutungen nach dem jeweiligen Kontext brauchen, sollten Sie ein Spezialwörterbuch wie den Bauer/Aland, „Griechisch-deutsches Wörterbuch zu den Schriften des Neuen Testaments", zu Rate ziehen.

Freundliche Grüße,
Klaus Wachtel

Am 19.01.2017 schrieb ich:

Sehr geehrter Herr Wachtel,

ich ging tatsächlich gestern kurz in meiner Mittagspause zu Poertgen&Herder und schaute bei Bauer/Aland (6.Aufl. 1988!) nach. Da wird auf 3 Seiten bzw 5 Spalten in äußerster Ausführlichkeit das Bedeutungsfeld von logos für das NT dargelegt, aber dieses ist auch hier völlig ohne "Sinn" und "Vernunft" auf Wort, Rede u. ä. amputiert, absolut analog zu Kassühlke, als habe er einfach Bauer/Alands Grundgerüst übernommen. Das mag ja vielleicht für alle sonstigen Vorkommen von logos im NT zutreffen, aber sicher nicht für Joh 1.

Hier zeigen sich offenbar die "Scheuklappen" von Theologen, die sich zeitlebens so gut wie nur mit den biblischen Schriften befassen und nicht wie Althistoriker, Altphilologen, Philosophen bzw. entsprechend interessierte Laien über einen Überblick über das gesamte antike Schrifttum verfügen.
Ulrich Wilckens z. B. schreibt in seinem Neuen Testament:

Der jüdische Theologe Philon von Alexandrien hat diese (zuvor in seinem Kommentar skizzierte) Weisheit Gottes zusammengesehen mit der göttlichen Weltvernunft (logos), von der die griechischen Philosophen damals vielfach als von der schöpferischen Urkraft der Welt sprachen…
Sehr geehrter Herr Walker, hier fehlt im Wörterbuch das Wichtigste!

Freundliche Grüße
H Gumbrecht

19.01.2018

Sehr geehrter Herr Gumbrecht,

es ist natürlich möglich, logos in Joh 1 mit „göttliche Weltvernunft" zu übersetzen, Übersetzung ist Interpretation. Allerdings wird dadurch „Vernunft" nicht zu einer Grundbedeutung von logos. Im Greek-English Lexicon von Liddell/Scott/Jones, immer noch das in der klassischen Philologie verwendete Standardlexikon ist (und sicherlich theologischer Voreingenommenheit unverdächtig), erscheint die Bedeutung „*Word* or *Wisdom* of God" mit Belegen aus biblischen Zusammenhängen erst unter X. Als Grundbedeutung notieren LSJ „verbal

noun of λέγω with senses corresponding to λέγω II and III". Die Hauptbedeutungen dort sind „count, tell" und „say, speak".
Logos mit seinem gewaltigen Bedeutungsspektrum ist eines der interessantesten Wörter überhaupt, aber am Anfang stand wohl doch das „Wort":-)

Freundliche Grüße
Klaus Wachtel

In der 5. Auflage des Bauer, 1958, ist *logos* mit ca. 5 Spalten vertreten:

1. Sprechen, Wort, mündlich, Aussage, Ausspruch, Frage, Gebet, Aussprache, Zuspruch, Predigt, Weissagung, Befehl, Kunde, Gerücht, Erzählung, Geschichte, gelten, Verkündigung, Belehrung, Unterricht, Rede, Ausspruch, Gespräch, Lehre, Ausführungen, wortreich, Gegenstand, Sache, Buch, schriftl. Ermahnungswort, Schriftwort, Inhalt, Offenbarung, Auftrag, Verheißung, Gebot, Gesetz.
2. Berechnen, Rechenschaft, Abrechnung, Berücksichtigung, Rücksicht, Hinblick, Grund (vernünftiger Grund, Beweggrund), zu tun haben.
3. Der Logos (das verselbständigte, personifizierte „Wort" (Gottes), Gleichsetzung einer Gottheit mit einem Abstraktum, das sie personifiziert).

   KEIN: Sinn, KEIN: Verstand, KEINE: Vernunft, KEINE: Weisheit, KEIN: universales göttliches Grundprinzip.

Im Griechisch-Lehrbuch für die Gymnasien in Bayern namens „ORGANON"[58]:

logos **Wort, Rede, Sinn, Vernunft.**

58 Das ist das Altgriechisch-Lehrwerk (Vorwort von 1971), mit dem ich ab der 9. Klasse eintauchte in die griechische Antike, und in der gymnasialen Oberstufe (Kollegstufe) mit Griechisch als Leistungskurs Abitur machte.

Ähnlich auch in „Hellas – Lehrgang des Griechischen“[59]:

logos **das Wort, die Rede; die Vernunft, die Begründung, der Sinn**

Für den geneigten Leser möchte ich hier noch einmal die „Grundbedeutung“ von Logos darstellen[60]:

Die Grundbedeutung der griechischen Wurzel „***leg***“- (und dann substantivisch „***log***“-) ist deutsch: (zusammen-) **leg**-en bzw. „sammeln“. Das ergibt sich aus dem Griechischen (***leg***-*o*/***leg***-*ein*, sammeln etc), ähnlich im Lateinischen (***leg***-*ere*: der Reihe nach Buchstaben oder Namen einer Liste oder dgl. aufnehmen/ aufsammeln = (Schriftliches) „lesen“, s.a. auflesen wie in Wein“lese“, etc.).

Sammeln meint hier: der Reihe nach Dinge nehmen, die unter einem bestimmten Gesichtspunkt gleichartig sind, es enthält also 2 Bestandteile:

1. Das Nacheinander, die Wiederholung.
2. Die Beurteilung, die verstandesmäßige Sonderung.

Beide Bestandteile sind bei *leg-o* und *log-os* zu breiter Entfaltung gekommen.

Über die Grundbedeutung „sammeln“ hinaus weiterführende Bedeutungen sind: „zählen“, „aufzählen“, dann „erzählen, sagen“.

Die Bedeutungsentwicklung von „*logos*“ folgt in den großen Zügen und in vielen Einzelheiten der von *lego* überraschend genau:

a) „Sammlung“ ist für eine Anzahl von Zusammensetzungen und Ableitungen belegt.
b) „Zählung, Rechnung“, hier ist für *logos* „Rechnung“ viel wichtiger, während *lego* mehr oder weniger nur „zählen“ entspricht.
c) *kata-logos*: Aufzählung, Verzeichnis, Liste („Katalog“).
d) Erzählung, Wort, Rede usw.

---

59 von 1996, 3. Auflage 2005

60 in Anlehnung an Gerhard Kittel, Theologisches Wörterbuch zum Neuen Testament

„Wort“ ist also auch bei *logos* nicht die Grundbedeutung, sondern ähnlich wie bei *lego*: „Sammlung“, dann Zählung/Rechnung, dann Aufzählung, dann Erzählung, in dieser Reihenfolge!, auch wenn in allen möglichen Wörterbüchern, Wortkunden, Lexika, etc., speziell denen zum Neuen Testament,

I. Wort/Reden als Grundbedeutung proklamiert wird, ggf. noch
II. Zählen/Rechnen etc., allenfalls noch, wenn überhaupt
III. Rechenschaft/Denken etc. (in dieser Reihenfolge).

Die Wortbedeutung von Logos in ihrer Vielfalt wird dann im Kittel noch einmal, auch im Hinblick auf seine historische Entwicklung im Griechentum und im Hellenismus dargestellt: Typisch für den Rationalisierungsprozess des griechischen Geistes ist Logos ein symbolischer Begriff geworden für das griechische Welt- und Daseinsverständnis überhaupt. Ausgehend von „Zählen, Rechnen, Explizieren“:

a) Aufzählen, Erzählung, Rechenschaftsbericht, Rede, Sprache (in Prosa, im Gegensatz zu *poiesis*), Satz, Wort, Sache (im Gegensatz zur erfundenen Erzählung: *mythos*), (guter oder schlechter) Ruf, Ruhm, Sage, Geschichte.
b) Rechnung, Berechnung, Rechnungsergebnis, (metaphysisches) Prinzip oder Gesetz, (der aus dem Denken oder Rechnen hervorgegangene) Grund, Begründung, Erklärung (z. B. *logon didonai*: Rechenschaft abgeben über, Rede stehen für), Abrechnung, Kasse, Fiskus, Konto.
c) Proportion, Verhältnis, Beziehung (in Mathematik und Philosophie, allgemeiner:) **Sinn**, Ordnung, Maß.
d) Seit ca. 450 v. Chr.: die *ratio* des Menschen, das Denkvermögen (ab da gleichbedeutend mit „*nous*“), **Vernunft**, Geist, Gedanke, Definition, Begriffsbestimmung, Wesen.
e) Für den Griechen ist Logos alles andere als Anrede, Befehl, schöpferisches Machtwort. Auch wenn Logos im Sinne von Wort/Rede/Reden verwendet wird, aber immer nur zusammen mit dem Zusammenhängenden, dem Sinnhaft-Vernünftigen des Redens. Wenn es hingegen um den Wohlklang oder die Schönheit des Wortes/Redens geht, verwendet der Grieche „*epos*“ oder „*rhema*“, „*rhema*“ als dem mehr affektbetonten Ausdruck oder Spruch, so dass es hier eher um die Tatsache geht, dass überhaupt geredet wird, und bei

„*logos*" eher um den Sinngehalt, das Explizierende des Wortes/ Redens.

Verdenius[61] führt im Rahmen einer exzellenten Darstellung der Bedeutungsfeld-Entwicklung von „*logos*" darüber hinaus auch noch aus:

> „Zuerst ist festzustellen, dass *logos* [im Original mit griech. Buchstaben] ursprünglich nicht das einzelne Wort bedeutet [...]. Die Bedeutung „Wort" kommt wahrscheinlich erst bei Aristoteles [384–322 v. Chr., 150 Jahre nach Heraklit] vor und hat sich wohl aus der Bedeutung „Definition" entwickelt, die selbst auf die Bedeutung „Rechenschaft" zurückgeht." Und: „Auch bei Parmenides gibt es (so wie bei Heraklit) kein eindeutiges Beispiel der Bedeutung „Wort"."

Infolge seiner Struktur wurde „*logos*" im Laufe seiner Entwicklung auch mit verschiedentlichen philosophisch-theologischen Begriffen gleichgesetzt:

a) aletheia: Wahrheit.
b) episteme: Erkenntnis, Wissen, Wissenschaft
c) arete: Tüchtigkeit, Tugend
d) ananke: Zwangsläufigkeit, Bedürfnis
e) kosmos: Welt, Universum, Kosmos
f) zoe: Leben
g) eidos und morphe: Bild, Abbild, Gestalt
h) physis: Das Wesen/Die „Natur" von etwas
i) pneuma: Atem, Luft, Geist
j) theos: Gott
k) arithmos: Zahl

2.1.3 Die systematische Beschneidung von Wortbedeutungsfeldern

Weiterführend möchte ich hier ein weiteres aktuelles Beispiel anführen für das Prinzip der Verengung, Beschränkung bzw. Beschneidung der Sprache der Bibel, das letztlich eine Ignorierung dieser anderen älteren Kultur widerspiegelt:

61 „Der Logosbegriff ... I"

In „akzente für Theologie und Dienst“[62] findet sich ein Artikel von Prof. Dr. Volker Gäckle[63] mit dem Titel: „Die Lehre vom allgemeinen Priestertum und das Problem ihrer biblischen Grundlage“. Dieser Artikel ist eine ganz kurze Zusammenfassung seiner 769 Seiten umfassenden Habilitationsschrift, die im Jahr 2014 von der Theologischen Fakultät der Universität Zürich angenommen wurde:

In der Einleitung des Artikels wird die Fragestellung präzisiert: „Wer darf in einer Gemeinde unter welchen Voraussetzungen welche Ämter bekleiden und welche Handlungen vollziehen? Hier hat sich gegenüber der römisch-katholischen Auffassung des Hoch- und Spätmittelalters in der Reformationszeit die Überzeugung durchgesetzt, dass grundsätzlich jeder Christ berechtigt ist, das Wort Gottes auszulegen und die Sakramente zu spenden. […] Zur Begründung dieser reformatorischen Lehrfigur wurden fünf ntl. Belege (1Petr 2,5.9; Offb 1,6; 5,10; 20,6) herangezogen, in denen entweder die ganze Gemeinde oder einzelne Christen als Priester bzw. als Priesterschaft bezeichnet werden. […] Das Problem ist nun aber, dass die so bezeichnete Lehre [gemeint ist das „Priestertum aller Gläubigen“] in keiner Weise das Thema dieser Belege in ihrem ursprünglichen antiken Kontext ist.“

In Abschnitt II.2.1 dieses Artikels geht es um „Die Gemeinde als Königliche Priesterschaft“, dabei wird Bezug genommen auf:

Erster Petrusbrief, Kapitel 2, die Verse 5 und 9 (Übersetzung wie in „akzente“):

5 Und auch ihr als lebendige Steine erbaut euch zum geistlichen Hause und zur heiligen Priesterschaft, zu opfern geistliche Opfer, die Gott wohlgefällig sind durch Jesus Christus. [6–8]

9 Ihr aber seid das auserwählte Geschlecht, die königliche Priesterschaft, das heilige Volk, das Volk des Eigentums, dass ihr verkündigen sollt die Wohltaten dessen, der euch berufen hat von der Finsternis zu seinem wunderbaren Licht; […].

62 Biblisch-theologische Dreimonatsschrift der RGAV-Dienstgemeinschaft für Verkündigung und Seelsorge e. V. (RGAV = Reichsgottesarbeitervereinigung), Nr. 3/2017.

63 Pfarrer der Württembergischen Landeskirche und seit 2011 Professor an der Internationalen Hochschule Liebenzell (IHL) und deren Rektor.

Gäckle schreibt dazu: „Alle Tätigkeiten, die hier berichtet werden, das Opfern von geistlichen Opfern oder das Verkündigen der Wohltaten dessen, „der euch berufen hat von der Finsternis zu seinem wunderbaren Licht", beziehen sich nicht auf Dritte, sondern nur auf Gott selbst. Das ist v. a. für den Begriff „verkündigen" (griech: exaggeilete) V. 9 wichtig. In ausnahmslos allen Vorkommen dieses Begriffes in der Septuaginta geht es um das Lob Gottes. Gott wird gepriesen für das, was er getan hat. Alle Tätigkeiten, welche hier von der Gemeinde ausgesagt werden, beziehen sich auf das Binnenverhältnis zu Gott, nicht auf Dritte. Auch aus allen anderen in V. 9 zitierten Ehrenprädikaten Israels ergeben sich keine Funktionen gegenüber Dritten."

Soweit Gäckle. Er beschränkt infolgedessen die biblische Legitimation eines Allgemeinen Priestertums auf die Beziehung zu Gott und schließt priesterliche Aufgaben für „Laien" gegenüber Dritten aus. Unabhängig davon, ob ich seinen Gedankengängen im Allgemeinen und im Einzelnen folgen möchte, soll es hier nur um sein Argument gehen, *exaggeilete* („verkündigen") müsse vom Neuen Testament her auf das Lob Gottes beschränkt und die Verkündigung gegenüber Dritten müsse ausgeschlossen sein, denn: „In ausnahmslos allen Vorkommen dieses Begriffes in der Septuaginta [das ist das Alte Testament in griechischer Sprache] geht es um das Lob Gottes." Grundsätzlich kann *exaggelo/-eilete* aber heißen: etw. öffentlich verkünden, verraten, ausplaudern, berichten, melden, proklamieren, etc.

Das Prinzip, das hier angewendet wird, besteht darin, die Bedeutung eines griechischen Wortes an einer Stelle im Neuen Testament davon herzuleiten, welche Bedeutung es an den meisten anderen oder auch an allen anderen Stellen im Neuen Testament hat. Wenn man dieses Prinzip konsequent anwenden würde, dann würde man in einem griechischen Wörterbuch zum Neuen Testament jede griechische Vokabel auf genau eine Übersetzungsmöglichkeit in deutscher Sprache zusammenstreichen, und zwar bei allen griechischen Wörtern, die in diesem Wörterbuch vorkommen. So ähnlich ist es ja bereits mit „*logos*" gemacht worden. Genau darum geht es ja auch in diesem Büchlein.

Und Gäckle toppt dies noch dadurch, dass er sich auf die Vorkommen dieses griechischen Wortes im griechischen Alten Testament (erster Teil der christlichen Bibel, ursprünglich in Hebräisch, teils Aramäisch) bezieht.

2.1.4 Andere Vorkommen des Wortes „*logos*" im Neuen Testament

Logos soll 331 mal im Neuen Testament vorkommen. Außerhalb der johanneischen Schriften ist grundsätzlich Wort/Rede u.ä. gemeint. Im Johannes-Evangelium kommt es (außer in Zusammensetzungen), im Sinne von Wort nicht vor. Nachdem einmal am Anfang des Evangeliums Jesus als der Logos proklamiert war, scheute sich der Evangelist, im weiteren Verlauf des Evangeliums von *logos* ganz lapidar als Wort/Rede zu schreiben, es wäre auch seltsam, wenn der Logos (der mensch-gewordene Weltenschöpfer und Weltlenker, der Sinn und die Weisheit der Welt in Person) ständig einen Logos (ein Wort, eine Rede) an seine Jünger oder an andere richten würde.

Der Anfang des 1. Johannes-Briefes knüpft an diesen Anfang des Johannes-Evangeliums an, sowohl mit dem Begriff „*logos*", als auch mit dem Stichwort „Anfang". Der Logos, um den es hier geht, wurde nicht nur gehört (wie ein Wort oder eine Rede), sondern dieser Logos wurde auch mit den Augen gesehen, mit den Händen betastet (Blindenschrift gab es wohl noch nicht):

1. Johannes-Brief, Kapitel 1, Verse 1–10 (Luther-Bibel 1984 mit Modifikationen)

1 **Wer von Anfang an war, wen wir gehört haben, wen wir gesehen haben mit unsern Augen, wen wir betrachtet haben und unsre Hände betastet haben, der Logos des Lebens –**

2 **und das Leben ist erschienen, und wir haben gesehen und bezeugen und verkündigen euch das Leben, das ewig ist, das beim Vater war und uns erschienen ist –,**

3 **was wir gesehen und gehört haben, das verkündigen wir auch euch, damit auch ihr mit uns Gemeinschaft habt; und unsere Gemeinschaft ist mit dem Vater und mit seinem Sohn Jesus Christus.**

4 **Und dies schreiben wir, auf dass unsere Freude vollkommen sei.**

5 **Und das ist die Botschaft, die wir von ihm gehört haben und euch verkündigen: Gott ist Licht, und in ihm ist keine Finsternis.**

6 Wenn wir sagen, dass wir Gemeinschaft mit ihm haben, und wandeln doch in der Finsternis, so lügen wir und tun nicht die Wahrheit.

7 Wenn wir aber im Licht wandeln, wie er im Licht ist, so haben wir Gemeinschaft untereinander, und das Blut Jesu, seines Sohnes, macht uns rein von aller Sünde.

8 Wenn wir sagen, wir haben keine Sünde, so betrügen wir uns selbst, und die Wahrheit ist nicht in uns.

9 Wenn wir aber unsre Sünden bekennen, so ist er treu und gerecht, dass er uns die Sünden vergibt und reinigt uns von aller Ungerechtigkeit.

10 Wenn wir sagen, wir haben nicht gesündigt, so machen wir ihn zum Lügner, und sein Logos ist nicht in uns.

… und in der Offenbarung des Johannes, Kapitel 19, Vers 13

11 Und ich sah den Himmel aufgetan; und siehe, ein weißes Pferd. Und der darauf saß, hieß: Treu und Wahrhaftig, und er richtet und kämpft mit Gerechtigkeit.

12 Und seine Augen sind wie eine Feuerflamme, und auf seinem Haupt sind viele Kronen; und er trug einen Namen geschrieben, den niemand kannte als er selbst.

13 Und er war angetan mit einem Gewand, das in Blut getaucht war, und sein Name ist: Der Logos Gottes.

14 Und ihm folgten die Heere im Himmel auf weißen Pferden, angetan mit weißer, reiner Seide.

15 Und aus seinem Munde ging ein scharfes Schwert, dass er damit die Völker schlage; und er wird sie regieren mit eisernem Stabe; und er tritt die Kelter, voll vom Wein des grimmigen Zornes Gottes, des Allmächtigen,

16 und trägt einen Namen geschrieben auf seinem Gewand und auf seiner Hüfte: König aller Könige und Herr aller Herren.

2.1.5 Die althebräische Entsprechung zum griechischen *„logos"*

Das griechische Wort *„logos"* (Wortwurzel *„leg-"* bzw *„log-"*) stellt in seiner Sinnweite eine gewisse Entsprechung zum hebräischen Wort „Amen" bzw. der hebräischen Wortwurzel *„'mn"* (amen) dar: „Wort,

Sinn, Vernunft, Wahrheit“ sind sowohl in der Bedeutungsbreite von Logos, als auch von Amen mit eingeschlossen.[64]

Die Bedeutung von *'mn* (amen) umfasst in erster Linie:

Wahrheit, Festigkeit, fester Grund, Boden, stehen,
Treue, trauen, sich anvertrauen, sich auf etwas stellen, an etwas glauben.

Das bedeutet doch: Das, worauf der Mensch im letzten stehen und was ihm Sinn sein kann, darf allein die Wahrheit selbst sein. Nur die Wahrheit ist der feste Grund zum Stehen. Der sinngebende Grund (der „Logos“), auf den wir uns im christlichen Glauben stellen, ist als „Sinn“ auch „die Wahrheit“. Sinn, der nicht die Wahrheit wäre, wäre Un-Sinn. Die Verbundenheit bzw. Untrennbarkeit von „Sinn, Grund, Wahrheit“, die sich ebenso im hebräischen Wort „Amen“ wie im griechischen „Logos“ ausdrückt, sagt zugleich ein ganzes Weltbild an. In der Untrennbarkeit von Sinn, Grund und Wahrheit zeigt sich das ganze Koordinatensystem, durch das christlicher Glaube die Welt betrachtet und sich ihr stellt. Das bedeutet aber auch, dass Glaube keine blinde Häufung unverstehbarer Ungereimtheiten/Paradoxien sein kann, die dann vielleicht auch noch mit Verweis auf das Versagen des Verstandes entschuldigt oder sogar zu Glaubenssätzen/Dogmen hochstilisiert werden. Hier läge ein geistlicher Missbrauch vor, der den Logos (Sinn und Verstand) zerstören, anstatt den Glauben als Verstehen ermöglichen will. Die Wahrheit des Seins ist nur durch Verstehen des Sinns erfassbar. Nur im Stehen (auf festem Grund, auf dem Boden des Gottes der Bibel) eröffnet sich das Verstehen, denn Verstehen bedeutet, den Sinn, den man als Grund empfangen hat, als Sinn zu begreifen. Verstehen ist, dass wir den Grund, auf den wir uns gestellt haben, als Sinn und als Wahrheit begreifen lernen, dass wir erkennen lernen, dass der Grund Sinn ist.

So ist Denken/Verstehen die ureigenste Sache des Glaubens, deshalb ist Theologie als verstehende, logoshafte (denkende) Rede von Gott eine Uraufgabe christlichen Glaubens. Und die Rede von Gott zielt auf Jesus, der die Anwesenheit des Ewigen selbst in dieser Welt ist,

64 Diese Gedanken habe ich der hier verwendeten Literatur von Joseph Ratzinger entnommen.

und damit auf den personalen Charakter des christlichen Glaubens in der Person von Jesus. In ihm ist der Sinn der Welt Gegenwart. So ist Glaube das Finden eines Du, das mich trägt und die Verheißung unzerstörbarer Liebe schenkt. Christlicher Glaube gibt nicht nur objektiven „Sinn", sondern er gibt auch, dass dieser „Sinn" mich kennt und liebt. Alle Überlegungen dieses Buches kreisen letztlich um das Bekenntnis: „Ich glaube an dich, Jesus von Nazareth als den Sinn („den Logos", „das Amen") der Welt und meines Lebens.

„Amen" als Name für Gott in der Bibel (Beispiele):

Jesaja, Kapitel 65, Vers 16

Wer sich im Land segnet, wird sich segnen beim Gott „Amen" (beim „Gott der Treue"), und wer im Land schwört, wird schwören beim Gott „Amen" (beim „Gott der Treue").

Johannes-Evangelium, Kapitel 5, Verse 19 und 24–25; Kapitel 6, Verse 26, 32,47 und 53; Kapitel 8, Verse 34,51 und 58:

Da entgegnete ihnen Jesus: „Amen", „Amen", ICH sage („*lego*"[„ich bin der *logos*" für]) **euch: […].**

Zweiter Korintherbrief, Kapitel 1, Vers 20

Denn was immer Gott verheißen hat – in ihm ist das Ja und so auch durch ihn das „Amen", damit Gott verherrlicht werde durch uns.

Offenbarung des Johannes, Kapitel 3, Vers 14

Und dem Engel der Gemeinde in Laodizea schreibe: So spricht, der das „Amen" ist, der treue und wahrhaftige Zeuge, der Anfang der Schöpfung Gottes: […].

Letzteres ist am schönsten parallel zu Johannes-Evangelium, Kapitel 1:

Johannes-Evangelium, Kapitel 1, Vers 3

Alles ist durch ihn [den „Logos"] geworden,
und ohne ihn ist auch nicht eines geworden,
das geworden ist.

Offenbarung des Johannes, Kapitel 3, Vers 14b

So spricht, der das „Amen" ist, der treue und wahrhaftige Zeuge, der Anfang der Schöpfung Gottes: […].

In der Septuaginta (Altes Testament in Griechisch) ist es allerdings so, dass die hebräischen Wörter *dabar* und *millah* (Wort, Rede, usw.) durch die griechischen Wörter *logos* und *rhema* wiedergegeben werden, wobei sich nur in den prophetischen und weisheitlichen Büchern ein Übergewicht von *logos* ergibt. Dies liegt u.a. daran, dass diese Bücher später als die 5 Bücher Mose ins Griechische übersetzt worden sind und deshalb auch stärker dem Einfluss hellenistischer Kultur mit ihrer Betonung des Logos ausgesetzt waren.

2.1.6 Knüpft „*logos*" am Schöpfungswort Gottes in 1. Buch Mose, Kap. 1 an?

Grundbotschaft von Johannes-Evangelium, Kapitel 1 ist, dass der vor aller Zeit bereits existierende Logos und Jesus Christus identisch sind. Sie zielt letztlich auf den personalen Logos-Gebrauch für Jesus selbst ab (Johannes-Evangelium, Kapitel 1, Verse 1–18; 1. Johannes-Brief, Kapitel 1, Vers 1; Offenbarung des Johannes, Kapitel 19, Vers 13). Logos ist hier in ein dreidimensionales Beziehungsgeflecht (Gott – Welt – Menschen) hineingestellt (Johannes-Evangelium, Kapitel 1, Verse 1–18), und dieser Text ist dem Johannes-Evangelium (den Worten und Taten von Jesus) vorangestellt, und erklärt dadurch auch, dass dieser Abschnitt vor den Worten und Taten von Jesus sich auf die Frage nach dem Woher von Jesus Christus (Herkunft, Anfang, *genesis*, *arche*) beschränkt.

Dieses „Vorwort" des Johannes-Evangeliums will wohl das Evangelium vor falschen Auslegungen schützen; den entsprechenden konkreten gemeindegeschichtlichen „Kommentar" dazu[65] liefert der 1. Johannes-Brief mit seiner Argumentation gegen Leute, die Jesus Christus nicht „als im Fleisch gekommen" bekennen (Kapitel 4, Vers 2 und 2. Johannes-Brief, Vers 7). Nach 1. Johannes-Brief, Kapitel 2, Verse 19–20 ist es unter anderem über dieser christologischen Frage bereits zu einer Spaltung gekommen. Der Begriff „Logos" bezeichnet also Jesus im Hinblick auf seine Gottheit und Existenz bereits vor der Schöpfung, „Jesus" bezeichnet den Menschen Jesus und „Christus" zielt auf sein er-

65 siehe auch Neugebauer: Die Entstehung des Johannes-Evangeliums

lösendes Heilshandeln ab. Jesus ist wahrer Mensch und wahrer Gott zugleich, und als Logos bereits vor der Menschwerdung, ja sogar vor aller Schöpfung existent. Beim Nachdenken über diesen Abschnitt am Anfang des Johannes-Evangeliums ist aber daran zu erinnern, dass er nur Einleitung zum im Evangelium erzählten Leben des Jesus sein will. Diese Worte und Taten von Jesus sind der aufgegebene Gegenstand des Nachdenkens und nicht etwa philosophisch-theologische Spekulationen über den Logos.

Trotzdem sind fast überall sanfte, trickreiche Rettungsversuche von „Der Logos" = „Das Wort" zu beobachten, so auch über viele Seiten im „Kittel", und es ist immer wieder erstaunlich, wie ausschließlich oder zumindest eben unter anderem auch der Logos von Johannes-Evangelium, Kapitel 1 an das „Wort" Gottes in 1. Buch Mose, Kapitel 1 angeknüpft wird („Am Anfang schuf Gott … und Gott sprach: …"), wobei doch offensichtlich Jesus nicht gleichzeitig Gott und das von Gott gesprochene Wort sein kann (weder das Wort Gottes bei der Schöpfung, noch das Wort Gottes als die Botschaft des Evangeliums). Und ein „Wort" kann man ja doch eigentlich nicht (1. Johannes-Brief, Kapitel 1, Vers 1) „mit den Augen sehen", „schauen", „mit Händen betasten", wobei im „Kittel" dem Schreiber „eine echte Empfindung einer ganzen vollen Paradoxie" zugesprochen wird, sowie eine „Abwehr gegen eine etwaige mythologische Mißdeutung". Auch die Anknüpfung mittels „Am Anfang" verfängt zunächst einmal nicht, denn genau so begannen auch einige frühe griechische Denker bis Heraklit („Am Anfang war das Wasser". „Am Anfang war die Luft". „Am Anfang war das Apeiron". Und sinngemäß: „Am Anfang war das Feuer" bzw. „Am Anfang war der Logos" im Hinblick auf Heraklit). Auch wenn in 1. Johannes-Brief, Kapitel 1, vom „Anfang" die Rede ist, knüpft dies nicht in erster Linie an 1. Mose, Kapitel 1 an, sondern am Johannes-Evangelium, Kapitel 1.

Selbstverständlich ist das „Am Anfang" von Johannes-Evangelium, Kapitel 1, bewusst auch parallel zu dem „Am Anfang" von 1. Buch Mose, Kapitel 1 formuliert und knüpft an die Schöpfung an, es geht ja beim Logos auch um Schöpfung, aber das „Gott sprach" von 1. Buch Mose, Kapitel 1 ist trotzdem nicht der Logos als das gesprochene Wort Gottes, sondern der Logos ist der Gott, der kreativ ist, und Gott und das, was er spricht, können nicht dasselbe sein. Deswegen wäre das Johannes-Evangelium ja auch ein gutes Erstes Evangelium, denn dann würde das Neue Testament genauso beginnen wie das Alte: „Am Anfang…“ (und die Apostelgeschichte des Lukas folgte auf sein Evangelium).

Konrad Haldimann aus dem Übersetzerteam der neuen Zürcher Bibel antwortete mir auf meine Anfragen am 17.12.18 und am 21.12.18 – mit dem Hinweis, dass dabei ein Theologe über Theologen spricht – und das Ganze immer also auch selbstkritisch gemeint ist:

Sehr geehrter Herr Gumbrecht,

ja, da gebe ich Ihnen gerne Auskunft.

Im allerersten Satzteil haben wir den Logos-Begriff doppelt übersetzt (Im Anfang war das Wort, der Logos), danach haben wir mit einfachem Logos weitergeführt.

Sie haben das Grundproblem angeschnitten (Stichwort Heraklit): Logos heisst eben auch viel mehr als Wort. In der griechischen Antike begegnet Logos als philosophischer oder religiöser Begriff vor Johannes vor allem in drei geistigen Bewegungen: Bei Heraklit, in der Stoa und beim jüdischen Religionsphilosophen Philo von Alexandrien. In allen drei geistigen Bewegungen ist die Verwendung des Begriffs kompliziert und befrachtet.

Bereits Goethe hat bei seiner berühmten Übersetzung im Faust nicht bei Wort stehen bleiben mögen – zu Recht. Wir wollten mit der Doppelwiedergabe an die Tradition der Bibelübersetzungen (Wort) anknüpfen, zugleich aber sichtbar machen, dass hier an viel weitere Zusammenhänge zu denken ist. Sie haben das offenbar ganz in diesem Sinn wahrgenommen.

Mit freundlichen Grüssen
Konrad Haldimann

Sehr geehrter Herr Haldimann,

ganz, ganz herzlichen Dank für Ihre Antwort, Sie haben mir damit sehr geholfen und mich in meinem Denken bestätigt. Das ist bei Theologen nach meiner Erfahrung nicht die Regel, da besteht nach meiner Wahrnehmung oft ein innerer Drang, Logos letztendlich doch noch auf "Wort" hinzubiegen, und speziell auf das schöpferische "Wort" Gottes in Gen 1, so z. B. auch im "Kittel", obwohl es m.E. völlig un"log"isch ist, dass Gott und das Wort, das er spricht, identisch sein sollen, das geht doch gar nicht.

Herzliche Grüße, Hilmar Gumbrecht, Kardiologe, Münster/Westfalen und Muttenz/BL

Sehr geehrter Herr Gumbrecht,

Haben Sie vielen Dank für Ihre Überlegungen. Theologen und Kirchen haben oftmals einen Hang, traditionelle liebgewordene Formulierungen, Wendungen und Vorstellungen zu konservieren und abzuschotten, ohne sie zu interpretieren oder zum Anlass zu nehmen, den Bogen der Gedanken weiter zu spannen. Sie sagen zu Recht: 'hinbiegen'. Dann braucht es immer wieder mitdenkende und weiterdenkende Menschen, die zurechtrücken und aufrütteln. Und, nicht zuletzt, Akademikerinnen und Akademiker aus den anderen Fächern, die die Theologie befruchten. Haben Sie vielen Dank!

Mit herzlichen Grüssen aus Zürich, Konrad Haldimann

Äußerst spannend sind auch Gedanken, die ich einer persönlichen Mitteilung von Pfarrer Thomas Plaz-Lutz (Winterthur) verdanke:

Das „Am Anfang" in 1. Buch Mose, Kapitel 1 kann auch heißen:

1.Buch Mose, Kapitel 1, Vers 1:

Durch/Mithilfe des Anfänglichen/Erstlings [nämlich der „Weisheit"] schuf Gott Himmel und Erde.

In Sprüche Salomos, Kapitel 8, ist von der Weisheit die Rede, in Sprüche 8,22 steht auch „am Anfang":

Sprüche, Kapitel 8, Vers 22:

Der HERR hat mich geschaffen[66] am Anfang seines Wegs,
vor seinen anderen Werken, vor aller Zeit.

Oder anders übersetzt:

Der Herr schuf mich [die Weisheit] als seines Waltens Erstling,
vor seinen anderen Werken, vor aller Zeit.

Die jüdische Weisheitsspekulation hat daraus eine Schöpfung vor der Schöpfung herausgelesen: die Weisheit war sozusagen Erstlingswerk der Schöpfung und danach Partnerin Gottes bei der Erschaffung der Welt: 1. Buch Mose Kapitel 1, Vers 1: „Durch, d.h. mit Hilfe des Erstlings (der Weisheit) schuf Gott Himmel und Erde." Daran schließt Johannes-Evangelium, Kapitel 1, an und identifiziert die Weisheit mit dem Logos, dessen Aufscheinen in der Welt dann im Hauptteil des Evangeliums geschildert wird.

Der Kern der Logos-Aussage von Johannes-Evangelium, Kapitel 1, und damit das Neue, das über alle anderen Logos-Aussagen Hinausgehende, ist, dass dieser Logos/Christus schon vor Erschaffung der Welt bei Gott war, und dass der Übergang von dort in die Geschichte (Menschwerdung) hier zum Thema wird. Es liegt in der Natur der Sache, dass dieses Thema hier, am Anfang des Evangeliums, stark hervortritt. Vorhanden ist es aber auch sonst, durch das ganze Evangelium hindurch, z. B.:

66 Wörtlich: "Der HERR hat mich erworben …"

Johannes-Evangelium, Kapitel 17, Vers 5

Und nun, Vater, gib mir, wenn ich wieder bei dir bin, von neuem die Herrlichkeit, die ich schon vor der Erschaffung der Welt bei dir hatte.

Kommt auch der Logos-Name aus den besprochenen Gründen nicht mehr vor, so ist doch das Wissen von dem vorzeitlichen Sein des „Sohnes" einer der wesentlichsten Hintergründe des ganzen Vierten Evangeliums.

Dieses Thema ist aber auch nicht erst von diesem Evangelisten eingeführt worden. Aussagen über die vorzeitliche Existenz von Christus beim Vater sind fester Bestandteil der gesamten Schriften des Paulus, z. B.:

Philipper-Brief, Kapitel 2, Verse 6–7

Er, der Gott in allem gleich war und auf einer Stufe mit ihm stand, [...].
Er verzichtete auf alle seine Vorrechte und stellte sich auf dieselbe Stufe wie ein Diener. Er wurde einer von uns – ein Mensch wie andere Menschen.

1. Korinther-Brief, Kapitel 8, Vers 6c

[...] – **Jesus Christus, durch den alles geschaffen wurde und durch den auch wir das Leben haben.**

Kolosser-Brief, Kapitel 1, Verse 15–17:

Der Sohn ist das Ebenbild des unsichtbaren Gottes,
der Erstgeborene, der über der gesamten Schöpfung steht.
Denn durch ihn wurde alles erschaffen, was im Himmel und auf der Erde ist, das Sichtbare und das Unsichtbare,
Könige und Herrscher, Mächte und Gewalten.
Das ganze Universum wurde durch ihn geschaffen und hat in ihm sein Ziel.
Er war vor allem anderen da, und alles besteht durch ihn.

Nicht um seiner selbst willen wird von diesem Hintergrund des Christus geredet, sondern um die ethische Forderung in Philipper-Brief, Kapitel 2, Verse 1 und die folgenden, oder die Aussage über die Erlösung in Kolosser-Brief, Kapitel 1, Verse 12 und die folgenden, zu beleuchten und zu unterstreichen. Das Wissen des Paulus von der Vorzeitlichkeit von Jesus liegt viel tiefer als die Folgerungen daraus.

Selbst das Stichwort „Erstling" taucht bei Paulus bereits auf, wenn auch in einem etwas anderen Zusammenhang:

1. Korinther-Brief, Kapitel 15, Verse 20–23 (Zürcher Bibel)

Christus, der Erstling der Auferstandenen

20 **Nun aber ist Christus von den Toten auferweckt worden, als Erstling derer, die entschlafen sind.**

21 **Da nämlich durch einen Menschen der Tod kam, kommt auch durch einen Menschen die Auferstehung der Toten.**

22 **Denn wie in Adam alle sterben, so werden in Christus auch alle zum Leben erweckt werden.**

23 **Jeder aber an dem ihm gebührenden Platz: als Erstling Christus, dann die, die zu Christus gehören, wenn er kommt.**

Aber auch andere Brief-Autoren der Bibel schreiben davon:

Hebräer-Brief, Kapitel 1, Vers 2

Jetzt aber, am Ende der Zeit, hat er durch ‚seinen eigenen' Sohn zu uns gesprochen. Der Sohn ist der von Gott bestimmte Erbe aller Dinge. Durch ihn hat Gott die ganze Welt erschaffen.

1.Petrus-Brief, Kapitel 1, Vers 20

Schon vor der Erschaffung der Welt war Christus ‚als Opferlamm' ausersehen, und jetzt, am Ende der Zeit, ist er euretwegen ‚auf dieser Erde' erschienen.

Auch Jesus selbst sprach offen oder andeutend aus, dass er vor aller Zeit bei Gott dem Vater war. Das Besondere an Johannes-Evangelium, Kapitel 1, ist also nicht der Inhalt, der auch an vielen anderen Stellen im Neuen Testament begegnet, sondern dass dies programmartig einer Beschreibung des irdischen Lebens des Jesus von Nazareth vorangestellt ist und dass dies dort unter das Stichwort „Logos" gestellt ist. Der Autor greift den Logos als Stichwort aus der philosophischen Umwelt seiner Zeit heraus und macht ihn zum Themawort seines „Vorworts", verbindet ihn mit der urchristlichen Sicht des geschichtlichen Jesus und der ewigen göttlichen Vorzeitlichkeit des Christus und dem jüdisch-weisheitlichen Wissen um die Beteiligung der göttlichen Weisheit an der Schöpfung (die Weisheit, die von Philon von Alexandria mit dem stoischen Logos identifiziert wurde), und bekommt dadurch bei ihm einen ganz neuen Platz: Er wird vom philosophischen göttlichen Sein zur in Jesus offenbaren Person. Die johanneische Gemeinde proklamierte mit der Bezeichnung „Logos" Jesus als den Erfüller aller [dieser] Heilserwartungen[67].

Das ganze Johannes-Evangelium entfaltet diese Ansage in der Mitte des „Vorworts":

Und der Logos wurde Fleisch
und wohnte unter uns,
und wir schauten seine Herrlichkeit,
eine Herrlichkeit,
wie sie ein Einziggeborener vom Vater hat,
voller Gnade und Wahrheit.

Aber auch die Teile des Evangeliums können schon aus diesem „Vorwort" vernommen werden; die drei ersten Hauptteile entsprechen den Teilen des Satzes der Verse 11–12, Teil 4 entspricht Vers 14:

Kap. 3–6:	Er kam in das Seine,
Kap. 7–12:	Die Seinen nahmen ihn nicht auf.
Kap. 13–17:	Die ihn aber aufnahmen, …
Kap. 18–21:	Der Logos wurde Fleisch

Der Anfang des Johannes-Evangeliums (unter Auslassung der Einschübe, die sich mit Johannes dem Täufer befassen) ist ein Lied, das leicht auswendig zu lernen ist: Meist nimmt die neue Zeile den zweiten Begriff der ersten auf und führt ihn weiter: der Logos am Anfang bei Gott (Verse 1–2), durch ihn die Schöpfung, Leben und Licht (3–4) – und nun der Kontrast: Licht-Finsternis (5,9–10) und daraus das Drama der Heilsgeschichte (11–12). Der zweite Teil ist Bekenntnis derer, die es erfahren haben (14 und die folgenden). Sie müssen es bezeugen, und das geschieht in dem nachfolgenden Evangelium.[68]

67 Helmut Merkel, ordentlicher Professor für Neues Testament an der Universität Osnabrück, in: Reclams Bibellexikon, 7. Auflage 2004, Stuttgart, Stichwort „Logos".

68 Claus Westermann: Abriß der Bibelkunde, Stuttgart, 13. Auflage 1991, Seiten 162–163.

2.2 Griechische Bildung im Neuen Testament

Die Auslegung des Alten Testaments durch den Apostel Paulus weist auf ein sehr hohes Maß an schriftgelehrter Schulung hin[69]. Die starken Parallelen zur rabbinischen Auslegung, die in Methodik und Thematik sichtbar werden, beweisen, dass Paulus dieses Wissen und Können nicht erst als christlicher Missionar erworben haben kann. Es gilt auch weiterhin das Urteil von A. Oepke: „Ein Diasporajude, der zwar durchweg LXX [die Septuaginta, die hebräische Bibel bzw. das Alte Testament, in griechischer Übersetzung] zitiert, aber den hebräischen/aramäischen Urtext zweifellos auch kennt, ist keine alltägliche Erscheinung. So wird die lukanische Behauptung eines Studiums unter Gamaliel dem Älteren (Apostelgeschichte, Kapitel 22, Vers 3) zumindest indirekt bestätigt.

Paulus hatte nicht nur seine akademische Ausbildung in der „heiligen Stadt" erhalten, sondern auch seine Elementarschulzeit in Jerusalem erlebt:

Apostelgeschichte, Kapitel 22, Vers 3

Ich bin ein Jude wie ihr. Geboren wurde ich in Tarsus in der Provinz Zilizien, aber aufgewachsen bin ich hier in Jerusalem. Mein Lehrer war kein geringerer als Gamaliel. Bei ihm erhielt ich eine gründliche Ausbildung in dem Gesetz, das uns von unseren Vorfahren her überliefert ist, und ich kämpfe leidenschaftlich für Gottes Ehre – genauso wie ihr alle es heute tut.

...und als Folge stößt man gelegentlich auf das Denken des Apostels in aramäischen Sprachformen. Bestimmt wurde Paulus auch schon im Lehrhaus des Gamaliel mit dem Alten Testament in griechischer Sprache (der Septuaginta, LXX) vertraut gemacht, und Lukas zeigt Paulus im engen Kontakt zu griechisch-sprachigen Juden:

Apostelgeschichte, Kapitel 9, Vers 29 (vgl. auch Kapitel 6, Vers 9)

Er unterhielt sich mit den Juden, die aus griechischsprachigen Ländern stammten und führte lange Streitgespräche mit ihnen. Doch statt sich überzeugen zu lassen, versuchten sie ihn umzubringen.

69 Über die Bildung des Apostels Paulus finden sich in Rainer Riesners „Die Frühzeit des Apostels Paulus" umfassende Angaben (Seite 136 und 238).

Aber sicher hat er seine profunde Kenntnis der griechischen Übersetzung inklusive ihrer Wirkungsgeschichte später in Tarsus weiter vertieft. Selbst noch für die Zeit in Syrien-Kilikien gilt es das Urteil von M. Hengel zu bedenken: „Es ist durchaus möglich, ja wahrscheinlich, dass der frühe Paulus sich als Missionar noch nicht mit so eindeutig ausschließlichem Vorrang wie in späterer Zeit, vor und nach dem „Apostelkonzil“ [siehe hierzu Apostelgeschichte, Kapitel 15, Verse 1–35], zu den Nichtjuden gesandt wusste. In den ersten Jahren nach seiner Berufung dürfte er *auch* – vermutlich weitgehend fruchtlose – Versuche gemacht haben, jüdische Volksgenossen für sein Evangelium zu gewinnen, unbeschadet seiner grundsätzlichen gesetzesfreien Heilsbotschaft.“

Aber wie konnte der junge Saulus seine Ausbildung finanzieren? Entweder war er begütert, das würde dann die Annahme einer vornehmen Herkunft stützen, oder er musste seinen Lebensunterhalt durch Berufsarbeit bestreiten. Schon eine wohl auf Schemaja und Abtaljon (ca. 47–20 v. Chr.) zurückgehende Tradition fordert vom Gelehrten: „Liebe die Arbeit, hasse das Herr-Sein!“ Außerdem war für die zu großen Teilen aus der Mittelschicht stammenden Pharisäer Berufsarbeit eine pure Notwendigkeit, wenn sie ihren Unterhalt als Gelehrtenschüler selbst erwerben mussten. Es ist auch durchaus möglich, dass in einzelnen Lehrhäusern im 1. Jh. n. Chr. noch Entgelt bezahlt werden musste.

An dieser Stelle kann auch noch ein Wort über die Transport-/Verkehrs-Infrastruktur des Römischen Reiches eingefügt werden, die neben der globalisierten griechischen Kultur und Sprache ebenfalls die Ausbreitung des christlichen Glaubens sicherlich ganz enorm begünstigte[70]:

Das erste und zweite christliche Jahrhundert stellten eine Zeit großer Mobilität dar und eine der beweglichsten Bevölkerungsgruppen bildeten die frühen Christen. Das Reisen über weite Strecken war seit der Regierung des Augustus möglich geworden wie niemals zuvor und auch lange Zeit danach nicht mehr. Die Pax Romana (die über 200 Jahre anhaltende innere Friedenszeit des Römischen Reichs) hatte die meisten Landesgrenzen beseitigt und sorgte mindestens auf den

70 Riesner, die Frühzeit des Apostels Paulus, Seiten 273–274

Hauptverkehrsrouten für relative Sicherheit vor Räubern. Dass wirklich nur von einer relativen Sicherheit gesprochen werden kann, zeigt nicht zuletzt das Neue Testament:

Lukas-Evangelium, Kapitel 10, Vers 30

Daraufhin erzählte Jesus folgende Geschichte: Ein Mann ging von Jerusalem nach Jericho hinunter. Unterwegs wurde er von Wegelagerern überfallen. Sie plünderten ihn bis aufs Hemd aus, schlugen ihn zusammen und ließen ihn halbtot liegen; dann machten sie sich davon.

Ein expandierendes Straßennetz verband die entferntesten Reichsteile mit der Hauptstadt, wo am „Goldenen Meilenstein" alle Wege ihren symbolischen Ausgangspunkt nahmen. Seit Pompejus (Gegenspieler Caesars) war die Herrschaft der Piraten im östlichen Mittelmeer gebrochen und ein regelmäßiger Schiffsverkehr sorgte vor allem für den sicheren Getreideimport aus Ägypten und Syrien nach Rom. Ganz ungefährlich wurde das Reisen natürlich auch unter römischer Herrschaft nicht, wie gerade die Erfahrungen des Paulus zeigen:

2. Korinther-Brief, Kapitel 11, Verse 25–27

Dreimal wurde ich mit der Rute geschlagen, einmal wurde ich gesteinigt, dreimal habe ich einen Schiffbruch erlebt, und einmal trieb ich einen ganzen Tag und eine ganze Nacht auf dem offenen Meer. Ich habe viele beschwerliche Reisen unternommen und war dabei ständig Gefahren ausgesetzt: Gefahren durch reißende Flüsse, Gefahren durch Wegelagerer, Gefahren durch Menschen aus meinem eigenen Volk, Gefahren durch Menschen aus anderen Völkern, Gefahren in den Städten, Gefahren in der Wüste, Gefahren auf hoher See, Gefahren durch Leute, die sich als meine Geschwister ausgaben. Ich nahm Mühen und Anstrengungen auf mich, musste oft ohne Schlaf auskommen, litt Hunger und Durst, war häufig zum Fasten gezwungen, ertrug bittere Kälte und hatte nichts anzuziehen.

Vor allem setzten jahreszeitliche Faktoren und die antiken Verkehrsmittel der Mobilität Grenzen, sogar Angaben über die damalige Reisegeschwindigkeit sind möglich: für die Fußwanderleistung 20–30 km pro Tag, für Reisen mit Reittier oder Wagen: z. B. von Caesarea nach Jerusalem (z. B. Apostelgeschichte, Kapitel 21, Verse 15–17) über 100 km, in 2 Tagen. Für einen Privatmann war es nicht möglich die hohen Geschwindigkeiten der offiziellen Post zu nutzen. Es stand aber auch ein organisiertes privates Verkehrswesen zur Verfügung, mit durchschnittlichen Fahrzeuggeschwindigkeiten von 40–45 km und Höchstgeschwindigkeiten bis über 60 km pro Tag.

Hier soll es im Weiteren ganz grundsätzlich um die Begegnung zweier Welten gehen: des Urchristentums und der griechischen Kultur zu dieser Zeit, und zwar der Begegnung dieser beiden Welten in den ersten drei Jahrhunderten unserer Zeitrechnung. Ich bediene mich in diesem und in den folgenden 3 Unterkapiteln (3.1, 3.2 und 3.3) des hervorragenden Überblicks in Werner Jaegers „Das frühe Christentum und die griechische Bildung".

Das Griechentum übte einen tiefen Einfluss aus auf die entscheidenden Faktoren für die endgültige Gestalt der christlichen Überlieferung. Der christliche Glaube stieß die Tore Israels weit auf, um die umgebende Welt zu durchdringen. Diese Welt aber war vereinheitlicht worden unter der Herrschaft der griechischen Sprache und Kultur. Dies war eine entscheidende Voraussetzung für die Entwicklung der christlichen Mission und ihrer Ausdehnung innerhalb Israels und weit über seine Grenzen hinaus. Drei Jahrhunderte einer Ausdehnung der griechischen Zivilisation während der Zeit des Hellenismus (ca. 330–30 v. Chr.) waren vorausgegangen. Ohne diese wäre die Ausbreitung des christlichen Glaubens, wie sie geschehen ist, unmöglich gewesen. Dieser Vorgang der Christianisierung der griechisch sprechenden Welt innerhalb des Römischen Reichs blieb selbstverständlich nicht auf diese Richtung beschränkt. Denn gleichzeitig bedeutete dies auch die Hellenisierung des Christentums.

In der Zeit der Apostel und ihrer Schüler/Mitarbeiter geschah das erste Stadium eines christlichen Hellenismus durch den Gebrauch der griechischen Sprache. Wir sehen sie in den Schriften des Neuen Testaments und auch bei den großen christlichen Autoren danach. Das ist auch die ursprüngliche Bedeutung des Wortes Hellenismus. Die Sprachenfrage war nicht ganz unbedeutend. Mit der griechischen Sprache eroberte aber auch eine ganze Welt von Vorstellungen, Begriffssystemen, geerbten Bildern und feinen Bedeutungsnuancen das christliche Denken. Das Christentum hat sich sehr schnell an seine Umgebung angepasst, schon von der allerersten Generation an. Die Gründe dafür sind offensichtlich. Erstens natürlich, weil das Christentum eine jüdische Bewegung war. Die Juden waren aber zur Zeit des Paulus hellenisiert, nicht nur die Juden in der Zerstreuung, sondern zum ganz überwiegenden Teil auch in Israel. Zweitens war es gerade der hellenisierte Teil des jüdischen Volkes, an den sich die christlichen Missionare zuerst wendeten.

Diese Gruppe der Jerusalemer Gemeinde – sie erhielt nach Apostelgeschichte, Kapitel 6 von den Aposteln die Bezeichnung „die Hellenisten" – wurde nach dem Märtyrertod ihres Führers Stephanus über ganz Palästina zerstreut und von ihr ging die Missionstätigkeit der nächsten Generation aus.

Apostelgeschichte, Kapitel 6, Vers 1, Neue Genfer Übersetzung

Die Zahl der Jünger wuchs unaufhörlich. Allerdings wurden in dieser Zeit auch Klagen ‚innerhalb der Gemeinde' laut, und zwar vonseiten der Jünger, die aus griechischsprachigen Ländern stammten. Sie waren der Meinung, dass ihre Witwen bei der täglichen Versorgung mit Lebensmitteln benachteiligt wurden, und beschwerten sich darüber bei den einheimischen Jüngern.

Zürcher Bibel 2007

In diesen Tagen aber, als die Jünger immer zahlreicher wurden, kam es dazu, dass die Hellenisten unter ihnen[71] gegen die Hebräer aufbegehrten, weil ihre Witwen bei der täglichen Versorgung vernachlässigt wurden.

Das Wort „Hellenisten" begegnet hier im Unterschied zu „Hebräern", aber es bedeutet nicht „Griechen" (ein Wort, das für „Heiden" im Neuen Testament gebraucht wird): es ist der offizielle Ausdruck für das Griechisch sprechende Element unter den Juden, und so auch in der frühchristlichen Gemeinde in Jerusalem zur Zeit der Apostel. Es meint nicht in Jerusalem geborene oder erzogene Juden, die sich griechische Bildung zu eigen gemacht hatten, sondern Leute, die zuhause nicht mehr ihre aramäische Muttersprache sprachen, auch wenn sie sie noch verstanden, sondern Griechisch, weil sie oder ihre Familien lange auswärts in hellenisierten Städten gelebt hatten, und später in ihre Heimat zurückgekehrt waren. Sie hatten, sofern sie nicht Christen geworden waren, ihre eigenen hellenistischen Synagogen in Jerusalem. Wir begegnen einem christlichen Hellenisten, Stephanus, in langen religiösen

71 Mit 'Hellenisten' sind vermutlich griechisch sprechende Diasporajuden gemeint, vgl. auch 6,9; mit dem Gegenbegriff 'Hebräer', aramäisch sprechende Juden.

Erörterungen mit ihnen. Die Synagogen der Libertinoi, der Cyrenäer, der Alexandriner, der Cilicier und die der Kleinasiaten werden ausdrücklich erwähnt:

Apostelgeschichte, Kapitel 6, Verse 8–9, Neue Genfer Übersetzung

Von Gottes Gnade geleitet und mit seiner Kraft erfüllt, vollbrachte Stephanus unter der Bevölkerung große Wunder und außergewöhnliche Dinge. Aber es regte sich auch Widerstand gegen ihn, und zwar in der so genannten Synagoge der Freigelassenen[72], zu der Juden aus der Gegend von Zyrene, aus Alexandria und aus den Provinzen Zilizien und Asien gehörten. Einige Mitglieder dieser Synagoge fingen Streitgespräche mit Stephanus an.

Zürcher Bibel 2007

Stephanus, erfüllt von Gnade und Kraft, tat grosse Wunder und Zeichen im Volk. Es traten aber einige auf von der sogenannten Synagoge der Libertiner, Kyrener und Alexandriner und einige von denen aus Kilikien und der Provinz Asia, die diskutierten mit Stephanus, [...].

Es war ganz natürlich, dass die christlichen Hellenisten, solange sie noch in Jerusalem vor dem Tod des Stephanus Mission trieben, sich zuerst an diese nicht-christlichen Hellenisten unter den Juden und an ihre Schulen wandten, weil sie mit ihnen durch das Band der griechischen Sprache und Erziehung verbunden waren. Dass sie eine im Wachsen begriffene starke Minderheit in der Urgemeinde darstellten, muss aus ihrer Forderung nach eigenen Griechisch sprechenden Vertretern bei dem täglichen Verteilen von Nahrungsmitteln und anderer Unterstützung für ihre Witwen gefolgert werden. Sie konnten bei den zwölf Aposteln das wichtige Zugeständnis der Errichtung des neuen Diakonen-Amtes durchsetzen. Da die ersten in Apostelgeschichte, Kapitel 6, Vers 5 aufgeführten Diakone sämtlich griechische Namen tragen, dürfte feststehen, dass sie nur die Griechisch sprechenden Glieder der Gemeinde vertraten und in erster Linie diesen Teil betreuen sollten. Die Apostel hoben bei der Bekanntmachung dieser Neuerung hervor, dass für sie allein die Arbeit im ganzen Umfang zu groß sein würde. Wenn jedoch die neue Einrichtung des Diakonen-Amtes so zu verstehen ist, dass sie die Fürsorge für die ganze Gemeinschaft, Hellenisten und Hebräer zusammen, übernehmen sollten, so würde die Bedeutung

72 Wahrscheinlich freigelassene jüdische Sklaven oder deren Nachkommen.

der Hellenisten in der frühen christlichen Gemeinde sich noch vergrößern, denn die sieben erwählten Diakone waren sämtlich Hellenisten.

Wie Stephanus selbst trugen sie alle gut griechische Namen: z. B. Philippos, Nikanor, Prochoros, Timon, Parmenas, Nikolaos; und sie stammten meist aus jüdischen Familien, die mindestens schon eine Generation vorher, wenn nicht früher, hellenisiert worden waren. Nur Nikolaos war kein Jude von Geburt, sondern war vor seiner Bekehrung zum christlichen Glauben ein dem jüdischen Glauben Zugewandter („Proselyt", so in der Zürcher Bibel 2007) aus Antiochien gewesen:

Apostelgeschichte, Kapitel 6, Verse 2–6

Da beriefen die Zwölf eine Versammlung aller Jünger ein und erklärten: »Es wäre nicht gut, wenn wir ‚Apostel' uns persönlich um den Dienst der Verteilung der Lebensmittel kümmern müssten und darüber die Verkündigung von Gottes Botschaft vernachlässigen würden.
Seht euch daher, liebe Geschwister, in eurer Mitte nach sieben Männern um, die einen guten Ruf haben, mit dem Heiligen Geist erfüllt sind und von Gott Weisheit und Einsicht bekommen haben. Ihnen wollen wir diese Aufgabe übertragen.
Wir selbst aber werden uns weiterhin ganz auf das Gebet und den Dienst der Verkündigung des Evangeliums konzentrieren.«
Dieser Vorschlag fand allgemeine Zustimmung, und die Gemeinde wählte folgende sieben Männer aus: Stephanus, einen Mann mit einem festen Glauben und erfüllt vom Heiligen Geist, Philippus, Prochorus, Nikanor, Timon, Parmenas und Nikolaus, einen Nichtjuden aus Antiochia, der zum Judentum übergetreten war.
Man ließ sie vor die Apostel treten, und die Apostel beteten für sie und legten ihnen die Hände auf.
Die Botschaft Gottes breitete sich immer weiter aus, und die Zahl der Jünger in Jerusalem stieg sprunghaft an. Auch zahlreiche Priester nahmen das Evangelium an und glaubten an Jesus.

Der Name der neuen „Sekte", *Christianoi*/Christen hatte seinen Ursprung in der griechischen Stadt Antiochia, wo diese hellenisierten Juden das erste große Tätigkeitsfeld für ihre christliche Mission fanden:

Apostelgeschichte, Kapitel 11, Verse 19–26

Die ‚Christen', die sich in der Verfolgungszeit nach dem Tod des Stephanus ‚über ganz Judäa und Samarien hin' zerstreut hatten, zogen ‚zum Teil' noch

weiter und kamen bis nach Phönizien und Zypern und bis nach Antiochia[73], aber sie machten die Botschaft Gottes nach wie vor ausschließlich unter Juden bekannt.
Doch einige von ihnen – Männer von Zypern und aus der Gegend von Zyrene – wandten sich, als sie nach Antiochia kamen, auch an die nichtjüdischen Einwohner der Stadt und verkündeten ihnen das Evangelium von Jesus, dem Herrn.
Und Gott wirkte so mächtig durch sie, dass eine große Zahl ‚Nichtjuden ihrer Botschaft' glaubte und sich dem Herrn zuwandte.
Von dieser Entwicklung erfuhr auch die Gemeinde in Jerusalem, und Barnabas reiste in ihrem Auftrag nach Antiochia.
Als er sah, was dort durch Gottes Gnade geschah, war er glücklich. Er machte allen Mut und forderte sie dazu auf, dem Herrn mit ungeteilter Hingabe treu zu bleiben.
Denn er hatte einen edlen Charakter, war mit dem Heiligen Geist erfüllt und hatte einen festen Glauben. Durch seinen Dienst stieg die Zahl derer, die an den Herrn glaubten, ständig an.
Schließlich reiste er nach Tarsus, um Saulus zu suchen,
und als er ihn gefunden hatte, nahm er ihn mit nach Antiochia. Die beiden waren dann ein ganzes Jahr miteinander in der Gemeinde ‚tätig' und unterrichteten viele Menschen ‚im Glauben'. Hier in Antiochia wurden die Jünger ‚des Herrn' zum ersten Mal Christen genannt.

Griechisch wurde in allen Synagogen rund ums Mittelmeer gesprochen. Das zeigt sich auch an Philon von Alexandria, der sein literarisches Griechisch nicht für Heiden, sondern für seine hochgebildeten jüdischen Anhänger schrieb. Es hätte sich kein Zustrom von Heiden entwickelt, wenn sie die Sprache im jüdischen Synagogen-Gottesdienst nicht verstanden hätten.

Die Missionstätigkeit des Paulus beruhte ganz auf dieser Voraussetzung. Seine Auseinandersetzungen mit den Juden, an die er sich auf seinen Reisen als erste wendete und denen er das Evangelium von Christus bringen wollte, wurden griechisch geführt, mit allen Feinheiten der griechischen Logik. Beide Seiten zitierten in der Regel das Alte Testament nicht nach dem hebräischen Original, sondern nach der griechischen Übersetzung der Septuaginta.

73 Antiochia in Syrien, eine der bedeutendsten Städte des Römischen Reiches, wurde zum Ausgangspunkt der drei Missionsreisen des Apostels Paulus (Kapitel 13,1–3; 15,40; 18,23). Davon zu unterscheiden ist das pisidische Antiochia (Kapitel 13,14).

Abgesehen von den neuartigen Evangelien haben die Schriftsteller des Neuen Testaments die griechische Literaturform der Briefe und der „Geschichte(n)“ (das waren die Taten und die Lehren berühmter weiser Männer in Berichten ihrer Schüler, hier: „die Geschichte der Apostel“) angewendet. Die weitere Entwicklung der christlichen Literatur in der Zeit nach den Autoren des Neuen Testaments (das sind die Apostel und deren Schüler bzw. Mitarbeiter) folgte zuerst diesen Grundlinien, fügte aber andere Typen hinzu wie die Didache („Belehrung“, die erste christliche Kirchenordnung, Ende des 1. Jahrhunderts, die den Titel „Die Lehre der zwölf Apostel“ erhielt, erst 1873 wiederentdeckt), die Apokalypse („Offenbarung“) und die Predigt. Die Predigt übernahm die Form der moral-philosophischen Rede aus der griechischen Popular-Philosophie, die versucht hatte, die Lehren der Stoiker, Epikureer und Kyniker unters Volk zu bringen. Selbst die Form der Märtyrer-Akte war schon von den Heiden in Ägypten benutzt worden. Wir müssen auch damit rechnen, dass es in hellenistischer Zeit eine religiöse Kleinliteratur gab, Flugblätter der Glaubenspropaganda mancher Sekten, obwohl sich diese, nur für einen Tag bestimmte, Produktion natürlich nicht erhalten hat. Platon erwähnt orphische Traktate, die durch Mitglieder der Sekte von Haus zu Haus getragen wurden, er spricht sogar von einem „Haufen von Traktaten“, die von den „wandernden Propheten“ angeboten wurden, in denen sie eine Religion mitsamt ihren „Einweihungshandlungen“ genannten Riten verkündigten. Etwas vorher hieß es, dass diese Propheten an die Türen der Reichen kämen, um sie zu ihrer Sekte zu bekehren, und sie über Riten und Opfer belehrten, mit deren Hilfe sie Vergebung ihrer alten Sünden oder der von ihren Vorfahren begangenen erhalten könnten. Die Traktate enthielten die Gebrauchsanweisung für verschiedene zweckdienliche Mittel.

Plutarch (um 45–125 n. Chr., griechischer Schriftsteller) belehrt in seinen „Regeln für Jungverheiratete“ die junge Frau darüber, sie dürfe keine Fremden durch die Hintertür einlassen, die ihre Zettel mit Empfehlungen für eine fremde Religion einschmuggeln wollten, weil dies ihrem Manne das Haus verleiden könnte. Im Jakobusbrief lesen wir die uns aus der orphischen Religion bekannte Wendung vom „Rad der Geburt“ (Zürcher Bibel 2007: „Rad des Lebens“):

Jakobusbrief, Kapitel 3, Vers 6 (Zürcher Bibel 2007)

Auch die Zunge ist ein Feuer – als die Welt des Unrechts erweist sich die Zunge unter unseren Gliedern: Sie macht den ganzen Leib schmutzig, sie steckt das Rad des Lebens[74] in Brand und wird ihrerseits von der Hölle in Brand gesteckt.

Der Verfasser muss diesen Begriff aus einem orphischen Traktätchen der geschilderten Art aufgelesen haben. Diese beiden Glaubensrichtungen hatten eine gewisse „Familienähnlichkeit" und machten gelegentlich beieinander Anleihen. Eine dieser Gruppen waren die sog. Pythagoreer. Sie predigten den „pythagoreischen" Weg des Lebens und gebrauchten als ihr Symbol ein Y, das Zeichen des „Kreuzwegs", wo sich der Mensch zu entscheiden hatte, welchen Weg er einschlagen wolle, den guten oder den schlechten. In der hellenistischen Zeit ist diese Lehre von den beiden Wegen verbreitet gewesen, aber sie ist natürlich viel älter und findet sich z. B. schon bei Hesiod (um 700 v. Chr.). Für den Hellenismus sei auf einen populär-philosophischen Traktat verwiesen, die Pindax des Cebes. Hier wird ein Gemälde der beiden Wege beschrieben, das sich unter den Votivgaben eines Tempels befand. Es bildet den Ausgangspunkt für eine moral-philosophische Predigt, ganz ähnlich, wie Paulus den Altar des unbekannten Gottes und seine Inschrift (Apostelgeschichte, Kapitel 17) als Anknüpfungspunkt für seine Predigt benutzt. Der älteste christliche Katechismus, der im 19. Jahrhundert entdeckt wurde, und der sich selbst die „Didache der 12 Apostel" nennt, enthält dieselbe Lehre von den zwei Wegen. Er stellt sie als das Wesen des Christentums dar und verbindet damit die Sakramente der Taufe und des Abendmahls. Augenscheinlich sind diese „charakteristisch christlichen" Elemente erst hinzugefügt und die zwei Wege aus dem vorchristlichen Traktat herübergenommen worden. Dieselbe ausführliche Behandlung der „zwei Wege" findet sich im Barnabas-Brief. Die direkte Quelle für beides scheint eine jüdische Schrift ethischen Inhalts gewesen zu sein. Tatsächlich enthält die Lehre der zwei Wege an sich wenig oder nichts spezifisch Christliches. Die neupythagoreische Pindax des Cebes enthält dieselbe ethische Unterweisung und beweist ohne jeden Zweifel, dass diese

74 Andere Übersetzungsmöglichkeit: "…, sie steckt den Kreislauf des Werdens in Brand und wird …"

letztlich aus einer hellenistischen Quelle stammt, die weder jüdisch, noch christlich, sondern heidnisch war.

Diese Art von vorchristlicher Kleinliteratur umfasste Bücher mit ethischen Lehrsprüchen, wie der altgriechische Traktat Demokrits, des Vaters der Atomphilosophie, über die „Heiterkeit des Gemüts". Er begann mit dem Spruch: „Wenn du Seelenruhe genießen willst, so lasse dich nicht auf zu viel Geschäftigkeit ein." Das Buch war hochberühmt und wurde weithin gelesen. Auch hier ist es total überraschend, dass sich diese Vorschrift in eine christliche verwandelt. Sie findet sich im „Hirten des Hermas" in folgender Fassung: „Halte dich fern von zu viel Geschäftigkeit, und du wirst nicht in die Irre gehen. Denn alle, die sich auf vielerlei einlassen, machen vielerlei Fehler, und versessen auf ihre verschiedenen Tätigkeiten dienen sie nicht ihrem Herrn." So ist, wie Philon es aus eigener Erfahrung auszudrücken pflegte, „die alte Münze durch neue Prägung zu neuem Gebrauch bereitgestellt."

So war es die älteste christliche Mission, die die Missionare oder Apostel dazu zwang, die Formen der griechischen Literatur und der Rede zu gebrauchen, wenn sie sich an die hellenisierten Juden als ihre ersten Hörer und ihre Partner in allen großen Städten der Mittelmeerwelt wendeten. Dies wurde noch viel nötiger, seitdem Paulus den Übergang zu den Heiden vollzog und den Anfang mit ihrer Bekehrung machte. Diese Tätigkeit der Werbung, in allgemein-verständlicher Sprache und Argumentation das Interesse der Mitmenschen zu wecken und ihnen eine erste Einführung zu geben, war an sich schon eine charakteristische Eigenheit der griechischen Philosophie in hellenistischer Zeit.

Die verschiedenen Schulen versuchten Anhänger durch Reden in allgemeinverständlicher Sprache zu werben und empfahlen ihnen darin ihr philosophisches Wissen oder Dogma als den einzigen Weg zur Glückseligkeit. Wir begegnen dieser Art von Beredsamkeit zuerst in der Lehre der griechischen Sophisten und bei Sokrates, so wie er in den platonischen Dialogen erscheint. Sogar das Wort „Bekehrung" stammt von Platon, denn die Wendung zur Philosophie meint in erster Linie den Wechsel der Lebenshaltung. Trotz unterschiedlicher Motivierung des Übertritts sprach auch die christliche Predigt von der Unwissenheit der Menschen und verhieß ihnen ein besseres Wissen. Genau wie alle Philosophie bezog es sich auf einen Meister und Lehrer zurück, der die Wahrheit besaß und offenbarte. Diese Entsprechung zur Situation der griechischen Philosophen veranlasste christliche Missionare, daraus ihren Vorteil zu ziehen. Auch der Gott der Philosophen war verschieden von den Olympischen Göttern der heidnischen Überlieferung, und die philosophischen Systeme des Hellenismus boten für ihre Anhänger eine Art von geistlichem Schutz. Die christlichen Missionare folgten in ihren Fußstapfen. Wenn wir den Berichten der Apostelgeschichte vertrauen dürfen, so entlehnten sie zeitweilig die Argumente von ihren Vorgängern, insbesondere dann, wenn sie sich an ein gebildetes griechisches Publikum wendeten. Später natürlich borgten die Apologeten („Rechenschaftsgeber und Verteidiger des Glaubens“) bei den hellenistischen Philosophen in großem Umfang, zum Beispiel, wenn sie die Polemik der Philosophen gegen die Götter der griechischen und römischen Volksreligion benutzten.

Apologie/Apologet:

Verteidigung/Verteidiger des Christentums als vernünftige Religion gegen Angriffe anderer Religionen und Philosophien.

Anfänge der Apologie/Apologeten:

Paulus-Briefe
Lukas: Lukas-Evangelium, Apostelgeschichte
Johannes-Evangelium, Johannes-Briefe, Johannes-Offenbarung

Weitere antike christliche Apologeten:

Justin der Märtyrer, gest. 165
Irenäus von Lyon, 135–202
Hermias, um 200
Clemens von Alexandria, gestorben nach 215
Tertullian, gestorben um 230
Origenes, gestorben 253
Eusebius von Caesarea, ca. 260–340
Augustinus, gestorben 430.

Von den ältesten christlichen Schriftstellern nach der Zeit des Neuen Testaments (die auch „Kirchenväter“ genannt wurden), stammen Angaben zu den Verfassern der Evangelien (Matthäus, Markus, Lukas, Johannes). Die ältesten erhaltenen Aussagen stammen von Papias, einem Angehörigen der 2. Generation, (≈ 80/110 n.Chr.), der die Töchter des

Evangelisten Philippus (Apostelgeschichte, Kapitel 21, Vers 9) ebenso persönlich kannte, wie Polykarp, einen Schüler des Evangelisten Johannes. Darüber hinaus gibt es wichtige Aussagen bei Irenäus von Lyon (ca. 180, er hat auch noch Polykarp, den Schüler des Johannes, gekannt), Clemens von Alexandria (≈200) und Origenes (≈ 250).

Es war der entscheidende Augenblick in der Begegnung von Griechen und Christen. Die Zukunft des Christentums als einer Weltreligion hing von ihm ab. Der Verfasser der Apostelgeschichte hatte einen klaren Blick dafür: Der Apostel Paulus besucht Athen, den geistigen und kulturellen Mittelpunkt der klassischen griechischen Welt und das Symbol ihrer geschichtlichen Überlieferung; und er predigt über den unbekannten Gott an der altehrwürdigen Stätte, dem Areopag, vor einem Auditorium von stoischen und epikureischen Philosophen:

Apostelgeschichte, Kapitel 17, Verse 16–34

Paulus in Athen: Begegnung mit griechischen Philosophen

16 **Während Paulus nun in Athen auf die beiden wartete, sah er sich in der Stadt um. Empört und erschüttert stellte er fest, dass ihre Straßen von zahllosen Götterstatuen gesäumt waren,**

17 **und er begann, ‚mit den Leuten Gespräche zu führen'. In der Synagoge redete er mit den Juden und mit denen, die sich zur jüdischen Gemeinde hielten, und auf dem Marktplatz unterhielt er sich Tag für Tag mit denen, die er dort antraf.**

18 **Dabei kam es auch zu Diskussionen mit epikureischen und stoischen Philosophen. Einige von ihnen spotteten: »Was will eigentlich dieser sonderbare Vogel mit seinen aufgepickten Weisheiten? Glaubt er, er könne uns etwas beibringen?« Andere meinten: »Es scheint, als wolle er Propaganda für irgendwelche fremden Götter machen!« ‚Zu diesem Schluss kamen sie,' weil sie Paulus, als er das Evangelium verkündete, von Jesus und von der Auferstehung reden hörten.**[75]

19 **Schließlich nahmen sie Paulus in ihre Mitte und führten ihn vor den Areopag, ‚den Stadtrat von Athen'. »Dürften wir erfahren, was das für eine neue Lehre ist, die du da vertrittst?«, sagten sie.**

20 **»Du redest über Dinge, die uns bisher noch nie zu Ohren gekommen sind, und es würde uns interessieren, worum es dabei eigentlich geht.«**

75 Möglicherweise hielten die Zuhörer »Anástasis« (das griechische Wort für Auferstehung) für den Namen einer weiblichen Gottheit, die zusammen mit Jesus ein Götterpaar bildete.

21 (‚Man muss dazu wissen, dass' sich sämtliche Einwohner Athens und sogar die Fremden, die sich nur vorübergehend in dieser Stadt aufhalten, ihre Zeit am liebsten damit vertreiben, stets das Allerneuste in Erfahrung zu bringen und es weiterzuerzählen.)

Aufruf an die Bürger von Athen, zum wahren Gott umzukehren

22 Da trat Paulus vor die Ratsmitglieder und alle anderen, die zusammengekommen waren, und begann: »Bürger von Athen! Ich habe mich mit eigenen Augen davon überzeugen können, dass ihr außergewöhnlich religiöse Leute seid.

23 Als ich nämlich durch die Straßen eurer Stadt ging und mir eure Heiligtümer ansah, stieß ich auf einen Altar mit der Inschrift: ›Für einen unbekannten Gott‹. Ihr verehrt also ‚ein göttliches Wesen', ohne es zu kennen. Nun, gerade diese ‚euch unbekannte Gottheit' verkünde ich euch.

24 ‚Meine Botschaft handelt von' dem Gott, der die ganze Welt mit allem, was darin ist, geschaffen hat. Er, der Herr über Himmel und Erde, wohnt nicht in Tempeln, die von Menschen erbaut wurden.

25 Er ist auch nicht darauf angewiesen, dass wir Menschen ihm dienen. Nicht er ist von uns abhängig, ‚sondern wir von ihm'. Er ist es, der uns allen das Leben und die Luft zum Atmen gibt und uns mit allem versorgt, ‚was wir zum Leben brauchen'.

26 Aus einem einzigen ‚Menschen' hat er alle Völker hervorgehen lassen. Er hat bestimmt, dass sich die Menschen über die ganze Erde ausbreiten, und hat festgelegt, wie lange jedes Volk bestehen und in welchem Gebiet es leben soll.

27 ‚Mit allem, was er tat,' wollte er die Menschen dazu bringen, nach ihm zu fragen; er wollte, dass sie – wenn irgend möglich – in Kontakt mit ihm kommen und ihn finden. Er ist ja für keinen von uns in ‚unerreichbarer' Ferne.

28 Denn in ihm, ‚dessen Gegenwart alles durchdringt,' leben wir, bestehen wir und sind wir.[76] Oder, wie es einige eurer eigenen Dichter ausgedrückt haben: ›Er ist es, von dem wir abstammen.‹[77]

---

76 Vers28a enthält Anklänge an einen Ausspruch, der dem kretischen, zeitweise in Athen wirkenden Dichter Epimenides (6.Jahrhundert v. Chr.) zugeschrieben wird.

77 Zitat aus den Werken der beiden kleinasiatischen Dichter Aratus und Kleanthes, die im 4./3.Jahrhundert v. Chr. lebten und beide den griechischen Stoikern nahestanden.

29 **Wenn wir nun aber von Gott abstammen, dürfen wir nicht meinen, die Gottheit gleiche ‚jenen Statuen aus' Gold, Silber oder Stein, die das Produkt menschlicher Erfindungskraft und Kunstfertigkeit sind.**

30 **In der Vergangenheit hat Gott gnädig über die Verfehlungen hinweggesehen, die die Menschen in ihrer Unwissenheit begangen haben. Doch jetzt fordert er alle Menschen an allen Orten zur Umkehr auf.**

31 **Er hat nämlich einen Tag festgesetzt, an dem er durch einen von ihm bestimmten Mann über die ganze Menschheit Gericht halten und über alle ein gerechtes Urteil sprechen wird. Diesen Mann hat er vor aller Welt ‚als den künftigen Richter' bestätigt, indem er ihn von den Toten auferweckt hat.«**

Unterschiedliche Reaktionen

32 **Als Paulus von der Auferstehung der Toten sprach, brach ein Teil der Zuhörer in Gelächter aus, und andere sagten: »Über dieses Thema wollen wir zu einem späteren Zeitpunkt mehr von dir erfahren.«**

33 **Damit endete die Anhörung, und Paulus verließ die Ratsversammlung.**

34 **Doch einige Leute schlossen sich ihm an und kamen zum Glauben, so zum Beispiel Dionysios, ein Mitglied des Stadtrats, und eine Frau namens Damaris; und es gab noch andere, die zusammen mit diesen beiden ‚an Jesus glaubten'.**

Paulus sprach zu den Juden und Proselyten (dem Judentum zugewandte Nichtjuden) von Athen in der Synagoge, wie uns der Verfasser erzählt, aber er redete zu den Heiden auf dem Areopag. Damit wird auf eine recht typische Situation in der Missionstätigkeit des Apostels angespielt. Die Predigten in der Synagoge werden nur kurz erwähnt, aber Paulus konnte sie natürlich nicht unterlassen haben: die Synagoge war der gewöhnliche Ort für seine Predigten. Aber diesmal liegt der Nachdruck deutlich bei der Ansprache auf dem Areopag. Sie schildert die neue Lage, in welcher der große Anführer des Christentums, selbst wohl Hellenist und früherer Jude, auf das letzte Ziel der Christen weist, die klassische Welt des Griechentums.

Er zitiert den Vers eines griechischen Dichters „Wir sind seines Geschlechts" („er ist es, von dem wir abstammen"). Seine Beweise sind weithin stoisch und darauf berechnet, einen philosophisch Gebildeten zu überzeugen.

Eine Analyse des Gedankengangs in Paulus' Rede in Athen und ihres Verhältnisses zur alten griechischen Tradition, besonders zu ihrem stoischen Element, ist schon oft unternommen worden. Im Neuen Testament begegnen Zitate aus griechischer Dichtung mehrfach. Solchen literarischen Spuren in den neutestamentlichen Büchern hat erstmalig Clemens von Alexandria Aufmerksamkeit gezollt. Dieser christliche Schriftsteller (und Apologet) füllte selbst seine Werke mit Zitaten von griechischen Dichtern, teils aus deren Texten selbst, teils aus Zitaten-Sammlungen. Da er ein Mann von hoher Bildung war, interessierte ihn die Frage nach der hellenistischen Bildung bei den biblischen Schriftstellern ganz besonders. Er identifiziert das Zitat …

Apostelgeschichte,Kapitel 17, Vers 28

Denn in ihm, ‚dessen Gegenwart alles durchdringt,' leben wir, bestehen wir und sind wir.

richtig als aus Aratus' astronomischem Werk Phaenomena, Zeile 5, stammend. Ebenso weist er hin auf die Anführung eines Verses aus des Kreters Epimenides epischem Gedicht, Die Orakel (F1 DK I, 31), im …

Titus-Brief, Kapitel 1, Vers 12

Jemand, den die Kreter als Propheten verehren, einer von ihren eigenen Landsleuten[78], hat einmal gesagt: »Notorische Lügner sind die Kreter[79], Raubtiere und Faulpelze, die nur an ihren Bauch denken.«

Und weiter weist er hin auf einen anderen Anklang in…

1. Korinther-Brief, Kapitel 15, Vers 33

Lasst euch ‚durch solche Reden' nicht täuschen! »Schlechter Umgang verdirbt auch den besten Charakter.«[80]

…an den sehr gerühmten Dichter der Neuen Attischen Komödie Menander (Thais F218) – ein sehr passendes Zitat in einem Brief des Paulus an die sehr gebildete Gemeinde in Korinth.

Die unvergessliche Szene auf dem Areopag in Athen (Apostelgeschichte 17, siehe oben) macht mit ihrer ganzen dramatischen Ausge-

78 Der kretische Dichter Epimenides (6.Jahrhundert vor Christus).

79 Im Griechischen gab es für »lügen« den Ausdruck kretizein (wörtlich: »sich wie ein Kreter verhalten«).

80 Ein damals geläufiges Sprichwort, ursprünglich wohl eine Aussage des griechischen Dichters Menander (um 270 v. Chr.).

staltung sehr anschaulich klar und deutlich, wie sehr die historische Situation des beginnenden Ringens zwischen Christentum und klassischer Welt schon im ersten Jahrhundert anbrach.

Diese Auseinandersetzung erforderte eine gemeinsame Basis, sonst wäre sie nicht möglich gewesen. Als diese Basis wählte Paulus die griechische philosophische Tradition, die am lebendigsten das vertrat, was zu seiner Zeit von der griechischen Kultur vorhanden war. Genau das war die Absicht des Verfassers der Apostelgeschichte, die Offenbarung der „Erziehung Christi“ in Athen als eine Fortsetzung der klassischen Erziehung darzustellen. So sollte der Übertritt von der griechischen Bildung zum christlichen Glauben quasi zwingend werden.

3 Der Logos bei den Christen des 2. und 3. Jahrhunderts n. Chr.

3.1 Die griechische Bildung als Basis am Ende des 1. Jahrhunderts n. Chr.[81]

Bereits zu Lebzeiten des Apostels Paulus war es zu Streit und drohenden Spaltungen unter den Christen in Korinth gekommen:

Der erste Brief des Apostels Paulus an die Christen in Korinth, Kapitel 1
Parteibildungen in der Gemeinde

10 Geschwister, im Namen von Jesus Christus, unserem Herrn, fordere ich
euch alle auf, eins zu sein. Redet so, dass eure Worte euch nicht gegenei-
nander aufbringen, und lasst es nicht zu Spaltungen unter euch kommen.
Seid vielmehr ganz auf dasselbe Ziel ausgerichtet und haltet in völliger
Übereinstimmung zusammen. 11 Warum sage ich das? Von Chloës Leuten
habe ich erfahren, dass es Streitigkeiten unter euch gibt, liebe Geschwister.
12 Ihr wisst, was ich meine. Einer von euch sagt: »Ich bin Anhänger von
Paulus!«, ein anderer: »Ich von Apollos[82]!«, wieder ein anderer: »Ich von
Petrus!« und noch ein anderer: »Ich von Christus!« 13 Ist Christus[83] denn
zerspalten? Bin etwa ich, Paulus, für euch am Kreuz gestorben? Oder seid
ihr auf meinen Namen getauft worden?

Paulus setzte alles daran, die Parteiungen zu überwinden und Spaltungen zu verhindern. Er hatte offenbar Erfolg, mithilfe seiner engsten Mitarbeiter und mithilfe von Briefen nach Korinth. Später, wohl aus dem Gefängnis in Rom (1. Haft dort, 60–62 n.Chr.), schreibt er ein Loblied auf die Einheit an die Epheser:

---

81 Ein Überblick hierzu findet sich in Werner Jaegers „Das frühe Christentum und die griechische Bildung".

82 Zu Apollos siehe Apostelgeschichte Kapitel 18, Verse 24–28.

83 Hier vielleicht im Sinn von der Leib (d.h. die Gemeinde) Christi.

Der Brief des Apostels Paulus an die Christen in Ephesus, Kapitel 4:
Was die Gemeinde zu einer Einheit macht

1 Als einer, der für sein Bekenntnis zum Herrn im Gefängnis ist, bitte ich euch nun: ‚Denkt daran, dass' Gott euch ‚zum Glauben' gerufen hat, und führt ein Leben, das dieser Berufung würdig ist! 2 Keiner soll sich über den anderen erheben. Seid vielmehr allen gegenüber freundlich und geduldig und geht nachsichtig und liebevoll miteinander um. 3 Setzt alles daran, die Einheit zu bewahren, die Gottes Geist euch geschenkt hat; sein Frieden ist das Band, das euch zusammenhält. 4 ‚Mit »Einheit« meine ich dies:' ein Leib, ein Geist und genauso auch eine Hoffnung, die euch gegeben wurde, als Gottes Ruf an euch erging; 5 ein Herr, ein Glaube, eine Taufe, 6 ein Gott und Vater von uns allen, der über alle regiert, durch alle wirkt und in allen lebt.

Paulus wird – auf dem Weg nach Ephesus 63 n. Chr. – erneut verhaftet und wird, während seiner 2. Haft in Rom – im Rahmen der Christenverfolgungen unter Nero nach dem Brand Roms am 19.7.64 – hingerichtet.[84] Deswegen ging Petrus nach Rom und wurde 65 n. Chr. ebenfalls hingerichtet.

Etwa 30 Jahre nach Paulus, im letzten Jahrzehnt des 1. Jahrhunderts n. Chr., scheint sich die Geschichte zu wiederholen: Wieder gibt es massive Streitigkeiten, Parteiungen und die akute Gefahr von Spaltungen in der Gemeinde in Korinth. Dieses Mal fühlt sich Clemens, der Bischof von Rom, berufen, einzugreifen, und schreibt einen Brief an die Korinther, der sogar länger ist als der Römerbrief, der längste Brief des Paulus im Neuen Testament. Clemens von Rom (ca. 35–100 n. Chr.) soll noch Kontakt zu den 12 Aposteln gehabt haben. Der Anarchie in Korinth stellt er die Ordnung, das Ansehen und dadurch auch die Autorität der Gemeinde in Rom entgegen, wenn auch beide Gemeinden damals formal auf der gleichen administrativen Stufe standen. Eine weltweite Einheit der Kirche gab es allenfalls als Idee, aber sie wurde im Lauf der Zeit immer mehr betont, „prophetisch" wurde sie womöglich von Paulus schon gesehen, wie das obige Zitat aus dem Epheserbrief zeigt. Und unter dieser Perspektive der Gemeinschaft der weltweiten Christenheit scheint Korinth Korrektur nötig zu haben und Rom die notwendige Kompetenz dafür zu besitzen.

84 Chronologie nach Rainer Riesner: Die Frühzeit des Apostels Paulus, 1996.

Hochinteressant sind die Argumente und die gesamte Gedankenführung in diesem Clemens-Brief. Denn diese basiert deutlich erkennbar auf der uralten geschulten Rhetorik, der vor allem politischen Redekunst der klassischen griechischen Erziehung und Bildung. Am Anfang steht der starke Appell an die Einheit, aber auch – als deren Erfüllungsgehilfen – an den Gehorsam. Beides wird als direkte Folge des christlichen Glaubens angesehen. Es folgen motivierende Beispiele sowohl aus der Vergangenheit, als auch aus der Gegenwart, ganz nach der Art eines Demosthenes[85]. Und insbesondere fehlt es nicht an Beispielen aus der griechischen Kultur und Philosophie, seien sie dem politisch-militärischen oder sozial-ethischen oder dem philosophisch-kosmologischen Bereich entnommen. So wird zunächst auch die große Disziplin und Ordnung im römischen Heer vor Augen geführt, die schon so manche Menschen aus fremden Völkern tief beeindruckt hat.

Das Beispiel des Paulus in seinem 1. Brief an die Gemeinde in Korinth muss Clemens ermutigt haben, in diesem Zusammenhang zur klassischen Bildung der Griechen zurückzugreifen. Paulus hatte den Korinthern die bekannte Geschichte vom Streit zwischen den Teilen des menschlichen Körpers erzählt. Die Körperteile weigerten sich, ihre besonderen Funktionen im Ganzen des menschlichen Körpers zu erfüllen, bis sie einsehen mussten, dass sie alle Teile ein und desselben Körpers sind und nur als solche existieren können. Diese Fabel hatte Menenius Agrippa (ca. 540–492 v. Chr.) dem Volk in Rom erzählt, als es die Stadt verlassen hatte und auf den Mons Sacer (den „Heiligen Berg“) ausgewandert war, weil es nicht länger mit den Patriziern zusammen leben wollte. Durch diese Fabel hatte Menenius das Volk dazu gebracht, in die Stadt zurückzukommen. Diese Geschichte findet sich bei Livius (59 v. Chr. – 17 n. Chr., römischer Geschichtsschreiber zur Zeit des Augustus), aber auch bei mehreren griechischen Historikern. Sie scheint auf den Vortrag eines griechischen Sophisten über die Eintracht zurückzugehen:

85 Demosthenes war einer der bedeutendsten altgriechischen Redner. Von 346–324 v. Chr. war er der führende Staatsmann in Athen

Der erste Brief des Apostels Paulus an die Christen in Korinth, Kapitel 12
Ein Körper – viele Glieder

12 Denkt zum Vergleich an den ‚menschlichen' Körper! Er stellt eine Einheit dar, die aus vielen Teilen besteht; oder andersherum betrachtet: Er setzt sich aus vielen Teilen zusammen, die alle miteinander ein zusammenhängendes Ganzes bilden. Genauso ist es bei Christus. 13 Denn wir alle – ob Juden oder Nichtjuden, Sklaven oder Freie – sind mit demselben Geist getauft worden und haben von derselben Quelle, dem Geist Gottes, zu trinken bekommen[86], und dadurch sind wir alle zu einem Leib geworden. 14 Und wie jeder Körper besteht dieser Leib aus vielen Teilen, nicht nur aus einem. 15 Wenn der Fuß behaupten würde: »Weil ich nicht die Hand bin, gehöre ich nicht zum Körper!«, würde er trotzdem nicht aufhören, ein Teil des Körpers zu sein. 16 Und wenn das Ohr behaupten würde: »Weil ich nicht das Auge bin, gehöre ich nicht zum Körper!«, würde es trotzdem nicht aufhören, ein Teil des Körpers zu sein. 17 Wenn der ganze Körper nur aus Augen bestünde, wo bliebe dann das Gehör? Wenn er nur aus Ohren bestünde, wo bliebe der Geruchssinn? 18 Tatsache jedoch ist, dass Gott, entsprechend seinem Plan, jedem einzelnen Teil ‚eine besondere Aufgabe' innerhalb des Ganzen zugewiesen hat. 19 Was wäre das schließlich für ein Körper, wenn alle Teile dieselbe Aufgabe hätten? 20 Aber so ist es ja nicht. Es gibt einerseits viele verschiedene Teile und andererseits nur einen Körper. 21 Das Auge kann nicht einfach zur Hand sagen: »Ich brauche dich nicht!« oder der Kopf zu den Füßen: »Ich brauche euch nicht!« [22–24] 25 Es darf nämlich im Körper nicht zu einer Spaltung kommen; vielmehr soll es das gemeinsame Anliegen aller Teile sein, füreinander zu sorgen. 26 Wenn ein Teil des Körpers leidet, leiden alle anderen mit, und wenn ein Teil geehrt wird, ist das auch für alle anderen ein Anlass zur Freude.

Wie alle Politiker zuvor beruft sich Clemens außerdem auch noch auf die Ordnung und das friedliche Zusammenspiel im Universum, vom Schöpfer als Vorbild gesetzt für das Zusammenleben der Menschen. Auch dieses Argument kann zurückverfolgt werden bis zu den Phoenissae des Euripides (ca. 480–406 v. Chr., einer der drei größten griechischen Tragödiendichter). Es gibt hinreichende Hinweise darauf, dass Clemens dafür Anleihen bei den Stoikern macht. Dort wird die Eintracht als die Herrin über die ganze Welt gepriesen, angefangen bei der faszinierenden Ordnung im Universum bis hin zum staunenswerten Sozialwesen der Bienchen und der kleinen Ameisen. Die Bereiche, in denen offensichtlich Einheit herrscht, reichten für damalige Begriffe also vom Makrokosmos bis zum Mikrokosmos, und umfassten dazwi-

86 Vergleiche Johannes 4,14; 7,37–39.

schen eben auch den Bereich des Menschen mit seiner politischen und sozialen Ordnung.

Der Name „Kirche“ leitet sich ab von griechisch *ekklesia*, das war die Bürgerversammlung im griechischen Stadtstaat. So leiteten sich wiederum auch die Ideale zur Ordnung des neuen christlichen sozialen Gefüges von den bereitliegenden Idealen aus der politischen Gesellschaft ab.

In Korinth, der Hauptstadt der Provinz Achaia, wie Griechenland amtlich in der römischen Verwaltungssprache hieß (neben Mazedonien), stritten die Träger der unterschiedlichsten Geistesgaben miteinander: Lehrer, Propheten, Wundertäter, Krankenheiler, Zungenredner, Ausleger der Zungenrede, Helfer, Regierer (so in etwa in der Lutherübersetzung von 1956). In Rom dagegen war Ordnung ganz großgeschrieben; deshalb sah man sich genötigt, etwas zu unternehmen gegen die egoistischen Individualisten dieser griechischen Stadt:

1. Korinther-Brief, Kapitel 12, Verse 4–11

4 **Es gibt viele verschiedene Gaben, aber es ist ein und derselbe Geist, ‚der sie uns zuteilt‘.**

5 **Es gibt viele verschiedene Dienste, aber es ist ein und derselbe Herr, ‚der uns damit beauftragt‘.**

6 **Es gibt viele verschiedene Kräfte, aber es ist ein und derselbe Gott, durch den sie alle in ‚uns‘ allen wirksam werden.**

7 **Bei jedem zeigt sich das Wirken des Geistes ‚auf eine andere Weise‘, aber immer geht es um den Nutzen ‚der ganzen Gemeinde‘.**

8 **Dem einen wird durch den Geist die Fähigkeit geschenkt, Einsichten in Gottes Weisheit weiterzugeben. Der andere erkennt und sagt mit Hilfe desselben Geistes, was in einer bestimmten Situation zu tun ist.**

9 **Einem dritten wird – ebenfalls durch denselben Geist – ‚ein besonderes Maß an‘ Glauben gegeben, und wieder ein anderer bekommt durch diesen einen Geist die Gabe, Kranke zu heilen.**

10 **Einer wird dazu befähigt, Wunder zu tun, ein anderer, prophetische Aussagen zu machen, wieder ein anderer, zu beurteilen, ob etwas vom Geist Gottes gewirkt ist oder nicht. Einer wird befähigt, in Sprachen zu reden, ‚die von Gott eingegeben sind,‘ und ein anderer, das Gesagte in verständlichen Worten wiederzugeben.**

11 Das alles ist das Werk ein und desselben Geistes, und es ist seine freie Entscheidung, welche Gabe er jedem Einzelnen zuteilt.

Paulus führt hier alle Gaben des Heiligen Geistes an, die er auf dem Hintergrund der damaligen Gemeinde in Korinth meinte, erwähnen zu müssen:

1. Einsichten in Gottes Weisheit
2. Einsichten, was in einer bestimmten Situation zu tun ist
3. Ein besonderes Maß an Glauben
4. Die Gabe, Kranke zu heilen
5. Die Gabe, Wunder zu tun
6. Die Gabe, prophetische Aussagen zu machen
7. Die Gabe zu beurteilen, ob etwas vom Geist Gottes gewirkt ist
8. Die Gabe, in Sprachen zu reden, die von Gott eingegeben sind
9. Die Gabe, das Gesagte in verständlichen Worten wiederzugeben

Diese „Gabenliste“ im 1. Korintherbrief (geschrieben ungefähr in der Zeit **52–55** n. Chr.) muss charakteristisch für die Gemeinde in Korinth gewesen sein, denn im Römerbrief (**55/56/57** n. Chr.) sieht die Gabenliste auffällig anders aus:

Römer-Brief, Kapitel 12, Verse 4–8

4 Es ist wie bei unserem Körper: Er besteht aus vielen Körperteilen, die einen einzigen Leib bilden und von denen doch jeder seine besondere Aufgabe hat.

5 Genauso sind wir alle – wie viele ‚und wie unterschiedlich‘ wir auch sein mögen – durch unsere Verbindung mit Christus ein Leib, und wie die Glieder unseres Körpers sind wir einer auf den anderen angewiesen.

6 Denn die Gaben, die Gott uns in seiner Gnade geschenkt hat, sind verschieden. Wenn jemand die Gabe des prophetischen Redens hat, ist es seine Aufgabe, sie in Übereinstimmung mit dem Glauben zu gebrauchen.

7 Wenn jemand die Gabe hat, einen praktischen Dienst auszuüben, soll er diese Gabe einsetzen. Wenn jemand die Gabe des Lehrens hat, ist es seine Aufgabe zu lehren.

8 Wenn jemand die Gabe der Seelsorge hat, soll er anderen seelsorgerlich helfen. Wer andere materiell unterstützt, soll es uneigennützig tun. Wer für andere Verantwortung trägt, soll es nicht an der nötigen Hingabe fehlen lassen. Wer sich um die kümmert, die in Not sind, soll es mit fröhlichem Herzen tun.

1. Prophetisches Reden
2. Praktischer Dienst
3. Die Gabe des Lehrens
4. Die Gabe der Seelsorge
5. Materielle Unterstützung
6. Verantwortung für andere
7. Kümmern um Menschen in Not

Beiden Listen gemeinsam ist: Prophetisches Reden. Andere, wohl für die Korinther markante Gaben wiederholt Paulus im Brief an die Römer nicht, und zwar die Gabe der Krankenheilung, die Gabe, Wunder zu tun und die Gabe der Sprachenrede und die Gabe, die Sprachenrede zu dolmetschen.

Was den Römerbrief betrifft, so schrieb Paulus diesen an die Gemeinde in der „Welthauptstadt", die er selbst nicht gegründet hatte und die er noch nicht einmal aus eigener Anschauung, sondern nur vom Hörensagen kannte. So geht Paulus hier nicht auf spezielle Probleme einer speziellen Gemeinde ein, sondern stellt seine ganze Theologie umfassend und gut strukturiert dar (es ist auch der längste Brief des Paulus, deshalb rückte er in der Bibel an den Anfang). Man spricht deshalb gerne vom Römerbrief als dem „Testament des Paulus", in dem er schreibt, was er der ganzen Christenheit als das Wichtigste, bedeutsam für praktisch alle Gemeinden, hinterlässt. Prophetisches Reden (z. B. als Hören auf die Stimme Gottes und infolgedessen inspirierte Verkündigung) gehört offensichtlich dazu (es taucht auch später im Epheserbrief wieder auf). Krankenheilung, Wundertun und Sprachengebet gehören offenbar nicht zwingend dazu.

Arne Kopfermann schreibt in seiner „geistlichen Lebensreise" zum Stichwort „Worte in Zungen": „Paulus spricht in 1. Kor 14 und 15 ausführlich über den Übersetzungsprozess, geistliche Wahrheiten für Außenstehende verständlich zu machen. Für mich ist 1. Kor 14, 19 dafür zu einem Schlüsselsatz geworden: „Ich will in der Gemeinde lieber fünf Worte reden mit meinem Verstand, damit ich auch andere unterweise, als zehntausend Worte in Zungen.""[87]

87 Arne Kopfermann: Warum ich kein Charismatiker mehr bin – Stationen einer geistlichen Lebensreise. https://www.arnekopfermann.de/neuigkeiten/, Abschnitt 4

Im Brief an die Epheser (60–62 n. Chr.) schließlich beschränkt Paulus die direkt genannten Gaben noch mehr:

Epheser-Brief, Kapitel 4, Verse 11–13

11 **Er ist es nun auch, der ‚der Gemeinde' Gaben geschenkt hat: Er hat ihr die Apostel gegeben, die Propheten, die Evangelisten, die Hirten und Lehrer.**

12 **Sie haben die Aufgabe, diejenigen, die zu Gottes heiligem Volk gehören, für ihren Dienst auszurüsten, damit ‚die Gemeinde', der Leib von Christus, aufgebaut wird.**

13 **Das soll dazu führen, dass wir alle in unserem Glauben und in unserer Kenntnis von Gottes Sohn zur vollen Einheit gelangen und dass wir eine Reife erreichen, deren Maßstab Christus selbst ist in seiner ganzen Fülle.**

1. Apostel
2. Propheten
3. Evangelisten
4. Hirten und Lehrer

Der deutlich spätere Epheserbrief erlaubt einen Blick auf die weitere Entwicklung der Christenheit, wie der in Rom inhaftierte Paulus sie sah. Für Paulus ist nicht die Gabe (Charisma), die jedem individuell vom heiligen Geist verliehen ist, wichtig, sondern dass sie ihm verliehen wurde, damit er sie so gut wie möglich zum Nutzen der ganzen Gemeinde verwende: **Bei jedem zeigt sich das Wirken des Geistes ‚auf eine andere Weise', aber immer geht es um den Nutzen ‚der ganzen Gemeinde'.**[88] Diese Differenzierung von speziellen Fähigkeiten, die ein einzelner Bürger hat und der Einsatz dieser Fähigkeiten für die Gesamtgesellschaft findet sich auch schon im antiken politischen Denken, und zwar von Anfang an. Man konnte also praktisch darauf warten, dass dieses Problem bei der Konstituierung der frühen christlichen Gemeinden auch wieder auftrat – spätestens wenn es zu ernsthaften Streitereien kam.

Clemens von Rom versäumt in seinem Brief an die Christen in Korinth auch nicht den Hinweis auf Petrus und Paulus, ausgezeichnete

„Ein vielfach geschlossenes System mit für Außenstehende nur schwer verständlichem Sprachjargon", Absatz 2 (gefunden am 2. April 2020).

88 1. Korinther-Brief, Kapitel 12, Vers 7, s.o.

Beispiele für Glaubensgehorsam, und zwar Gehorsam bis in den Tod. Und nicht zuletzt auf Christus selbst, der Gott gehorsam war bis in den Tod am Kreuz. Zwar hat bei Clemens der Glaube die gleiche Bedeutung und das gleiche Gewicht wie bei Paulus, aber daneben tritt mit besonderer Betonung die Bedeutung christlich motivierter Taten, in den Formulierungen nicht unähnlich denen im Jakobus-Brief:

Jakobus-Brief, Kapitel 2, Vers 17

Genauso ist es mit dem Glauben: Wenn er keine Taten vorzuweisen hat, ist er tot; er ist tot, weil er ohne Auswirkungen bleibt.

Aus diesem Denken des Clemens bzw. der Gemeinde in Rom resultiert letztendlich ein ganzer christlicher Tugend-Katalog, der den moralischen Lehren der Stoiker vielleicht eher gleicht, als dem Denken des Paulus im Römerbrief. Doch auch bei Paulus finden sich – in den Briefen an seine engsten Mitarbeiter, also an Einzelpersonen, aber nicht nur – Anklänge an eine christliche „Ethik“:

Der Brief des Apostels Paulus an Titus, Kapitel 1

6 ‚Für das Ältestenamt‘ kommt nur jemand von unbestrittener Integrität in Frage, der seiner Frau treu ist und dessen Kinder gehorsam sind und nicht durch ungehöriges und rebellisches Verhalten Anlass zur Klage geben. 7 Ja, weil ein Gemeindeleiter ein von Gott eingesetzter Verwalter ist, muss er ein untadeliges Leben führen. Er darf nicht selbstherrlich sein, nicht jähzornig, nicht alkoholsüchtig, nicht gewalttätig und nicht darauf aus, sich zu bereichern. 8 Vielmehr soll er gastfreundlich sein, das Gute lieben, sich verantwortungsbewusst und korrekt verhalten, sich in allem von der Ehrfurcht vor Gott leiten lassen und sich durch Selbstdisziplin auszeichnen.

Der Brief des Apostels Paulus an die Christen in Galatien, Kapitel 5:

19 Im Übrigen ist klar ersichtlich, was die Auswirkungen sind, wenn man sich von der eigenen Natur beherrschen lässt: sexuelle Unmoral, Schamlosigkeit, Ausschweifung, 20 Götzendienst, okkulte Praktiken, Feindseligkeiten, Streit, Eifersucht, Wutausbrüche, Rechthaberei, Zerwürfnisse, Spaltungen, 21 Neid, Trunkenheit, Fressgier und noch vieles andere, was genauso ‚verwerflich‘ ist. Ich kann euch diesbezüglich nur warnen, wie ich es schon früher getan habe: Wer so ‚lebt und‘ handelt, wird keinen Anteil am Reich Gottes bekommen, dem Erbe, das Gott für uns bereithält.

22 Die Frucht hingegen, die der Geist Gottes hervorbringt, besteht in Liebe, Freude, Frieden, Geduld, Freundlichkeit, Güte, Treue, 23 Rücksichtnahme

und Selbstbeherrschung. Gegen solches ‚Verhalten' hat kein Gesetz etwas einzuwenden.

Auch von den Juden in der Zerstreuung in Rom dürfte Clemens Zustimmung dazu bekommen haben. Konnte doch das Judentum als eine strenge Form von Gesetzestreue definiert werden, so z. B. bei Josephus (ca. 37 – ca. 100 n. Chr., römisch-jüdischer Geschichtsschreiber, neben Philon der wichtigste Autor des hellenistischen Judentums).

Die christlichen Gemeinden in Rom bestanden zunächst nur aus hellenisierten Juden und wurden von diesen auch mindestens bis zum Ende des 1. Jahrhunderts n. Chr. mitgetragen, also Juden mit griechischer Bildung, die Christen wurden. Die Verbindung der Juden zwischen Jerusalem und Rom war damals sehr intensiv, so dass man in Rom jede „neue Strömung des Judentums" in Jerusalem über kurz oder lang direkt mitbekam. Und Christen gab es in Rom nachweislich schon, bevor Paulus nach Europa herüberkam (49 n. Chr., Philippi). Denn im gleichen Jahr (oder bereits 41 n.Chr.) wurden durch ein entsprechendes Edikt des Kaisers Claudius Christen aus Rom ausgewiesen.[89]

Am Schluss wendet sich Clemens wieder dem Wort „Erziehung" bzw. „Bildung" zu, womit er seinen ganzen Brief als einen Akt christlicher Erziehung hinstellt. Diese muss ihm als eine Rechtfertigung seiner Aktion erschienen sein. Und unter diesem Aspekt müssen auch die Briefe der Apostel, die später als ein Teil des Neuen Testaments gesammelt wurden, gesehen worden sein. Für einen Mann von griechischer Erziehung und Bildung muss sich das Wort „Erziehung" (bzw. „Bildung") ganz natürlich für Sinn und Zweck des Briefes aufgedrängt haben. Biblische Belege (in unserem „Altes Testament") gab es reichlich, und diese werden im Schlussteil des Briefes auch reichlich angeführt. Die Septuaginta spricht oft von Erziehung; sie meint damit die Züchtigung des Sünders, die eine Umkehr zu Gott herbeiführen soll. Clemens führt den Bedeutungshorizont dieses Wortes weit über diesen ursprünglichen Sinn hinaus, auf dem Hintergrund seiner eigenen griechischen Erziehung und gleichzeitig auch die der Leser. In diesem Sinn

89 so auch in Rainer Riesner: die Frühzeit des Apostels Paulus. Siehe auch: Peter Lampe, Die ersten christlichen Gemeinden Roms, in: ROM – Stadt der frühen Christen, Welt und Umwelt der Bibel 1/2020.

sprachen der Epheserbrief und einige andere Stellen in den apostolischen Schriften, die zu seiner Zeit in den christlichen Gemeinden in hohem Ansehen standen, von der „Erziehung des Herrn". Dieses Wort muss Clemens im Sinn haben, wenn er an verschiedenen Stellen gegen Ende seines Briefes von der Erziehung Gottes oder der Erziehung Christi als der großen schützenden Macht im Leben der Christen spricht.

Um 170 n. Chr. wird der Brief des Clemens aus Rom vom Bischoff Dionysius in Korinth zitiert. Bis dahin sind Teile des Briefes in Korinth regelmäßig in den Gottesdiensten vorgelesen worden. Dionysius von Korinth nennt auch erstmals Clemens von Rom als Verfasser, er wird in diesem Brief nicht namentlich als Autor genannt, vermutlich als Zeichen der Demut, auf die er die Geschwister in Korinth ja verpflichten möchte. Diese konnten sicher auch das Hohelied der Liebe des Paulus auswendig:

1. Korinther-Brief, Kapitel 13
Die Liebe – größer als alle Gaben

**[1] Wenn ich mit Menschen- und mit Engelszungen rede, aber keine Liebe
habe, so bin ich ein tönendes Erz, eine lärmende Zimbel. [2] Und wenn ich
die Gabe prophetischer Rede habe und alle Geheimnisse kenne und alle Er-
kenntnis besitze und wenn ich allen Glauben habe, Berge zu versetzen,
aber keine Liebe habe, so bin ich nichts. [3] Und wenn ich all meine Habe
verschenke und meinen Leib dahingebe, dass ich verbrannt werde,[90] aber
keine Liebe habe, so nützt es mir nichts. [4] Die Liebe hat den langen Atem,
gütig ist die Liebe, sie eifert nicht. Die Liebe prahlt nicht, sie bläht sich
nicht auf, [5] sie ist nicht taktlos, sie sucht nicht das ihre, sie lässt sich nicht
zum Zorn reizen, sie rechnet das Böse nicht an, [6] sie freut sich nicht über
das Unrecht, sie freut sich mit an der Wahrheit. [7] Sie trägt alles,[91] sie glaubt
alles, sie hofft alles, sie erduldet alles. [8] Die Liebe kommt niemals zu Fall:
Prophetische Gaben – sie werden zunichte werden; Zungenreden – sie wer-
den aufhören; Erkenntnis – sie wird zunichte werden. [9] Denn Stückwerk ist
unser Erkennen und Stückwerk unser prophetisches Reden. [10] Wenn aber
das Vollkommene kommt, dann wird zunichte werden, was Stückwerk ist.
[11] Als ich ein Kind war, redete ich wie ein Kind, dachte wie ein Kind, über-
legte wie ein Kind. Als ich aber erwachsen war, hatte ich das Wesen des
Kindes abgelegt. [12] Denn jetzt sehen wir alles in einem Spiegel, in rätselhaf-**

90 Andere Textüberlieferung: "... und meinen Leib dahingebe, um mich zu rühmen, ..."

91 Andere Übersetzungsmöglichkeiten: "Sie erträgt alles, ..." oder: "Sie deckt alles, ..."

ter Gestalt, dann aber von Angesicht zu Angesicht. Jetzt ist mein Erkennen Stückwerk, dann aber werde ich ganz erkennen, wie ich auch ganz erkannt worden bin. [13] Nun aber bleiben Glaube, Hoffnung, Liebe, diese drei. Die grösste unter ihnen aber ist die Liebe.

Der letzte Teil des Clemens-Briefes fasst das Ganze noch einmal zusammen und schließt mit einem großen Gebet. Er appelliert bei den Korinthern an diese göttliche Liebe, die Paulus bereits 40–50 Jahre vorher in all ihren Facetten beschrieben hat: „Nehmt noch einmal den Brief des Apostels Paulus hervor und begreift, wie das große Ideal, das er der alten unerschütterlichen Kirche der Korinther vor Augen hält, durch das schamlose Verhalten von ein oder zwei Leuten aufs Spiel gesetzt worden ist, ein Verhalten, das guter christlicher Zucht/Erziehung/Bildung unwürdig ist." Das Streben nach gemeinsamem Wohl und nicht der Egoismus war das oft wiederholte oberste Gebot der gesellschaftlichen Ordnung der Griechen. Clemens nimmt dies auf, führt es aber im Sinn der christlichen Liebe weiter. Dieser Liebe widmet auch er ein ganzes Kapitel. Dann macht er noch einmal Gebrauch von der ältesten Methode der griechischen Erziehungstradition und führt viele Beispiele an. Er braucht seine Leser nur kurz an sie zu „erinnern", denn sie kennen die christlichen Schriften und die heidnische Geschichte gleich gut. In den Stellen aus dem Alten Testament hat „Erziehung" die engere Bedeutung des hebräischen Wortes für Züchtigung, aber Clemens gebraucht die Wendung „Erziehung Gottes" für das Endergebnis aller Zitate der schriftlichen Überlieferung, und dies entspricht dem Sinn des Wortes im Griechischen. In gleicher Bedeutung begegnet es in

2. Timotheus-Brief, Kapitel 3, Verse14–16

[14] Du jedoch sollst an der Lehre festhalten, in der du unterwiesen worden bist und von deren Glaubwürdigkeit du dich überzeugen konntest. Du kennst ja die, die dich gelehrt haben,

[15] und bist von Kind auf mit den heiligen Schriften vertraut, aus denen du alle Wegweisung bekommen kannst, die zur Rettung nötig ist – zur Rettung durch den Glauben an Jesus Christus.

[16] Denn alles, was in der Schrift steht, ist von Gottes Geist eingegeben, und dementsprechend groß ist auch der Nutzen der Schrift: Sie unterrichtet in der Wahrheit, deckt Schuld auf, bringt auf den richtigen Weg und erzieht zu einem Leben nach Gottes Willen.

Mithilfe der viel bewunderten allgemeingültigen griechischen Bildung wurde also eine ganz neue christliche Bildung entwickelt. Bemerkenswert ist, dass dieser Prozess von einer Gruppe christlicher Schriften ausgeht, nämlich dem

Epheser-Brief,
Hebräer-Brief,
2. Timotheus-Brief (siehe oben)
und dem Clemens-Brief an die Korinther.

Epheser-Brief, Kapitel 6, Verse 1–4

1 **Ihr Kinder, gehorcht euren Eltern! So möchte es der Herr, dem ihr gehört; so ist es gut und richtig.**

2 **»Ehre deinen Vater und deine Mutter!« – das ist das erste Gebot, das mit einer Zusage verbunden ist,**

3 **mit der Zusage: »Dann wird es dir gut gehen, und du wirst lange auf dieser Erde leben.«**[92]

4 **Und ihr Väter**[93]**, verhaltet euch euren Kindern gegenüber so, dass sie keinen Grund haben, sich gegen euch aufzulehnen; erzieht sie mit der nötigen Zurechtweisung und Ermahnung, wie der Herr es tut.**

Hebräer-Brief, Kapitel 12, Verse 5–6

5 **Außerdem dürft ihr jenes ermutigende Wort in der Schrift nicht vergessen, das an euch als Gottes Kinder gerichtet ist. »Mein Sohn«, heißt es dort, »lehne dich nicht dagegen auf, wenn der Herr dich mit strenger Hand erzieht! Lass dich nicht entmutigen, wenn er dich zurechtweist!**

6 **Denn wen der Herr liebt, den erzieht er mit ‚der nötigen' Strenge; jeden, den er als seinen Sohn annimmt, lässt er auch seine strafende Hand spüren.«**[94]

Der Begriff einer „Bildung" ist keineswegs auf die „heidnische" Welt dieser Zeit beschränkt, sondern ist außerordentlich lebendig auch bei Juden und Christen. Man kann sich auf ihn als etwas für alle leicht Verständliches beziehen, wenn auch Christen und Juden sich dabei wohl dachten, sie könnten und müssten zur Frage nach der wahren Bildung das Wichtigste erst noch beisteuern. So tritt das alte griechi-

92 2.Mose 20,12; 5.Mose 5,16.
93 Das griechische Wort für Väter kann auch Eltern bedeuten.
94 Sprüche 3,11.12.

sche Ideal in ein neues Zeitalter seines Lebens ein, indem das Christentum davon Besitz ergreift und es für seine neuen Ziele abwandelt.

Clemens von Rom nimmt in seinem Brief Wesentliches aus einer großen philosophischen Tradition und aus anderen heidnischen Quellen hinein in diese umfassende Vorstellung einer göttlichen Erziehung. Diese allgemeinen Wahrheiten und Aussagen griechischer Dichter und Denker übernimmt er in seine christliche Erziehung als überzeugende Argumente und um seinem Werk den deutlichen Charakter einer Erziehung, allerdings jetzt einer christlichen Erziehung zu geben. Auf diese Weise will er seinen „Rat" den fehlgeleiteten korinthischen Geschwistern leichter annehmbar machen. Dieses Dokument der „Neuen Bildung" hat darüber hinaus bis heute überlebt. Dies ist sicher auch dem Thema und der Absicht des Verfassers zu verdanken: Er dankt Gott in seinem schönen Schlussgebet dafür, dass er Christus zu uns Menschen gesandt hat, „durch den Du uns erzogen und geheiligt und uns geehrt hast."

3.2 Der Logos im 2. Jahrhundert n. Chr.: Apologie, Glaube und Vernunft[95]

Die Entwicklung der christlichen Literatur kann man vereinfachend so sehen: Am Anfang war sie für Christen und werdende Christen bestimmt, sie war also mehr oder weniger ein innerchristliches Unterfangen. Sie konnte den christlichen Glauben bereits voraussetzen und auf ihm aufbauen und diesen begeistert weiter ausführen. Aber ab Mitte des 2. Jahrhunderts war es notwendig, sich an Nichtchristen, an die Verfolger der Christen, zu wenden und den christlichen Glauben nach außen zu verteidigen. Diese Apologie (Verteidigung) brauchte einen anderen Aufbau und eine andere Gestalt als die frühere christliche Literatur. Denn der christliche Glaube war ja bei der apologetischen Literatur auf der Seite der Adressaten nicht vorhanden, deshalb war eine neue gemeinsame Basis für Sender und Empfänger der diesbezüglichen Nachricht notwendig. Man musste, um in eine wirkliche Kom-

95 Ein Überblick hierzu findet sich bei Werner Jaeger: Das frühe Christentum und die griechische Bildung.

munikation einzutreten, allgemein nachvollziehbare, vernünftige Gründe für den Glauben angeben. Zwei literarische Formen wurden bevorzugt: Einerseits die lehrhafte Abhandlung, aber auch der „Dialog“ war sehr beliebt. Ein Bespiel ist „Der Dialog mit Trypho“ von Justin, dem Philosophen und Märtyrer (100–165 n. Chr.). Allerdings wurden Fragen dem Gegner nicht mehr nur pro forma in den Mund gelegt, nur als Aufhänger zur Formulierung des eigenen Standpunkts oder um den Standpunkt des anderen durch Gegenargumente widerlegen zu können. Es ging nun vielmehr darum, einander wirklich zu verstehen. Die optimale Basis dafür war das allen gemeinsame Verständnis von griechischer Vernunft und Philosophie. Denn die Apologeten richteten sich nicht in erster Linie an die breite ungebildete Bevölkerung, sondern an die Gebildeten. Wenn diese als „Männer mit hoher Bildung“ angesprochen wurden, war das keine Schmeichelei, sondern damit war die philosophische Absicht deutlich kenntlich gemacht. Einige dieser Schriften waren sogar namentlich an die römischen Kaiser gerichtet, z. B. Justins „Apologie“ mit der Anrede „Fromme Männer und Philosophen“ oder „Liebhaber der Bildung“. Denn mit Hadrian (röm. Kaiser 117–138), Antoninus Pius (138–161) und Mark Aurel (161–180) saßen philosophisch gebildete Männer auf dem Thron, Mark Aurel gilt sogar als der letzte bedeutende Stoiker.

Der Gegenstand der Verteidigung war nicht zuletzt, dass die Christen Kannibalen seien, da sie Fleisch und Blut ihres menschlichen Gottes äßen, dass sie Atheisten seien, da sie sich standhaft der Staatsreligion verweigerten und die verordneten Volksgötter nicht anbeteten. Dies alles „gipfelte“ darin, dass sie sogar ablehnten, ihren Kaiser anzubeten, eine staatspolitische Pflicht eines jeden Bürgers des römischen Reichs. Und dies kam dem Versuch einer politischen Rebellion und Revolution gleich.

Bei der Apologie des christlichen Glaubens kamen dessen Verfechtern die Möglichkeiten der philosophischen Argumentation zu Hilfe. Durch alle Schriften Justins ziehen sich die Parallelen zwischen Sokrates und Jesus. Und dass der Unglaube an die alten Götter so alt wie die griechische Philosophie selbst war. Ganz besonders heftige Angriffe auf die Götter Homers und Hesiods hatte der Philosoph Xenophanes geführt und damit hat er die neue philosophische „Theologie“ scharf abgegrenzt von dem alten volkstümlichen Polytheismus (siehe oben

Abschnitt **1.4.2**). Und hatte nicht Sokrates bereits den Tod eines Märtyrers für seine neue Auffassung vom Göttlichen erlitten? Er war der Prototyp des leidenden Gerechten, genauso wie einige Gestalten des Alten Testaments, die auf das Kommen Christi hinweisen sollten, wie z. B. Isaak, der beinahe von seinem Vater Abraham geopfert wurde, als Gehorsamsprüfung und als Zeichen auf Jesus hin, oder wie z. B. Joseph, der von seinen Brüdern fast ermordet wurde, und der dann später seine Sippe in Ägypten vom Hungertod errettete, oder wie Mose, der sein Volk zwar noch nicht aus der Knechtschaft der Sünde, aber immerhin aus der Knechtschaft in Ägypten herausführte, Josua, der das Volk Israel ins verheißene Land führte, und so weiter. Die Stoiker hatten gelehrt, dass der göttliche Verursacher der Welt der Logos war, der alles Seiende durchdrang. Dieser Logos, schon von Sokrates andeutungsweise vorweggenommen, war in Christus als Mensch erschienen. So sagt es das Vierte Evangelium, denn hier zeigt sich Christus als Gottes Werkmeister bei der Schöpfung der Welt, oder eben als gezeugter Erstling, gezeugt vor der dann in Kooperation geschaffenen Welt. Justin erzählt in seinem „Dialog", wie er sich seit frühester Jugend zur griechischen Philosophie hingezogen fühlte. In der Tat hatte er sich mit einem ihrer Systeme nach dem andern beschäftigt, weil keines ihn vollständig befriedigen konnte, bis er endlich die Antwort auf seine Frage nach der Wahrheit im Christentum fand und sich schließlich zum Christentum bekehrte, der „allein zuverlässigen und brauchbaren Philosophie". Er legte, auch als Christ, sein Selbstbild des griechischen Philosophen nicht ab, weil ihm das Christentum als die absolute Philosophie galt. Dieser ganze Fragenkomplex ist nicht nur für Justin, sondern weithin für seine Zeitgenossen eine philosophische Angelegenheit gewesen. Das überrascht nicht, wenn man bedenkt, womit ein Grieche den jüdisch-christlichen Monotheismus vergleichen konnte. Denn da entdecken wir in der griechischen Gedankenweilt eine Entsprechung allein in der Philosophie. Als die Griechen erstmals in Alexandrien auf den jüdischen Glauben trafen – das geschah im dritten Jahrhundert vor Christus, nicht lange nach Alexander dem Großen- da sprechen die griechischen Autoren, die uns ihre ersten Eindrücke von der Begegnung mit dem jüdischen Volk hinterlassen haben, ständig von den Juden als einer „philosophischen Menschenart". Später wurde die jüdische Religion eine Philosophie genannt, und nicht allein von den hellenistischen Griechen: hellenisierte Juden hatten von ihnen gelernt, sich selbst und ihre Religion mit griechischen Augen zu sehen. So unterscheidet Josephus, als er auf die religiösen „Sekten" (bzw. Parteien) der Juden zu sprechen kommt, drei „philosophische" Schulen unter ihnen: die Sadduzäer, die Pharisäer und die Essener. Ähnlich hat auch Philon häufig von der „urväterlichen Philosophie" der Juden oder von ihren Gesetzen und Gewohnheiten als von der „Philosophie des Mose" gesprochen.

Sie meinen damit natürlich, dass die Juden schon immer eine bestimmte Vorstellung vom universalen göttlichen Grundprinzip der Welt (von dem Logos) besaßen, während die griechischen Philosophen dazu erst in jüngster Zeit (spätestens mit Heraklit) gelangt waren. So diente die Philosophie als Plattform für die ersten Versuche eines engeren Kontaktes zwischen Ost und West zu einer Zeit, als die griechische Zivilisation unter Alexander ostwärts wanderte, und möglicherweise schon vorher.

An der geistigen Welt der Griechen konnte auch der hochbegabte, intelligente Fremde teilhaben und sich in ihr mit Leichtigkeit bewegen. Sie glaubten einander verstehen zu können, und sie schienen Erfolg damit zu haben. Vielleicht wären die biblischen Schriften der Juden niemals übersetzt worden und die Septuaginta niemals zustande gekommen, hätten nicht die alexandrinischen Griechen gemeint, darin das Geheimnis dessen zu finden, was sie respektvoll die „barbarische" Philosophie nannten: Der christliche Apologet Justin sagt beim Vergleich der Erscheinung des göttlichen Logos in Sokrates und Christus, dass Sokrates unter den Griechen das offenbarte, was Christus, als der Logos in ihm Menschengestalt angenommen hatte, unter den „Barbaren" (den Nicht-Griechen) lehrte. Dahinter steht der neue Gedanke der „einen Welt", der einen Menschheit, den Alexander der Große durch seine Politik nach der Eroberung des Perserreiches verbreitet hatte. Plutarch (um 45–125 n. Chr., griechischer Schriftsteller) vergleicht den makedonischen König Alexander den Großen, der nach der Eroberung des Perserreichs und der bekannten Welt bis nach Indien quasi die Völker der ganzen (bekannten) Welt in einem Universal-Staat vereinigte, mit dem stoischen Philosophen Zenon, der nach Plutarch in der Theorie dasselbe wollte. Für die Griechen gilt allgemein der als vollkommener Philosoph, der nicht nur das vollkommene Wissen besitzt, sondern es auch in seinem Leben praktisch anwendet und umsetzt. Von diesem Standpunkt aus konnte man sagen, Alexander, der Mann der Tat, sei sogar ein größerer Philosoph als Zenon gewesen.

Für uns ist Philon von Alexandria der Prototyp des jüdischen Philosophen im Vollbesitz der griechischen Tradition. Aus ihrem reichen Begriffsschatz und aus ihren literarischen Mitteln schöpft er mit vollen Händen, um sich durchzusetzen, nicht bei den Griechen, sondern bei seinen jüdischen Landsleuten. Das ist wichtig, zeigt es doch, dass alles Verstehen, selbst unter Nicht-Griechen, das verbindende Medium des griechischen Denksystems benötigte. Es war unentbehrlich insbesondere für die Erörterung der religiösen Fragen, weil die Philosophie in dieser Zeit für die Griechen die Aufgabe der natürlichen Theologie übernommen hatte. Philons Werke verdanken ihre Erhaltung aber nicht der jüdischen, sondern der griechischen Überlieferung. Jedoch wurde er nicht als Bestandteil der weltlichen Literatur der Griechen erhalten, sondern zusammen mit den griechischen „Kirchenvätern" und der kirchlichen Literatur. Er war für die christliche Theologie von größtem Interesse.

Aristoteles hatte im Gefolge der entschiedenen Neigungen des späten Platon seine „erste Philosophie" als Theologie entworfen. Aber der Ansatz zur philosophischen Religion, neben Physik und Kosmologie, ist im griechischen Denken, mehr oder weniger entwickelt, seit den Anfängen da gewesen. Seitdem Aristoteles ihren Vorrang erklärt hatte, kann sie in jedem System der griechischen Philosophie, dem platonischen, stoischen, ja auch dem epikureischen, mit alleiniger Ausnahme der Skeptiker, gefunden werden. Im „Dialog" Justins des Märtyrers begegnet der Jude (mit griechischer Erziehung) Trypho einem griechischen Philosophen, er sagt zu ihm: „Ich sehe, du bist ein Philosoph" und setzt deshalb voraus, dass er sich mit Gott und dem Problem der Theologie befasse. Das bestätigt ihm der andere ohne weiteres. Also ist die Vorstellung vom Philosophen als einem Mann, der sich mit Gott beschäftigt, in der Mitte des zweiten Jahrhunderts n. Chr. ganz gebräuchlich. Trypho sagt weiter: „Ist nicht alles Bemühen der Philosophen auf Gott gerichtet und beschäftigen sich ihre Untersuchungen nicht ständig mit der Lenkung des Universums und mit der Vorsehung, oder ist es nicht die Aufgabe der Philosophie, das Problem des Göttlichen zu untersuchen?" Und der griechische Philosoph streitet das nicht ab, sondern hält es für selbstverständlich.

Das Christentum wurde in dieser Zeit als Philosophie gehandelt, und zwar wegen seiner Ethik und Kosmologie, besonders aber wegen seiner Theologie. So urteilte nicht nur der jüdische, sondern ebenso der heidnische Beobachter. Darum fängt man damals in der heidnischen Literatur an, christliche Ansichten zu erwähnen. Noch Tacitus (römischer Historiker, 56–120 n. Chr.) hatte die Christen als eine fanatische politische Gruppe im jüdischen Volk angesehen, das sich gegen die römische Vorherrschaft in einem mit der Zerstörung Jerusalems unter Titus endenden Aufstand empört hatte. Auch noch Marc Aurel spricht von den christlichen Märtyrern als von religiösen Fanatikern. Er hätte ihre Tapferkeit und Standhaftigkeit, den Tod durch die wilden Tiere im Kolosseum zu erleiden, gern bewundert, wenn sie ihm nicht so theatralisch vorgekommen wären. Ein anderer berühmter Zeitgenosse, der heidnische Arzt und Philosoph Galen (130–210 n. Chr.), nennt sowohl die Juden, als auch die Christen Philosophen. Er vergleicht die Kosmologie des Mose mit der Epikurs und Platons, dessen Timaeus er bevorzugt, weil Platon sich nicht ausschließlich mit dem Willen des Schöpfers beschäftigte, mit dem göttlichen „fiat" (es werde.../es geschehe...), sondern ein ganzes buntes Gemälde des göttlichen Schaffens entwirft, und so den Kunstsinn und die Vernunft dieses Griechen viel eher befriedigt. In seinem Bericht über die Philosophie der Christen tadelt Galen ihre Abhängigkeit vom „Glauben". Dieser stellt für ihn ein rein subjektives Element dar und steht für die fehlende wissenschaftliche Begründung ihrer ganzen „Philosophie". Celsus, ein Zeitgenosse Galens, zieht ebenfalls dem Verlass auf „bloßen" Glauben kritisches Nachdenken vor. Ähnlich Lukian. Alle drei griechischen Schriftsteller zeigen die typische Reaktion des griechischen Geistes auf das jüdische und christliche Zutrauen in den Glauben. Sie gehören alle zum zweiten Jahrhundert, der Zeit, in der die schnelle Ausbreitung des Christentums in der griechisch-römischen Welt ihre geistigen Führer zwang, sich der neuen Lage zu stellen, wenn sie sie auch nur unter den Bedingungen ihrer eigenen großen Tradition aus einer auf Vernunft aufgebauten Geisteshaltung sehen konnten. Darum musste ihnen „Glaube" vor allem auch als Schwäche erscheinen.

Das Problem „Glaube und Vernunft" war noch nicht auf der Tagesordnung, außer bei dem nichtgriechischen christlichen Apologeten, dem Afrikaner Tertullian (155 -220 n. Chr. in Karthago im heutigen Tunesien). In seinen Beweisen gegen die Götter und abergläubischen Vorstellungen der Heiden ist Tertullian ganz und gar abhängig von seinen griechischen christlichen Vorgängern, die ihrerseits ihre Argumente von den griechischen Philosophen übernommen hatten. Aber er teilt ihre Ansicht nicht, dass das Christentum selbst eine Philosophie sei: „Was hat Athen mit Jerusalem zu tun … ?", so ruft er, „… und was die Akademie mit der Kirche?" Spätere lateinische christliche Schriftsteller werden argumentieren, dass immer irgendein Glaube Voraussetzung der menschlichen Entscheidungen ist – und das gilt auch für alle Philosophien im engeren Sinn.

Tertullian unterscheidet scharf zwischen der christlichen Religion als Glauben und der Philosophie als einer rein rationalen Haltung. Die Überlegenheit des Glaubens über die Vernunft besteht für ihn gerade in seinem über-rationalen Charakter. Damit nimmt er Entwicklungen des lateinischen Christentums vorweg, Erscheinungen von größter Wichtigkeit und ganz verschieden von der griechischen Auffassung. Die Griechen halten sich stets für die Unterstützung durch die Vernunft offen; dagegen betont der Römer mit Nachdruck erstens das persönliche Moment bei der Annahme des christlichen Glaubens und zweitens die überpersönliche Rolle der Autorität.

Diese grundsätzliche Verschiedenheit im Verhältnis der Römer und Griechen zu dem Problem der religiösen Gewissheit zeigte sich nicht erst beim Auftreten des Christentums. Sie begegnet schon mit Bezug auf die römische Religion und Tradition bei Cicero (römischer Politiker und Philosoph 106–43 v. Chr.). Zunächst legen die Epikureer und Stoiker dar, was ihre philosophischen Systeme zu dem Problem beizutragen haben. Dann lehnt der Wortführer, philosophisch ein Skeptiker, aber zugleich Pontifex Maximus (Oberster Priester) des römischen Staates, ihre für das Dasein und die Natur der Götter vorgebrachten Vernunftbeweise ab. Weil sie auf dem Grundsatz logischer Kritik aufgebaut seien, erklärt er sich für außerstande, sie als Voraussetzung seiner religiösen Haltung anzunehmen. Für ihn käme allein die Annahme der Religion in Frage, auf die der römische Staat sich gründe, anders ausgedrückt: die Autorität der Tradition. Die Namen seiner Vorgänger im hohen Amt des ersten Priesters von Rom stellen das dar, was die lateinische Sprache Autorität nennt. Auf dieser Grundlage kann der Skeptiker alle Beweise der griechischen Philosophen für das Dasein der Götter ablehnen, ohne seine Stellung als Pontifex und als Verteidiger des römischen Glaubens zu gefährden. Diese echt römische Antwort des Cicero nimmt die spätere Entwicklung vorweg, denn das Problem tauchte wieder auf, nachdem der christliche Glaube an die Stelle der alten heidnischen Götter getreten war.

Doch zurück zu den griechischen Apologeten. Sie waren, wie gesagt, weniger radikal in ihren Zweifeln gegenüber Philosophie und Vernunft. Der einzige, der im Osten Tertullians Haltung teilte, war der Ostsyrer Tatian (gestorben 170 n. Chr.). Er schrieb griechisch wie alle andern und besaß griechische Bildung. Aber er glaubte nicht an ihre Ideale. Er war griechisch erzogen worden, aber dann wurde er Christ. Er studierte in Rom unter Justin, aber er teilte sichtlich, bei aller Bewunderung für ihn, seine Hochachtung für griechische Philosophie und Kultur nicht. Es war sein Stolz, sich zu einer „Barbarischen Weisheit" zu bekennen, der er zuerst begegnete, als er das Alte Testament las. Er bewunderte die einfältige Weisheit und Sprache und wandte sich von der in Sophistik[96] versunkenen rhetorischen Erziehung und Schreibweise der Griechen ab und nannte sich „ein Professor der barbarischen Philosophie". Aber offenbar kam sein Hass gegen alles Griechische aus tieferen Gründen als diesen und hatte rassistische Wurzeln. Er tadelte heftig die Richtung, in der sich das Christentum seiner Zeit entwickelte: die Zukunft hinge nicht davon ab, dass die Christen sich stufenweise der griechischen Kultur anpassten, sondern verlange von ihnen die unverfälschte Reinerhaltung ihres barbarischen Gottesdienstes. Justin erscheint geradezu als ein Leuchtturm von Bildung im Vergleich mit diesem Vorkämpfer des Anti-Hellenismus. Tatian kann jedoch nicht allein gestanden haben. Nach dem östlichen Vormarsch des Hellenismus während der ersten Jahrhunderte musste eine heftige Reaktion des Ostens folgen. Das Vordringen des jüdischen und des christlichen Glaubens war ein Teil davon. Aber diese untransformierte Form der Reaktion hatte nur schwache Aussichten, in Ländern wirk-

96 Die Sophisten waren eine Gruppe von Männern mit besonderen Kenntnissen, vor allem der Kunst des Lehrens und des Redens. Die Blütezeit ihres Wirkens war etwa von 450–380 v. Chr. gewesen.

lich Fuß zu fassen, die tiefer vom Hellenismus durchdrungen waren; und so dies noch zeitweilig gelungen schien, dauerte es nicht lange an. Andererseits gab es genug Anlass, aus christlicher Perspektive über die Rolle der göttlichen Vorsehung in der Geschichte ins Nachdenken zu kommen. Hatte Gott sich nur den Juden durch Gesetz und Propheten offenbart? Hatte nicht schon Paulus im Römerbrief den Beitrag heidnischer Weisheit hinsichtlich der Wahrheit anerkannt?

Römer-Brief, Kapitel 2, Verse 12–16
Für Juden und Nichtjuden gilt derselbe Maßstab

12 **Wenn die, die das Gesetz Gottes nicht kennen, sündigen, werden sie wegen ihrer Sünde verloren gehen, ohne dass das Gesetz dabei eine Rolle spielt. Und wenn die sündigen, die das Gesetz Gottes kennen, werden sie aufgrund dieses Gesetzes verurteilt werden.**

13 **Denn vor Gott sind nicht die gerecht, die hören, was das Gesetz sagt; für gerecht erklären wird Gott vielmehr die, die tun, was das Gesetz sagt.**

14 **Wenn nun Menschen, die nicht zum jüdischen Volk gehören und mit dem Gesetz Gottes daher nicht in Berührung gekommen sind, von sich aus so handeln, wie es das Gesetz fordert, dann ist dieses Gesetz, auch wenn sie es nicht kennen, offensichtlich ein Teil von ihnen selbst.**

15 **Ihr Verhalten beweist, dass das, was das Gesetz fordert, ihnen ins Herz geschrieben ist. Das zeigt sich auch im Urteil ihres Gewissens und am Widerstreit von Anklagen und Rechtfertigungen in ihren Gedanken.**

16 **Der Tag des Gerichts wird das alles bestätigen, der Tag, an dem Gott durch Jesus Christus auch über die verborgensten Dinge im Leben der Menschen sein Urteil sprechen wird. So lehrt es das Evangelium, das mir anvertraut ist.**

Allerdings erkannte Paulus den Beitrag heidnischer Weisheit keineswegs direkt als eine andere Seite von Gottes Offenbarung an. Und trotzdem kann man fragen: Haben die Griechen ihren bedeutsamen Weg in der Geschichte unabhängig von dem Erziehungsplan der göttlichen Vorsehung zurückgelegt? Solche Fragen waren damals Türöffner, durch die die griechische Kultur und Bildung in die Kirche eindrangen und sich mit ihrem Leben und ihrer Lehre verbanden. Das Zeitalter der großen Denker und Lehrer des alten Christentums brach an.

3.3 Der Logos im 3. Jahrhundert n. Chr.: Glaube und Philosophie[97]

Die Entwicklung der Geschichte des Christentums in den ersten Jahrhunderten kann man vereinfachend als fortschreitende Vermittlung ihrer Grundlagen und Inhalte an die Menschen in der Umgebung sehen. Als Bild dafür könnte man die immer wieder neue Übersetzung der biblischen Schriften aus der Ursprache in die jeweils aktuelle moderne gesprochene und auf Anhieb verstehbare Sprache auch der nicht speziell vorgebildeten Menschen der jeweiligen Zeit gebrauchen. Es geht dabei um nicht weniger als darum, immer umfassender das Interesse am christlichen Glauben bei immer mehr Menschen zu wecken und auf eine feste, nachvollziehbare Basis zu stellen.

Begonnen hat das damit, dass die Evangelisten Matthäus und Markus auf die ältesten mündlichen oder schriftlichen Berichte über die Worte und Taten von Jesus zurückgriffen. Im weiteren Entstehungsprozess dieser beiden Evangelien erfolgte eine Übersetzung aus der aramäischen Ursprache ins Griechische und es wurde alles in seine heutige Ordnung gebracht. Einen weiteren Schritt tat Lukas, ein Schriftsteller mit besserer griechischer Schulbildung. Er brachte das Evangelien-Material mit seinen eigenen höheren Ansprüchen in Einklang. Aber die Sammlung und Übersetzung und Ordnung der Worte und Taten von Jesus Christus war nur ein erster Schritt. Es ging nicht nur um eine möglichst treue Textüberlieferung, sondern auch darum, die tiefere Bedeutung der christlichen Frohen Botschaft zu erfassen: „Wer ist Jesus?“ und „Welche göttliche Vollmacht besaß er?“ Die Antworten bewegten sich zunächst innerhalb des jüdischen Rahmens von Gesetz und Propheten, sowie innerhalb der messianischen Überlieferung Israels. Aber bald wurde der Versuch unternommen, sie für griechische Ohren verständlich zu machen, um ihre Aufnahme in der hellenistischen Welt zu ermöglichen. Dafür war noch eine weitere Stufe der Vermittlung oder „Dolmetschung“ notwendig. Die Apologeten des zweiten Jahrhunderts waren Männer mit achtbaren Kenntnissen. Und jetzt brauchte das Christentum den Dienst jener gebildeten Persönlichkeiten, die sich in dem kulturellen Klima von Alexandria, dem Mittel-

97 Ein Überblick hierzu findet sich in Werner Jaegers „Das frühe Christentum und die griechische Bildung“.

punkt der hellenistischen Welt, bewegten. Ost und West waren sich dort begegnet und konkurrierten miteinander, seitdem Alexander der Große die Stadt gegründet hatte. Dort versuchte Philon, der jüdische Philosoph, in der Zeit von Jesus und Paulus in zahlreichen griechisch geschriebenen Werken zu zeigen, dass seine hebräische Religion in der Sprache der griechischen Philosophie dargestellt und verstanden werden konnte. Er rechtfertigte sie vor dem Forum der Vernunft, und so war es nicht ohne bedeutsame Vorgeschichte, als zwei Jahrhunderte später die hellenistische und christliche Überlieferung einander begegneten. Wenn das Verhältnis bis dahin eher ein Nebeneinander war, so blieb nun die direkte geistige Auseinandersetzung miteinander unausweichlich. Die berühmtesten Beispiele dafür im dritten Jahrhundert sind die Bücher des christlichen Theologen Origenes und des Neuplatonikers Porphyrius. Voraussetzung dafür war die Entstehung einer echt wissenschaftlichen Haltung und einer philosophischen „Theologie" auf christlicher Seite, was erst eintreten konnte, als christlicher Glaube und griechische philosophische Überlieferung in ein und demselben Individuum zusammenkamen. Das war der Fall bei Clemens von Alexandria und seinem großen Schüler Origenes. Die Vereinigung der beiden Welten in diesen Persönlichkeiten brachte ein außerordentlich vielseitiges Zusammenspiel von Griechentum und Christentum hervor.

Man muss sich die Frage stellen, warum das Christentum als Nachkömmling des Spätjudentums eine so völlige Umformung auf sich nahm, oder warum die alte griechische Kultur in ihrem Endzustand sich diesen orientalischen Glauben aneignete, obwohl er ihr so fremd war. Bei der Antwort geraten sowohl der klassische Philologe, wie der christliche Theologe in große Erklärungsnot.

Man vergisst dabei leicht, dass Athen, wo Paulus bei seinem Gang durch die Straßen auf Schritt und Tritt der Gottesfurcht im Volk begegnet, mit fast denselben Worten wie von Sophokles (bedeutender altgriechischer Tragödiendichter, 5. Jahrhundert v. Chr.) in seinem Ödipus geschildert wird.

In dieser Stadt besaß die Frömmigkeit tiefe Wurzeln. Monotheistische Vorstellungen hatten sich aus der Philosophie in den alten Glauben eingeschlichen, schließlich waren sie zur Zeit des Paulus schon über fünf Jahrhunderte alt und bis zum Mann auf der Straße durchgedrungen.

Das griechische Erbe als reine, in sich ruhende philosophische Kultur gab es nicht (mehr), als das Christentum seine eigene Auffassung vom Menschen und von Gott und der Welt der griechischen Zivilisation anbot. Andererseits könnte ein heutiger Christ mit einer ausgeprägten theologischen Überzeugung, egal ob sie nun von Thomas von Aquin oder aus der Reformation stammt, sich seinen Glauben kaum vorstellen ohne diese aus den ersten Jahrhunderten stammenden wesentlichen zentralen Gedanken des Christentums. Das Ergebnis darf man nicht als ein typisches Beispiel der religiösen Vermischung abtun, von denen es in diesen frühen Jahrhunderten sehr viele gab. Gewisse Grundbegriffe der Griechen erlebten dadurch in Zeiten des Verfalls neue Stärke. Aber auch für das Christentum bedeutete die schöpferische Berührung mit den bleibenden Ideen der griechischen Überlieferung eine Stärkung ihrer eigenen Universalität (Allgemeingültigkeit, Globalität, „Katholizität“). Diesen Anspruch hatte das Christentum von Anfang an erhoben: den Anspruch auf universal gültige Wahrheit. Er musste sich an den einzigen geistigen Werten messen, die Universalität beansprucht und erlangt hatten, denen der griechischen Kulturwelt rund um das Mittelmeer. Der Traum Alexanders wurde nun (im Nachhinein) Wirklichkeit: zwei universale Systeme, griechische Kultur und christliche Kirche, befruchteten einander. Denn es wäre falsch anzunehmen, dass die Hellenisierung des Christentums in diesem Augenblick eine einseitige Angelegenheit gewesen wäre. Sie erfolgte nicht ohne Befriedigung der inneren (religiösen) Bedürfnisse des griechischen Menschen dieser Zeit, dessen inneres Auge von den Philosophen (vor allem von Platon), ihren Führern auf dem Weg zur geistigen Höhe, fort von der sinnlich-stofflichen Wirklichkeit zu einer immateriellen Welt, gelenkt wurde, die unsichtbare Welt hinter der sichtbaren Wirklichkeit.

Unter solchen Voraussetzungen wurden Clemens von Alexandria und Origenes die Begründer einer christlichen Philosophie, die nicht nur aus dem bestand, was die früheren heidnischen Denker Theologie genannt hatten. Das neue war, dass sie nicht Ergebnis unabhängigen menschlichen Wahrheitssuchens war, sondern von der göttlichen Offenbarung in einem Buch, der Bibel, herrührte. Aber auch das war nicht ganz neu. Philon hatte etwas Ähnliches mit der jüdischen Religion gemacht und die Stoiker hatten auch schon die alten griechischen Mythen allegorisch ausgelegt. Der tiefste Vorwurf der zeitgenössischen heidnischen Philosophen gegen das Christentum war dessen mythologischer Charakter. So begann denn Origenes mit seinem lebenslangen Versuch, die Bibel von der Stufe ihres buchstäblichen Sinnes auf die Höhe geistlicher Bedeutung zu heben. Damit rettete er das, was wir die christliche Bildung nennen können, und ihre Begründung in der Bibel, wie die Stoiker dasselbe mit Homers Theologie getan hatten. Er schrieb Kommentare über die meisten wichtigen Bücher des Alten Testaments und über viele des Neuen Testaments, nicht ohne seine philosophische Theologie mit dem genauesten sprachlichen Studium der biblischen Texte zu verknüpfen. Sein Vorgänger Clemens kann noch als letzter und bedeutendster Apologet gelten, deshalb unterscheidet sich sein Schrifttum von dem des Origenes erheblich. Origenes wendet erstmalig die üblichen griechischen wissenschaftlichen Stilarten in der christlichen Literatur an: die kritische Ausgabe, den Kommentar mit Textkritik und Exegese (Auslegung), das Scholion (die gelehrte Abhandlung), den Dialog. Er hält dieses Schrifttum streng getrennt von seinen Predigten mit ihrem erbaulichen Charakter.

Clemens schwankt zwischen schroff polemischen Äußerungen mit völliger Ablehnung des religiösen Wertes der älteren heidnischen Kultur und einer gelegentlichen gerechteren kulturellen Wertung ihrer historischen Verdienste. Wenn er etwas vor sich hat, was er nur schwer begrüßen, aber unmöglich abstreiten kann, z. B. die geistige Bedeutung von Platons Philosophie, dann muss er entweder behaupten, alles sei von Mose entlehnt und Platon sei ein „attischer [Athenischer] Mose", oder er muss zugeben, dass sie „das Alte Testament der Heiden" sei, selbst wenn ein historischer Zusammenhang zwischen beidem nicht vorhanden ist. Als überzeugter Christ kann Clemens nicht glauben, dass die griechischen Philosophen, wenn sie einen Teil der Wahrheit erkennen konnten, dies aus Zufall und ohne göttliche Fügung gekonnt hätten. Sein theologisches Nachdenken führt ihn zu einem Plan in der Entwicklung des menschlichen Geistes. Philosophie ist die unvollkommene Vor-Erziehung, der christliche Glaube aber ist die vollkommene Erziehung, die göttliche Erziehung.

Origenes nimmt die Gedanken des Clemens auf und entwickelt sie weiter. Seine Denkarbeit besteht nicht in der Verknüpfung des christlichen Glaubens mit einem einzelnen philosophischen System, wie dem Platonismus oder dem Stoizismus, oder in einer Mischung beider, sondern in einer grundlegenden Perspektive auf die Geschichte eines Zeitalters, in dem die klassische Kultur der Griechen und die christliche Kirche sich gegenseitig einander anpassten. Die intensive Berührung des christlichen Glaubens mit dem griechischen Gedankenerbe ließ die Menschen lebhaft empfinden, dass beide Traditionen viel Gemeinsames besaßen, betrachtete man sie von einem höheren Standpunkt aus. Wir haben diesen Gedanken schon viel früher in der Rede des Paulus in Athen in der Apostelgeschichte vorweggenommen gesehen, einem Buch mit einer weiten Schau der Geschichte (siehe **2.2** „Griechische Bildung im Neuen Testament"). Aber erst jetzt kommt er zu seiner vollen Verwirklichung.

Das Denken des Origenes läuft auf eine echte Geschichtsphilosophie hinaus, die auf dem Boden des klassischen Griechenlands niemals gedeihen konnte. Denn die Griechen waren in jener Periode nur mit sich und mit keiner der anderen Kulturen beschäftig. Mit Herodot kamen sie einer Philosophie – oder besser Theologie – der Geschichte am nächsten, aber im ganzen waren sie mehr an dem typischen Aufstieg des Menschen von einer archaischen Stufe zu höherer Kultur interessiert als an einem Nachdenken über den geschichtlichen Aufbau des menschlichen Geistes und seiner Entwicklung. Sie versuchten das Werden der Kultur im Rahmen eines Kausalitätsdenkens (Prinzip von Ursache und Wirkung, nach Demokrit) oder vom Standpunkt der „Teleologie" (der Anschauung, dass Entwicklungsprozesse zweck- und zielorientiert ablaufen) aus darzustellen. Beispielsweise wird die zweckmäßige Ordnung der Welt nach der transzendenten Auffassung des Heraklit durch das Wirken einer zwecksetzenden und sinngebenden Weltkraft, dem Logos, hergestellt. Das konnte einen Christen nicht befriedigen. Er hatte eine grundsätzlich abweichende Vorstellung von der Entstehung der Welt (die Welt als Schöpfung), und das hatte zur notwendigen Folge eine Geistes- und Kulturphilosophie, die auf einen Plan in der Welt der Geschichte aus war, wie es eine göttliche Planung in der Welt der Natur gab. Das geschichtliche Denken des Christen musste der ständig wachsenden Koordination und Zusammenarbeit der verschiedenen Menschenarten unter dem christlichen Glauben Rechnung tragen. Die Griechen hatten die Vorstellung von einer zukünftigen Einheit des Menschengeschlechts unter griechischer Bildung. Sie erscheint bei Isokrates im frühen vierten Jahrhundert v. Chr. und schien nach Alexanders Eroberung des Ostens Wirklichkeit geworden zu sein. Isokrates billigt hier Athen zu, was er *philosophia* und *paideia* nennt, das unablässige Streben nach Weisheit und Erkenntnis, sowie die höhere Bildung oder Kultur, die das Ergebnis davon ist. Davon leitet er den Besitz des *logos* her, der den Weisen von dem Ignoranten unterscheidet. Dann zieht er seine Folgerungen aus diesen Voraussetzungen: „Und unsere Stadt hat die übrige Menschheit in Hinsicht auf Verstand und Rede so weit überflügelt, dass ihre Schüler die Lehrer von allen anderen geworden sind. Der Name „Grieche" bezeichnet nicht mehr den besonderen Menschenschlag, sondern den geistigen Rang. „Alle, die an unserer Bildung teilnehmen, werden mit besserem Recht „Griechen" genannt als die, die mit uns nur die physisch-ethnische Natur gemeinsam haben." Auf der Grundlage dieser internationalen Kultur wurde jetzt das Christentum zur neuen Erziehung bzw. Bildung mit ihrer Quelle im göttlichen Logos selbst, dem Logos, der die Welt geschaffen hatte. Griechen und Barbaren (= Nicht-Griechen) waren beide seine Werkzeuge.

Origenes' Hang zur Philosophie war keine rein akademische Angelegenheit. Er steht im Gegensatz zu dem tiefen Pessimismus bei zahllosen nachdenklichen Menschen, die sich niederdrücken ließen, wenn sie die Mächte des Bösen überall in der Welt über das Gute triumphieren sahen. Gegen diese Flut von Mutlosigkeit stand Platon wie ein Fels in der Brandung mit seiner Überzeugung, dass das Samenkorn des Guten in jedem Ding stecke und sogar in der Natur des Seins selbst. Die Idee des Guten ist die Ursache von Erkenntnis und Sein. Einzig was er das gutartige Element in allen Dingen nennt, „ist" wirklich. Auf diesem Fundament konnte man eine christliche Welt errichten und es rechtfertigen, wenn der Schöpfer seinem eigenen Werk Beifall spendete und es „sehr gut" nannte. Aber wie kann man diese Behauptung mit der anderen gleichstarken Überzeugung bei Juden und Christen vereinigen, dass die menschliche Natur sündig sei? Das war noch schwieriger für alle, die glaubten, Christus sei gekommen, die Welt zu erlösen, und doch zugeben mussten, dass die Menschen auch nach ihrer Erlösung fortfuhren zu sündigen. War Gott allmächtig, warum war er der Sünde nicht zuvorgekommen, indem er den Menschen vollkommen und schuldlos schuf? Warum war es notwendig für Gott, vom Himmel herabzusteigen und Mensch zu werden, um seinen Fehler, dass er die menschliche Übertretung nicht gleich von Anfang an ausgeschlossen hatte, wiedergutzumachen?

Die Philosophie hatte gelehrt, des Menschen Würde bestehe in seinem freien Willen. Den mussten natürlich die bestreiten, die an das Böse als eine unabhängige, sich ausbreitende Macht in der Welt und in der Tiefe der menschlichen Natur glaubten. Die Christen nahmen ihrerseits an, dass des Menschen Wille nicht mehr so frei war, wie er es gewesen ist, als er vollkommen aus der Hand des Schöpfers hervorging. Aber sie konnten andererseits nicht zugeben, es sei, selbst nachdem durch den Fall Adams die Reinheit seiner Natur verdunkelt worden war, unmöglich für ihn geworden, zwischen Gut und Böse zu wählen und sich für das Gute zu entscheiden.

Origenes hat den Menschen als sittlich frei handlungsfähig konzipiert. Darum konnte er es sich nicht vorstellen, Gottes Schöpfungswerk wäre vollkommener, wenn er den Menschen ohne diese zu seinem Wesen gehörige Eigenschaft gelassen hätte, der Fähigkeit zur freien Wahl des Guten um seiner selbst willen. So wurde seine platonische und stoische Ansicht zum Ausgangspunkt für seinen ganzen Entwurf der menschlichen Geschichte. Alles hängt von der Fähigkeit des Menschen ab, zu erkennen, was das Gute ist, und es vom Schlechten zu unterscheiden. Das bedeutet in der Sprache Platons, alles hängt von der Fähigkeit des Menschen ab, das wirklich Gute zu trennen von dem bloßen Schein des Guten, das Wahre vom Falschen, das Sein vom Nichtsein. Von daher war für Platon die Philosophie zur Bildung geworden, zur Erziehung des Menschen. Genau so verstand Origenes das Christentum. Es war die größte Erziehungsmacht in der Geschichte und befand sich in wesenhafter Übereinstimmung mit Platon und der Philosophie. So wurden Platon und die Philosophie für Origenes die mächtigsten Verbündeten in seinem damaligen Kampf für das Christentum.

Die nächste Frage war, wie dieser Plan einer Erziehung und einer in Stufen vor sich gehenden Befreiung des menschlichen Willens mit Christus zusammenhing. Für Origenes war Christus der große Lehrer, und von da aus erlaubte ihm seine Sicht des Christentums als Erziehung der Menschheit, sich eng an die Schrift zu halten und an die Schilderung von Jesus in den Evangelien. Aber Jesus ist kein Lehrer mit nur menschlicher Ausstattung: in ihm hat sich der göttliche Logos verkörpert. Darin liegt der große Unterschied des Christentums von aller bloß menschlichen Philosophie, dass er das Kommen des Logos zu den Menschen nicht nur als menschliche Bemühung, sondern als Vorgang aus göttlicher Initiative darstellt. Aber hatte nicht Platon in seinem letzten großen Werk, den „Gesetzen", gelehrt, der Logos sei das goldene Bindeglied, durch das der Gesetzgeber und Lehrer und sein Werk mit dem göttlichen Nus (Weisheit) zusammenhängen? Hatte er nicht den Menschen in ein Universum gesetzt, das in seiner vollkommenen Ordnung und Harmonie ein ewiges Vorbild für das menschliche Leben ist? Der Kosmos in Platons „Timaeus" machte die Erziehung des Menschen möglich, denn sie verlangte für ihre Verwirklichung einen Kosmos und kein Chaos. In seinen „Gesetzen" gibt es eine Aussage, die alle Worte in diesem Werk über die richtige, auf Gott als ihre letzte Quelle bezogene Erziehung verknüpft: „Gott ist der Pädagoge des Universums". Der Sophist Protagoras hatte einst erklärt, der Mensch sei das Maß aller Dinge, und hatte damit alle Erziehung relativiert. Platon dreht diese berühmte Behauptung um und verbessert sie in die Aussage, Gott sei das Maß aller Dinge. Für Origenes ist Christus der Erzieher, der diese erhabenen Ideen in die Wirklichkeit überträgt. Aber die Erlösung durch Christus ist für ihn kein einmaliges historisches Ereignis. So einzigartig ihre Bedeutung ist, es gehen ihr viele Schritte von ähnlicher Art voraus: Zuerst die Schöpfung selbst, die den Menschen zum Bilde Gottes machte; und nach dem Fall Adams ist da der lange Zug der Propheten Israels, der großen Philosophen Griechenlands und der weisen Gesetzgeber. Durch sie alle hat Gott „gesprochen", wenn wir einen so anthropomorphen (menschenähnlichen) Ausdruck gebrauchen wollen. Die Stoiker hatten den Begriff der *pronoia* eingeführt, einer göttlichen Vorsehung, die für die Welt und die Menschen sorgt. Sie sahen den Beweis dafür in der Natur des ganzen Kosmos. Seine ewigen Gesetze offenbaren den alles Sein durchdringenden göttlichen Logos. Origenes findet den Beweis für den Logos und für die Vorsehung in der Geschichte der Menschheit und entwirft ein Gemälde der Geschichte, das die biblische Geschichte und die griechische Geistesgeschichte in engster Verbindung zeigt. Erziehung/ Bildung also ist die in Stufen fortschreitende Erfüllung der göttlichen Vorsehung.

Das freie Eingehen späterer großer Theologen auf die griechische Tradition im vierten Jahrhundert n. Chr.[98] wird von deren Zeitgenossen viel getadelt werden; der Vorwurf jener Christen an den Kirchenlehrer Gregor von Nyssa: Er trüge eine fremde Philosophie in die Bibel hinein! Und es ist interessant, wie diese Theologen ihre eigene Haltung verteidigen werden: Wie Mose die Weisheit der Ägypter, in die er eingeweiht wurde, nicht nur lernte, sondern sie auch in Gebrauch nahm, so hält es die gegenwärtige Kirche (im 4. Jahrhundert n. Chr.) mit der klassischen griechischen Kultur. Gregor von Nyssa: Sie sollte benutzt werden für die „innere Ausschmückung" der Kirche mit den Schmuckstücken der Heiden. Gregors „Leben des Mose" war wohl hauptsächlich eine Antwort auf diese Anklage. Augustinus machte sich später sowohl den Gedanken von dem hohen Wert der klassischen Kultur, wie den ihrer Ableitung von dem Beispiel des Mose zu eigen.

Zurück ins 3. Jahrhundert und zu Origenes: Der Bildungs-Begriff hatte im griechischen Denken jahrhundertelang eine zentrale Stellung, und deshalb war er in seiner höchsten philosophischen Form auch für Origenes von grundlegender Bedeutung.

Die „Bildung" wird für ihn der Schlüssel zur wahren Verwandtschaft zwischen Christentum und griechischer Kultur. Es ist der bis dahin größte Versuch, die Kultur im griechischen Verständnis des Wortes dem Christentum einzuverleiben und das Christentum und seine geschichtliche Aufgabe in der griechischen philosophischen Begrifflichkeit auszudrücken. Dadurch, dass das Christentum diesen zentralen Gedanken aufgriff und ihm ihre eigene Deutung verlieh, erwies es sich als fähig, der Welt mehr als jede andere „religiöse Sekte" zu geben. Sie hörte auf mit der bloßen Selbstverteidigung und bot ihre eigene positive Philosophie als Grundlage für eine Versöhnung der alten und der neuen Welt an. Origenes starb als Märtyrer. Die Zeiten waren noch nicht reif für seine Ideen.

98 …welches in diesem Büchlein ganz bewusst nicht explizit dargestellt wird, siehe auch: Einleitung.

3.4 Aktuelle Einwände[99] gegen griechische Bildung im christlichen Glauben

Durch einen geistesgeschichtlichen Begegnungsprozess ohnegleichen haben griechisches und abendländisches, antikes und christliches Denken sich miteinander verbunden und eine Gipfelleistung in der Geistesgeschichte geschaffen, die mit Recht ehrfürchtige Bewunderung und auch leidenschaftliche Anteilnahme verdient. Hier sind die Geburtsstunden unseres kulturellen und geistigen Lebens festzustellen.

Durch die Renaissance, den Humanismus, die Aufklärung, den Klassizismus und den Neuhumanismus ist das griechische Geistesgut zu einem unablösbaren, integrierenden Bestandteil des Abendländers geworden. Mit Recht eröffnet Bruno Snell sein Buch „Die Entdeckung des Geistes" mit der Feststellung:

„Unser europäisches Denken hebt an bei den Griechen und seitdem gilt es als die geistige Form des Denkens überhaupt. Zweifellos ist diese griechische Form des Denkens für uns Europäer verbindlich, und wenn wir damit Philosophie und Wissenschaft treiben, so löst es sich von allen geschichtlichen Bedingtheiten und zielt auf das Unbedingte und Beständige, auf die Wahrheit, ja, es zielt nicht nur darauf, sondern erreicht es auch, Beständiges, Unbedingtes und Wahres zu begreifen."

Das ist die geistesgeschichtliche Situation. Und es erhebt sich nun die Frage, welchen Anteil das hebräische Denken, aus dem ja schließlich das Neue Testament und die christliche Botschaft und Lehre hervorgegangen sind, in dem großen geistigen Begegnungsprozess zwischen Christentum und Antike gehabt hat. Man sollte erwarten, dass auch dieses Geistesgut sich behauptet und durchgesetzt hat. Das ist aber nicht im zu erwartenden Ausmaß der Fall gewesen. Schon die erste Christenheit geriet so stark in den Bannkreis des griechischen Denkens, dass die wurzelhaften Gegebenheiten des Alten Testamentes häufig mehr und mehr vergessen wurden. Die Tatsache allein, dass das Neue Testament griechisch überliefert worden ist, und auch das Ereignis der in die hellenistische Welt ausgreifenden Missionierung wirkten

99 Hier möchte ich Gedanken aus einem Zeitschriftenartikel („Zur Eigenart des hebräischen Denkens", von Hans-Joachim Kraus) präsentieren.

an dieser Verkümmerung der hebräischen Wurzeln mit. Die spezifisch hebräische Tradition blieb deshalb ein Reservat des Judentums, das im frühen Mittelalter zwar eine großartige Blütezeit erlebte, im geistigen Leben des Abendlandes aber keine entsprechend große Rolle spielte. Hier dominierte das griechisch-christliche Prinzip des Denkens.

Man wird es als ein beklagenswertes Versäumnis betrachten müssen, dass ein so universaler Gelehrter wie der jüdische Philosoph Maimonides (1138–1204) im Abendland nur eine relativ geringe Bedeutung hat. Und auch viele andere Impulse der jüdischen Geisteswelt sind als Seitentriebe im Verborgenen geblieben. Als eine respektgebietende Tat freilich ist es anzusehen, dass der Humanismus bei seinem Vorstoß zu den antiken Quellen auch Interesse am hebräischen Anteil zeigte. Johannes Reuchlin (1455–1522) hat im Anschluss an jüdische Gelehrte eine Grammatik des Hebräischen erarbeitet. Es handelt sich dabei zwar nur um ein spezifisch sprachwissenschaftliches Unternehmen, aber es liegt hier trotzdem ein Ansatz zur Erschließung des hebräischen geistigen Gutes, insbesondere des Alten Testaments, vor. Es dominierte aber die Welt des Griechischen und Lateinischen, vor allem im Zeitalter der Aufklärung und des Klassizismus. Doch darf, wenn das Stichwort „Klassizismus" fällt, nicht vergessen werden, dass der Theologe unter den Klassikern, der Entdecker der mannigfach differenzierten ethnischen Individualität, Johann Gottfried Herder (1744–1803), ein erstes Beispiel für die großartigen Entdeckungsmöglichkeiten in der hebräischen Geisteswelt geboten hat. Herders leider weithin unbekanntes Werk „Vom Geist der hebräischen Poesie" ist zwar vorwiegend an der künstlerischen und psychologischen Seite des Alten Testaments interessiert, aber es ist doch bemerkenswert, wie durch Herder in Weimar neben dem griechisch-römischen Klassizismus Schillers und Goethes auch die Welt des hebräischen Denkens in ihrer Eigenart sich zu Wort meldet.

Die Erforschung des Alten Testaments im 19. und in der ersten Hälfte des 20. Jahrhunderts, aber auch die neue Begegnung mit dem Judentum, die jeder geistig offene und vorurteilsfreie Mensch anstrebt und sucht, stellen uns heute vor die Aufgabe, Grundprobleme des Denkens in der hebräischen und der griechisch-abendländischen Sphäre aufzugreifen und sorgfältig zu behandeln. Es gilt, die Eigenart des hebräischen Denkens zu erarbeiten und zu erkennen.

3.4.1 Hebräische „Ontologie"

Die philosophische Ontologie, die Seinslehre, ist eine höchst charakteristische, einzig aus der griechischen Wurzel zu erklärende geistige Bemühung. Bei den frühen griechischen Denkern werden zum ersten Mal die grundlegenden Begriffe geprägt. Hesiod nennt die vorgefundene Wirklichkeit „*ta onta*": „Das Seiende". Man müsste eigentlich übersetzen „die seienden Dinge". Im Bereich dieser seienden Dinge und Gegebenheiten wird nun die Frage nach „dem Seienden", *to on*, also gleichsam nach dem Substrat, nach „dem Seienden selbst", aufgeworfen. Gibt es in den seienden Dingen, in den Seinsbereichen, so etwas wie ein eigentliches Sein, einen bleibenden Grund, eine *arche*, einen Anfang, ein Prinzip?

Diese Frage tritt in den verschiedensten Formulierungen und Nuancierungen bei den frühen griechischen Denkern immer wieder in den Vordergrund (siehe **Kapitel 1**). Prinzipien und herrschende Strömungen, grundlegend bleibende Faktoren und bestimmende Bewegungen werden in großer Zahl und mit wechselndem Nachdruck als „das eigentlich Seiende" herausgestellt. Immer aber ist der Ausgangspunkt die Wechselbeziehung zwischen „dem eigentlich Seienden" und „den seienden Dingen". Hier liegt das bedeutsame Spannungsfeld der Probleme und die wesentliche Zielrichtung des Denkens. Prinzip und Vielfalt des Seins sind die Gegenstände des Nachdenkens.

Blicken wir nun in den Bereich des hebräischen Alten Testaments, so begegnet uns dort ein ganz andersartiger Seinsbegriff. Das hebräische Verb für „sein": „haja" drückt im Wesentlichen ein „Geschehen", ein „Wirken" aus. Dieses Verb hat vorwiegend einen geschichtlichen Bezug und spricht von Aktion, Bewegung und dynamischem Vorgang. Nur selten finden sich im Alten Testament partizipiale Bildungen, die einen dem Griechischen ähnlichen Charakter hätten. „Es geschah aber …" oder „und es geschah so" sind die typischen Formulierungen, in denen *haja* seine Eigenart eröffnet. Hinter diesem Geschehen aber, das im Alten Testament so bestimmend in den Vordergrund tritt, steht stets „der Veranstalter". Nicht das Wirkende, das Agens, sondern der Wirkende. Der Gott Israels nennt sich selbst *ähejä*. Man hat die Selbstaussage und Selbstbenennung übersetzt mit „Ich bin, der ich bin", oder „Ich werde sein, der ich sein werde". Auch wenn diese Übersetzung nicht richtig ist, zeigt sich sogleich ein bemerkenswerter Unterschied zum griechischen Seinsverständnis. Während der Grieche „das Seiende" als das eigentliche Sein, als Prinzip und bleibenden Grund aller seienden Dinge benennt, heißt es im Hebräischen an entscheidender Stelle: „Ich bin". Richtiger, schärfer müsste man übersetzen: „Ich wirke". Das Alte Testament geht also aus von dem „Ich bin" eines souveränen Herrn, der Geschichte veranstaltet, der Geschehen ins Leben ruft. Das griechische Denken hingegen geht aus von „den seienden Dingen" und forscht nach „dem eigentlich Seienden" als nach dem Prinzip, einem *„on"* – einer abstrakten Urgegebenheit, die in allem wirkt und ist.

Nun könnte man freilich sagen: Dieser Unterschied oder Gegensatz ist in seinem Ansatz insofern inadäquat, als der Grieche es in erster Linie mit dem Kosmos, der geordneten „Naturwelt", zu tun hat, während der Hebräer vorwiegend auf Geschichte, auf Geschichtswelt, sein Augenmerk richtet. Das ist richtig. Aber eben dieses absolut andersartige Grundinteresse prägt im Alten Testament das gesamte hebräische Seinsverständnis. Auch dann, wenn der Hebräer vom „Kosmos", also von der Naturwelt spricht, ist seine Geschichtserfahrung maßgebend. Ja, das Alte Testament kennt im Grunde keinen Kosmos, d. h. es kennt kein komplexes, gegenständliches Ordnungsgefüge, das die Vielzahl seiender Dinge und dann als Prinzip das „eigentlich Seiende" enthält, sondern es geht aus von dem Ich des Schöpfers und berichtet vom Geschehen der Schöpfung. Auch hier ist also Geschichte, Wirken, die entscheidende Kategorie. Ein Seins-Begriff im Sinne der abstrakten Gegebenheit kann im hebräischen Denken nirgendwo zur Geltung kommen. Hier sind das griechische und das hebräische Denken wurzelhaft voneinander verschieden.

Letztendlich in der Scholastik[100] hat nicht das Alte Testament, sondern Aristoteles in der christlichen Lehrbildung den Ausschlag gegeben. Damit ist die Theologie geschichtslos ontologisch geworden. Sie hat sich in diesem Gesichtspunkt von ihren Wurzeln und tragenden Grundlagen „verabschiedet".

100 Die Scholastik ist eine bestimmte Denkweise und Methode der Beweisführung im Mittelalter des 10.-14. Jahrhunderts, in diesem Buch bewusst nicht behandelt.

3.4.2 Hebräische „Ethik"

Eine der bedeutsamsten Erzählungen der griechischen Welt, in der gewisse Grundrichtungen der Ethik in aller Deutlichkeit hervortreten, ist die Geschichte von Herkules am Scheideweg. Zwei Wege liegen vor Herkules. Der Weg der Tugend und der Weg des Bösen, des Lasters. Beide Wege werden eindringlich charakterisiert. Und nun steht Herkules in der Entscheidung. Welchen Weg will er wählen? Dass er wählen und entscheiden kann, ist bereits eine Grundtugend, die im Vermögen des Wissens und Erkennens beschlossen liegt. Der Wissende allein ist der ethisch Qualifizierte. Die „Nichtwissenden" können die Alternative nicht erkennen, sehen die Tragweite der Entscheidungsforderung nicht und meinen daher, auf beiden Wegen zugleich gehen zu können. Die ethische Entscheidung setzt also eine rationale Qualifikation, ein geistiges Urteils- und Entscheidungsvermögen voraus, – eine Einsicht und Übersicht, die nicht jedermann besitzt. In der Tugendlehre des Aristoteles kommt das ganz klar zum Ausdruck. Wer sich für die Tugend entscheidet, tut es kraft seiner Erkenntnis. Erkenntnis und Tugend aber sind mögliche geistige Fähigkeiten des Menschen. Das göttliche Licht seines Seins strahlt hier auf.

Blicken wir in das Alte Testament, so findet sich hier wiederum ein anderer Ansatz. In der Begegnung mit Gott werden dem Menschen ganz bestimmte Wegweisungen gegeben. Es wird der „Eine Weg" des Lebens eröffnet. Auf diesem Weg, – so wird angekündigt – wird die Erfüllung der Existenz in gehorsamer Nachfolge und weiser Umsicht gefunden. Der andere Weg (der von Gottes Thora (Weisung) nicht gewiesene, ausgeschlossene Weg) ist im Lichte der Ein-Weg-Eröffnung der Thora (Gesetz des Mose) der schlechthin ungangbare, unmögliche Weg. Es ist der Weg der Abwendung von Gott, der Weg des Verderbens. Man wird zu beachten haben, dass die sogenannte Entscheidungsfreiheit des Menschen im Alten Testament als Tat einer Wahl zwischen zwei Möglichkeiten eigentlich gar nicht zur Diskussion steht. Die Entscheidung ist im Grunde schon gefallen. Es gibt nur den einen Weg. Im Akt der Wegeröffnung ist schon über die Menschen entschieden; die Weisung als solche hat die Macht, den widerstrebenden, zum Bösen neigenden Menschen mitzunehmen. Der Ruf: „Wählet das Leben!" eröffnet die einzige Lebenswirklichkeit. Freiheit empfängt der

Mensch erst auf diesem Weg – nämlich die Freiheit von der Gewalt des Bösen, die Freiheit von sich selbst und von dem Hang zur Abwendung von Gott.

Es ist sehr merkwürdig, dass das Alte Testament keine Tugendbegriffe kennt, sondern nur sogenannte Korrelationsbegriffe enthält. Diese Einsicht und Erkenntnis ist relativ neu. Im Bann der griechischen Tugendlehre vermochte man die Eigentümlichkeit des Hebräischen nicht zu sehen. Man kann das Wesen des Korrelationsbegriffs an einem Beispiel verdeutlichen. Einer der wichtigsten Begriffe des Alten Testaments ist der Terminus *sedaka*, den man bisher immer mit „Gerechtigkeit" übersetzt hat. *Sedaka* üben – die Forderung verstand man im Sinne der griechischen Mahnung zur Tugend des gerechten Sichverhaltens. Diese Erklärung ist aber völlig unsachgemäß, denn wo immer im Alten Testament der Begriff *sedaka* auftaucht, da handelt es sich um eine Verhaltensweise, die innerhalb einer Wechselbeziehung Ereignis wird. Man übersetzt *sedaka* am besten mit der Umschreibung „gemeinschaftsgemäßes, gemeinschaftstreues Verhalten". Der Mensch lebt (nach hebräischem Denken) in der Wechselbeziehung zu einem anderen. Sein Tun ist von dem anderen her und auf den anderen hin ausgerichtet; es ist auf das Band der Gemeinschaft und die gütigen, fördernden Kräfte des Gemeinschaftslebens ständig bezogen.

Und zwar ist nun beides in der Vorstellung von „gemeinschaftstreuem Verhalten" gemeint: Die Gemeinschaft mit dem anderen Menschen und die Gemeinschaft mit Gott, *sedaka* ist im Grunde bundesgemäßes Verhalten. *Sedaka* bezeichnet die Weise, wie man im Bund mit Gott und in der Bindung an die Gemeinschaft sich verhalten und leben muss. Was *sedaka* inhaltlich bedeutet, kann nicht durch rationalethische Fixierungen im Sinne einer Tugendlehre umrissen werden. Nur in der Aktualität des Geschehens, des Lebens mit dem Gegenüber und in immer neuer Abstimmung auf den gemeinsamen Weg wird *sedaka* Ereignis. Also: Nicht Selbstentfaltung des zum Ideal des tugendhaften Lebens strebenden Menschen, sondern rechte Einfügung in den Existenzvollzug der Gemeinschaft, in den Bund, ist im hebräischen Denken ausschlaggebend.

Diese Unterschiede in der ethischen Konzeption des griechischen und des hebräischen Denkens sind fundamental und – wenn man die Gedanken einmal weiter durchdenkt – aufregend.

In einer neuen Begegnung mit der jüdischen Geisteswelt erwachsen viele Fragen, die vom abendländischen Denken unbedingt angegangen und erarbeitet werden müssen. Erinnert sei nur an die Philosophie Martin Bubers, an Franz Rosenzweig und an das Werk Leo Baecks. Gewiss, auch hier macht sich zuweilen der Einfluss des griechisch-abendländischen Denkens bemerkbar. Aber eindeutig sind in den genannten Werken die Rückverweise auf die hebräisch-alttestamentliche Welt, die in vieler Hinsicht das abendländische Denkgebäude in seinen Fundamenten in Frage stellt.

4 Der Logos heute

Was kann das für uns heute bedeuten, dass es am Anfang des Johannes-Evangeliums heißt: „Am Anfang war der Logos…"?

Hat es eine Bedeutung, dass Heraklit etwa 600 Jahre vor dem Autor des Johannes-Evangeliums vom Logos schrieb? Ist es Zufall, dass Heraklit aus Ephesos stammte und das Johannes-Evangelium ebenfalls?

Christus ist der menschgewordene Logos: der letzte Sinn der Welt und unseres Lebens, die höchste Transzendenz (Überschreitung seiner selbst), die höchste Vernunft und Weisheit. Wie können wir heute als Christen logos-gemäß, diesem Logos gemäß, leben?

Welche Auswirkungen hat die Erkenntnis, dass Jesus der Logos ist, auf unsere Vorstellungen von Gott und der Welt (und dem Menschen)?

4.1 Der Logos: Der Sinn von allem

Der Glaube an den Logos ist letztlich auch der Glaube an die Sinnhaftigkeit des Seins, an den Sinn unseres Lebens und den Sinn der ganzen Welt. Und da dieser Logos in einer Einzelgestalt der Geschichte Fleisch wurde, da er Mensch wurde, ist der Glaube an den Logos gleichzeitig auch der Glaube an Jesus Christus, an den Sohn Gottes und damit an den dreieinigen Gott der Christen.

Der Sinn von allem, der alles Sein trägt, ist Fleisch geworden, d.h. er ist in die Menschheitsgeschichte eingetreten und einer von ihr und in ihr geworden. Er ist nicht mehr nur das, was die ganze Geschichte umgreift und trägt, sondern ein Punkt in ihr selbst geworden, er wurde ca. 7 v. Chr. geboren und ist ca. 30 n. Chr. in Jerusalem am Kreuz gestorben und auferstanden.

Der Sinn von allem ist seitdem nicht mehr in der alleinigen Schau des höchsten menschlichen Geistes zu finden, sondern er ist zu finden im Angesicht eines konkreten Menschen, des Menschen und Gottes Jesus Christus. Glaube und Geschichte kommen zusammen. Der geschichtliche Mensch Jesus ist der Sohn Gottes, und der Sohn Gottes ist der Mensch Jesus.

Der Logos, der Sinn von allem, wurde Fleisch. Die scheinbare Unvereinbarkeit von Logos und Fleisch zeigt bei dem, der die ungläubige Distanz aufgibt und hinter sich lässt, Sinnvolles, Logos-Gemäßes, und es kann sich zeigen, dass auf diesem Fundament unsere ganze Existenz und die ganze Geschichte des Universums und der Menschheit gegründet und aufgebaut ist.

4.2 Der Logos: „Glaube und Vernunft"[101]

Der gelehrte byzantinische Kaiser Manuel II. Palaologus sagt in seinem Dialog[102] mit einem gebildeten Perser, den er 1391 im Winterlager zu Ankara führte: Glaubensverbreitung durch Gewalt ist widersinnig. Sie steht im Widerspruch zum Wesen Gottes und zum Wesen der Seele. „Gott hat kein Gefallen am Blut" sagt er, „und nicht vernunft-gemäß [nicht *„syn logo"* (mit Logos/dem Logos gemäß] zu handeln, ist dem Wesen Gottes zuwider. Der Glaube ist Frucht der Seele, nicht des Körpers. Wer also jemanden zum Glauben führen will, braucht die Fähigkeit zur guten Rede und ein rechtes Denken, nicht aber Gewalt und Drohung." Worte eines in griechischer Philosophie aufgewachsenen Byzantiners. Ist das nur griechisches Denken, dass vernunftwidrig zu handeln dem Wesen Gottes zuwider ist? Nein, es steht in tiefem Einklang mit dem auf der Bibel gegründeten Gottesglauben! Das Johannes-Evangelium beginnt mit dem Logos: „Am Anfang war der Logos". Logos ist genau das Wort, das der Kaiser gebraucht: Gott handelt *„syn logo"*, mit Logos, mit der höchsten Vernunft, mit der höchsten Weisheit, die schöpferisch ist und sich mitteilen kann, aber eben als Vernunft, als Weisheit. Das Johannes-Evangelium hat uns damit den abschließenden biblischen Gottesbegriff geschenkt, in dem all die oft mühsamen und verschlungenen Wege des biblischen Glaubens an ihr

101 Aus: Benedikt XVI.: Unser Glaube und die Vernunft. Regensburger Rede 2006.
102 hrsg. von Prof. Theodore Khoury, Münster

Ziel kommen und ihre Synthese finden. Am Anfang war der Logos und der Logos ist Gott, so sagt uns der Evangelist. Das Zusammentreffen der biblischen Botschaft und des griechischen Denkens war kein Zufall. Die Vision des Paulus, dem sich die Wege in Asien, nach Süden und Osten verschlossen, und der nachts in einer Vision einen Mazedonier sah und ihn rufen hörte: Komm herüber und hilf uns:

Apostelgeschichte, Kapitel 16, Verse 6–10

Paulus hat eine Vision: Ein Mazedonier bittet ihn, in sein Land zu kommen

6 **Paulus und seine Begleiter zogen nun durch den Teil Phrygiens, der zur Provinz Galatien gehört. Eigentlich hatten sie vorgehabt, die Botschaft ‚Gottes' in der Provinz Asien zu verkünden, aber der Heilige Geist hatte sie daran gehindert.**

7 **Als sie sich dann Mysien näherten, versuchten sie, nach Bithynien weiterzureisen, aber auch das ließ der Geist Jesu nicht zu.**

8 **Da zogen sie, ohne sich aufzuhalten, durch Mysien, bis sie in die Hafenstadt Troas kamen.**

9 **Dort hatte Paulus in der Nacht eine Vision. Er sah einen Mazedonier ‚vor sich' stehen, der ihn bat: »Komm nach Mazedonien herüber und hilf uns!«**

10 **Daraufhin suchten wir[103] unverzüglich nach einer Gelegenheit zur Überfahrt nach Mazedonien; denn wir waren überzeugt, dass Gott selbst uns ‚durch diese Vision' dazu aufgerufen hatte, den Menschen dort das Evangelium zu bringen.**

…diese Vision darf als Verdichtung des von innen her nötigen Aufeinander-Zugehens zwischen biblischem Glauben und griechischem Fragen gedeutet werden. Dabei war dieses Zugehen längst in Gang. Schon der geheimnisvolle Gottesname vom brennenden Dornbusch, der diesen Gott aus den Göttern mit den vielen Namen herausnimmt und von ihm einfach das „Ich bin", das Dasein, aussagt, ist eine Bestreitung des Mythos, ähnlich dem der frühgriechischen Denker:

103 Hier beginnt der erste der drei so genannten »Wir-Berichte« (Kapitel 16,10–17; 20,5–21,18; 27,1–28,16). Durch die Einbeziehung seiner Person informiert der Autor der Apostelgeschichte den Leser darüber, dass er Paulus auf den betreffenden Reiseabschnitten begleitet hatte.

2. Buch Mose, Kapitel 3, Verse 13–15

13 **Mose aber sagte zu Gott: Wenn ich zu den Israeliten komme und ihnen sage: Der Gott eurer Vorfahren hat mich zu euch gesandt, und sie sagen zu mir: Was ist sein Name?, was soll ich ihnen dann sagen?**

14 **Da sprach Gott zu Mose: Ich werde sein, der ich sein werde. Und er sprach: So sollst du zu den Israeliten sprechen: Ich-werde-sein hat mich zu euch gesandt[104].**

15 **Und weiter sprach Gott zu Mose: So sollst du zu den Israeliten sprechen: Der HERR, der Gott eurer Vorfahren, der Gott Abrahams, der Gott Isaaks und der Gott Jakobs, hat mich zu euch gesandt. Das ist mein Name für immer, und so soll man mich anrufen von Generation zu Generation.**

Auch Spezifizierungen, welche Art von Götzen genau in Zusammenhang mit dem Glauben an den „Ich bin"-Gott (Jahwe) abzulehnen sind, welche Arten von Mythologie als überwunden anzusehen sind, finden sich in der hebräischen Bibel prompt, z. B.:

Psalm 115 – Gesegnet seid ihr vom HERRN

(Spott über die Götter, nur Machwerk der Menschen)

1 **Nicht uns, HERR, nicht uns, sondern deinem Namen gib Ehre, um deiner Gnade, um deiner Treue willen.**

2 **Warum sollen die Völker sagen: Wo ist denn ihr Gott?**

3 **Unser Gott ist im Himmel, er vollbringt, was ihm gefällt.**

4 **Ihre Götzen sind Silber und Gold, Machwerk von Menschenhand.**

5 **Sie haben einen Mund und sprechen nicht, haben Augen und sehen nicht.**

6 **Sie haben Ohren und hören nicht, haben eine Nase und riechen nicht.**

7 **Mit ihren Händen fühlen sie nicht, mit ihren Füssen gehen sie nicht, mit ihrer Kehle geben sie keinen Laut.**

8 **Ihnen werden gleich sein, die sie machen, jeder, der ihnen vertraut.**

9 **Israel, vertraue auf den HERRN. Er ist ihre Hilfe und ihr Schild.**

10 **Haus Aaron, vertraut auf den HERRN. Er ist ihre Hilfe und ihr Schild.**

11 **Die ihr den HERRN fürchtet, vertraut auf den HERRN. Er ist ihre Hilfe und ihr Schild.**

104 "Ich-werde-sein" soll den Gottesnamen Jahwe (in dieser Übersetzung: HERR) erklären, bei dem ein Anklang an hebräisch 'er wird sein' gehört werden sollte.

12 Der HERR hat unser gedacht, er segnet. Er segnet das Haus Israel, er segnet das Haus Aaron.

13 Er segnet, die den HERRN fürchten, die Kleinen und die Grossen.

14 Der HERR mehre euch, euch und eure Kinder.

15 Gesegnet seid ihr vom HERRN, der Himmel und Erde gemacht hat.

16 Der Himmel ist der Himmel des HERRN, die Erde aber hat er den Menschen gegeben.

17 Nicht die Toten loben den HERRN, keiner von allen, die hinabfuhren ins Schweigen.

18 Wir aber, wir preisen den HERRN von nun an bis in Ewigkeit. Halleluja.

Die gegenseitige Berührung zwischen biblischem Glauben und griechischem Denken gipfelte dann erstmals in der späten jüdisch-hellenistischen Weisheitsliteratur, die weitgehend zur sogenannten zwischentestamentlichen jüdischen Literatur gehört, sich aber auch im protestantischen Alten Testament findet:

Sprüche 8

Die Weisheit ruft

1 Ruft nicht die Weisheit, und erhebt nicht die Einsicht ihre Stimme?

2 Oben auf den Höhen, am Weg, wo die Strassen sich kreuzen, steht sie.

3 Bei den Pforten, am Zugang zur Stadt, am Eingang der Tore ruft sie:

4 Euch, Männer, rufe ich, und an die Menschen richtet sich meine Rede.

5 Werdet klug, ihr Einfältigen, und ihr Dummen, werdet verständig!

6 Hört zu, denn Richtiges will ich reden und meine Lippen öffnen für das, was recht ist.

7 Meine Zunge spricht Wahrheit, und Frevel verabscheuen meine Lippen.

8 Gerecht sind alle Worte meines Mundes, nichts Hinterlistiges und Falsches ist in ihnen.

9 Recht sind sie alle für den Verständigen und richtig für die, die Wissen erlangen wollen.

10 Statt Silber nehmt meine Unterweisung an, und Wissen lieber als reines Gold.

11 Denn Weisheit ist besser als Perlen, und keine Kostbarkeit kommt ihr gleich.

12 Ich, die Weisheit, wohne bei der Klugheit und finde umsichtiges Wissen.

13 Den HERRN fürchten heisst das Böse hassen. Hochmut, Anmassung, Weg des Bösen und einen falschen Mund hasse ich.

14 Ich verfüge über Rat und Klugheit, ich bin die Einsicht, ich habe Macht.

15 Durch mich herrschen Könige, und Mächtige setzen fest, was Recht ist.

16 Durch mich regieren Fürsten und Edle, alle gerechten Richter.

17 Ich liebe, die mich lieben, und die mich suchen, werden mich finden.

18 Bei mir sind Reichtum und Ehre, stattliches Vermögen und Gerechtigkeit.

19 Besser als Gold und Feingold ist meine Frucht, und mein Ertrag besser als reines Silber.

20 Ich gehe auf dem Pfad der Gerechtigkeit, auf den Strassen des Rechts.

21 Denen, die mich lieben, verschaffe ich Besitz, und ihre Schatzkammern fülle ich.

22 Der HERR hat mich geschaffen[105] am Anfang seines Wegs, vor seinen anderen Werken, vor aller Zeit.

23 In fernster Zeit wurde ich gebildet, am Anfang, in den Urzeiten der Erde.

24 Als es noch keine Fluten gab, wurde ich geboren, als es noch keine wasserreichen Quellen gab.

25 Bevor die Berge eingesenkt wurden, vor den Hügeln wurde ich geboren,

26 als er die Erde noch nicht geschaffen hatte und die Fluren und die ersten Schollen des Erdkreises.

27 Als er den Himmel befestigte, war ich dabei, als er den Horizont festsetzte über der Flut,

28 als er die Wolken droben befestigte, als die Quellen der Flut mächtig waren,

29 als er dem Meer seine Grenze setzte, und die Wasser seinen Befehl nicht übertraten, als er die Grundfesten der Erde festsetzte,

---

105 Wörtlich: "Der HERR hat mich erworben ..."

30 da stand ich als Werkmeisterin[106] ihm zur Seite und war seine Freude Tag für Tag, spielte vor ihm allezeit.

31 Ich spielte auf seinem Erdkreis und hatte meine Freude an den Menschen.

32 So hört nun auf mich, ihr Söhne! Wohl denen, die auf meinen Wegen bleiben.

33 Hört auf die Unterweisung und werdet weise, und schlagt sie nicht in den Wind.

34 Wohl dem Menschen, der auf mich hört, der Tag für Tag an meinen Türen wacht, die Pfosten meiner Tore hütet.

35 Denn wer mich gefunden hat, hat das Leben gefunden und Wohlgefallen erlangt beim HERRN.

36 Aber wer mich verfehlt, schädigt sich selbst; alle, die mich hassen, lieben den Tod.

Die in Alexandria entstandene griechische Übersetzung des Alten Testaments – die Septuaginta – hatte für die Entstehung und Verbreitung des Christentums eine entscheidende Bedeutung. Sie war ein wichtiger Schritt der Offenbarungsgeschichte Gottes, und es geht dabei zutiefst um die Begegnung zwischen Glaube und Vernunft. Der kirchliche Glaube hat immer daran festgehalten, dass es zwischen Gott und uns, zwischen seinem ewigen Schöpfergeist und unserer geschaffenen Vernunft eine wirkliche Analogie gibt:

1. Buch Mose, Kapitel 1, Vers 26

Gott schuf den Menschen als sein Bild

26 Und Gott sprach: Lasst uns Menschen machen als unser Bild, uns ähnlich. Und sie sollen herrschen über die Fische des Meers und über die Vögel des Himmels, über das Vieh und über die ganze Erde und über alle Kriechtiere, die sich auf der Erde regen.

27 Und Gott schuf den Menschen als sein Bild, als Bild Gottes schuf er ihn; als Mann und Frau schuf er sie.

Der wahrhaft göttliche Gott ist der Gott, der sich als Logos gezeigt und der als Logos liebend für uns gehandelt hat. Gewiss, die Liebe über-

106 Möglicherweise ist "da stand ich als Werkmeisterin ihm zur Seite" zu übersetzen als: "da stand ich ihm beständig zur Seite". H. Gese: „bei ihm auf dem Schoß", Neue Genfer Übersetzung: „als Kind an seiner Seite".

steigt wie Paulus sagt, die Erkenntnis (siehe auch 1. Korinther-Brief, Kapitel 13) und vermag daher mehr wahrzunehmen als das bloße Denken:

Epheser-Brief, Kapitel 3, Vers 19

Ja, ‚ich bete darum,' dass ihr seine Liebe versteht, die doch weit über alles Verstehen hinausreicht, und dass ihr auf diese Weise mehr und mehr mit der ganzen Fülle des Lebens erfüllt werdet, das bei Gott zu finden ist.

...aber sie bleibt doch Liebe des Gottes-Logos, weshalb christlicher Gottesdienst, wie noch einmal Paulus sagt, *log-iketreia* ist – *logos*-gemäßer, „vernünftiger" Gottesdienst – Gottesdienst, der im Einklang mit dem ewigen Logos, der ewigen Vernunft steht:

Römer-Brief, Kapitel 12, Verse 1–2

Vernünftiger Gottesdienst

1 **Ich bitte euch nun, liebe Brüder und Schwestern, bei der Barmherzigkeit Gottes: Bringt euren Leib dar als lebendiges, heiliges, Gott wohlgefälliges Opfer – dies sei euer vernünftiger** [logos-gemäßer] **Gottesdienst!**

2 **Fügt euch nicht ins Schema dieser Welt, sondern verwandelt euch durch die Erneuerung eures Sinnes, dass ihr zu prüfen vermögt, was der Wille Gottes ist: das Gute und Wohlgefällige und Vollkommene.**

Es gibt zwei gegensätzliche Tendenzen, mit der Begegnung zwischen biblischem Glauben und griechischer Philosophie umzugehen:

Das Christentum hat trotz seines Ursprungs und wichtiger Entfaltungen im Orient schließlich seine geschichtlich entscheidende Prägung in Europa gefunden, diese Begegnung hat Europa geschaffen und bleibt Grundlage Europas. Das griechische Erbe gehört wesentlich zum christlichen Glauben und dies nimmt uns auch heute in die Pflicht.

Dem steht die Forderung nach der Enthellenisierung des Christentums gegenüber. Es gibt drei Wellen des Enthellenisierungsprogrammes:

Die Reformatoren sahen sich angesichts der theologischen Schultradition einer ganz von der Philosophie bestimmten Systematisierung des Glaubens gegenüber, sozusagen einer Fremdbestimmung des Glaubens durch ein nicht aus ihm selbst kommendes Denken. Das

„Sola Scriptura" (allein die Schrift) sucht demgegenüber nach der reinen Urgestalt des Glaubens, wie er im biblischen Wort ursprünglich da ist.

Die liberale Theologie des 19. und 20. Jahrhunderts brachte eine zweite Welle im Programm mit sich, für die der deutsche Theologe Adolf von Harnack (1851–1930) als herausragender Repräsentant steht. Pascals[107] Unterscheidung zwischen dem Gott der Philosophen und dem Gott Abrahams, Isaaks und Jakobs diente als Ausgangspunkt dafür. Als Kerngedanke erscheint bei Harnack die Rückkehr zum einfachen Menschen Jesus und zu seiner einfachen Botschaft. Jesus habe den Kult zugunsten der Moral verabschiedet, es geht Harnack um eine menschenfreundliche moralische Botschaft, also letztlich um den Einklang mit der modernen Vernunft, indem man die Botschaft von scheinbar philosophischen und theologischen Elementen wie der Gottheit Christi, und der Dreieinigkeit befreit. Es geht um praktische Vernunft und strenge Wissenschaftlichkeit. Diese moderne Auffassung von der Vernunft ist eine Synthese von Platonismus und Empirismus, beflügelt vom Erfolg der modernen Technik.

Diese Art von Wissenschaftlichkeit schließt die Gottesfrage aber methodisch aus und lässt diese als unwissenschaftliche oder vorwissenschaftliche Frage erscheinen. Bei diesem Versuch, Theologie „wissenschaftlich" zu erhalten, bleibt vom Christentum nur ein armseliges Bruchstück übrig. Aber wir müssen mehr sagen: Wenn dies allein die ganze Wissenschaft ist, dann wird der Mensch selbst dabei verkürzt. Denn die eigentlich menschlichen Fragen, die nach unserem Woher und Wohin, die Fragen der Religion und des Ethos können dann nicht im Raum der gemeinsamen „wissenschaftlichen" Vernunft Platz finden und müssen ins Subjektive verschoben werden.

Die dritte Welle ging im 20. Jahrhundert um. Angesichts der Begegnung mit der Vielheit der Kulturen sagt man gern, die Synthese mit dem Griechentum, die sich in der alten Kirche vollzogen habe, sei eine erste Inkulturation des Christlichen gewesen, auf die man die anderen Kulturen nicht festlegen dürfe. Ihr Recht müsse sein, hinter diese Inkulturation zurückzugehen auf die einfache Botschaft des Neuen Tes-

107 Blaise Pascal (1623–1662) war ein französischer Mathematiker, Physiker, Literat und christlicher Philosoph.

taments, um sie in ihren Räumen jeweils neu zu inkulturieren. Diese These ist nicht einfach falsch, aber ungenau. Denn das Neue Testament ist griechisch geschrieben und trägt in sich selber die Berührung mit dem griechischen Denken, die in der vorangegangenen Entwicklung des Alten Testaments gereift war. Gewiss gibt es Schichten im Werdeprozess der alten Kirche, die nicht in alle Kulturen eingehen müssen.

Aber die Grundentscheidungen, die eben den Zusammenhang des Glaubens mit dem Suchen der menschlichen Vernunft betreffen, die gehören zu diesem Glauben selbst und sind seine ihm gemäße Entfaltung.

Man muss nun nicht hinter die Aufklärung zurückgehen und die Einsichten der Moderne verabschieden. Es geht um Ausweitung unseres Vernunftbegriffs und Vernunftgebrauchs. Bei aller Freude über die neuen Möglichkeiten der Menschen geht es darum, die Bedrohungen, die aus diesen Möglichkeiten aufsteigen, zu bewältigen. Das geht nur, wenn Vernunft und Glaube auf neue Weise zueinander finden, wenn wir die selbst verfügte Beschränkung der Vernunft auf das im Experiment Widerlegbare überwinden und der Vernunft ihre ganze Weite wieder eröffnen. Eine Vernunft, die das Göttliche aus der Allgemeingültigkeit der Vernunft ausschließt und verstößt und dem Göttlichen gegenüber taub ist, ist unfähig zum Dialog der Kulturen und Religionen.

Für die Philosophie und die Theologie ist das Hören auf die großen Erfahrungen und Einsichten der religiösen Traditionen der Menschheit, besonders aber des christlichen Glaubens, eine Erkenntnisquelle, der man sich nicht verweigern darf. Mut zur Weite der Vernunft, nicht Absage an ihre Größe – das ist das Programm, mit dem eine dem biblischen Glauben verpflichtete Theologie in den Disput der Gegenwart eintritt.

„Nicht vernunftgemäß, nicht mit dem Logos handeln ist dem Wesen Gottes zuwider" hat Manuel II. von seinem christlichen Gottesbild her zu seinem persischen Gesprächspartner gesagt. In diesen großen Logos, in diese Weite der Vernunft könnte man doch beim Dialog der Kulturen seine Gesprächspartner einladen. Sie selber immer wieder neu zu finden, das ist die große Aufgabe auch der Universitäten.

4.3 Der Logos: Die Vernunft und die Weisheit[108]

Die menschliche Vernunft ist immer, ob der Mensch selbst das weiß oder nicht weiß, will oder nicht will, an der göttlichen Vernunft orientiert, auf sie bezogen und bezieht aus ihr ihre Erkenntnisfähigkeit, ihr Gesetz und ihren Sinn (Platon).

Aber der Logos der Vernunft ist nicht dasselbe wie der göttliche Logos, sondern er ist nur eine Auswirkung des wahrhaften, göttlichen Logos, den wir in Jesus Christus erkennen. Der Logos der Vernunft weist auf den göttlichen Logos hin, aber er ist nicht dieser selbst.

Gott ist der Grund aller Wahrheitserkenntnis. Alle Wahrheit, die wir erkennen oder entdecken, erkennen und entdecken wir durch das Licht, das von Gott kommt. Auch die Erkenntnis der einfachsten mathematischen Wahrheit ist nur möglich durch einen Strahl aus dem Licht Gottes. Gott ist das Prinzip aller Wahrheit. Das heißt aber nicht, dass in jeder Erkenntnis Gott erkannt werden kann. Erkenntnis, die von Gott kommt, ist etwas anderes als Gotteserkenntnis. Mathematische Erkenntnis, die von Gott kommt, ist etwas anderes als Gotteserkenntnis. Auch die Erkenntnis der philosophischen Logos- oder Wahrheits-Idee ist noch nicht Gotteserkenntnis. Das abstrakt-spekulative Denken führt nicht automatisch zum wahren Gott. Der Aufstieg des menschlichen Geistes zu Gott endet bei menschlichen Gottes-Spekulationen. Der wahre Gott kann nur erkannt werden durch seinen Abstieg zu uns, in der geschichtlichen Offenbarung von Jesus Christus an uns persönlich. Jesus Christus ist der fleischgewordene Logos. Der Logos der Vernunft, das Prinzip der rationalen Wahrheitserkenntnis, hat seinen Grund im Logos Jesus Christus, auch wenn wir nicht ihn selbst allein durch diese Idee der Wahrheit und alle wahren Ideen erkennen können. Der ewige Logos der Vernunft ist wirksam, wo irgendetwas Wahres erkannt wird. Der ewige Logos Jesus Christus aber ist am Werk, wo auf Grund seiner geschichtlichen Offenbarung an ihn geglaubt wird. Durch die philosophische Idee der Wahrheit werden wir allerdings – das weiß jeder christliche Denker – auf Gottes ewigen Logos

---

108 in Anlehnung an: Emil Brunner: Offenbarung und Vernunft, Seiten 338–351. Außerdem: Joseph Ratzinger: Der Gott des Glaubens und der Gott der Philosophen, und: Einführung in das Christentum.

hingewiesen, so wie unser natürliches Person-Sein auf die Person des Schöpfers hinweist, deren Abbild sie ist. Aber dieser Hinweis ist noch keine Erkenntnis. Durch die Offenbarung des göttlichen Logos Jesus Christus erkennen wir den Logos der Vernunft und das vernunftmäßige Erkennen als einen Strahl, einen Abglanz aus der ewigen Wahrheit und Weisheit Gottes.

Der Logos (und – nach Einschätzung von Joseph Ratzinger – die hebräische Entsprechung: Das Amen, siehe auch Abschnitt **2.1.5**) bedeutet mit „Sinn“ auch das vertrauende Sich-Stellen auf einen festen Grund, der trägt. Das ist kein sich Ausliefern ans Irrationale (Unvernünftige), sondern das Zugehen auf den Logos, auf den Sinn, auf die Vernunft („Ratio“), ein Zugehen auf die Wahrheit selbst, denn am Ende kann und darf der Grund, worauf der Mensch sich stellt, kein anderer als die Wahrheit selber sein. Das, worauf der Mensch im letzten stehen und was ihm Sinn sein kann, darf allein Wahrheit selbst sein. Der Akt des christlichen Glaubens schließt so mit ein, dass der sinngebende Grund, der Logos, auf den wir uns stellen, gerade als Sinn auch die Wahrheit ist.

Immer wieder wurde es notwendig, das Besondere des biblischen Gottesglaubens gegenüber der restlichen Völkerwelt auszusprechen. Dazu hat sich die eigene Sprache der Insider, der Gläubigen, noch nie gut geeignet, sondern es war eine Sprache notwendig, die für „alle Welt“ verständlich ist. Und dies wurde in dem Maß immer notwendiger, als ein verteidigendes (apologetisches) und werbendes (missionarisches) Bedürfnis bestand (siehe auch Abschnitt **3.2**).

So geschah es schon bei Mose durch die „Namensverweigerung“ Gottes: Jahwe = „Ich bin“, oder „Ich bin der ich bin“ (siehe auch Kapitel **4.2**) oder “Ich bin der Wirker“ (siehe auch Kapitel **3.4**). Und so geschah es bei den Propheten: Der Glaube an nur „den einen Gott“ musste verständlich kommuniziert werden. Das funktioniert mit der Gleichsetzung „des Absoluten“, des „universalen göttlichen Grundprinzips“ mit dem Gott, der sich als Person den Menschen persönlich zuwendet. Deshalb spielt, wenn es um die Babylonische Gefangenschaft des Volkes Israel geht, das Schöpfungsthema eine immer größere Rolle. Wie kein anderer Gedanke eignete es sich, die Besonderheit des biblischen Gottesglaubens zu dolmetschen an die Völkerwelt, in die Israel nun in ganz neuer Weise hineinversetzt war: Es ging hier nicht um einen örtlichen Volksgott neben vielen anderen, sondern es ging hier um den absoluten Weltgrund selbst:

Jesaja, Kapitel 40, Verse 12–18

Der Gott Israels ist unvergleichlich

12 **Wer hat mit der hohlen Hand das Wasser gemessen und mit der Spanne seiner Hand den Himmel abgemessen? Und wer erfasst mit dem Drittelmass den Staub der Erde und wiegt mit der Waage die Berge und mit Waagschalen die Hügel?**

13 **Wer hätte den Geist des HERRN geprüft, und welcher Mensch wäre sein Ratgeber, würde ihn unterweisen?**

14 **Mit wem könnte er sich beraten, der ihm Einsicht verschafft und ihn belehrt hätte über den Pfad des Rechts und ihn Erkenntnis gelehrt hätte und ihm nun den Weg der Einsicht wiese?**

15 **Sieh, wie ein Tropfen in einem Eimer sind die Nationen, und wie Staub auf Waagschalen werden sie geachtet. Sieh, Inseln hebt er empor, als wären sie ohne Gewicht.**

16 **Und der Libanon reicht nicht aus für den Brand, und sein Wild reicht nicht aus für das Brandopfer.**

17 **Vor ihm sind alle Nationen, als gäbe es sie nicht, wie das Nichts, wie das, was nicht ist, werden sie von ihm geachtet.**

18 **Und mit wem wollt ihr Gott vergleichen und was als Ebenbild ihm gegenüberstellen?**

Zusammengefasst: Der Gott Israels ist einzigartig, er ist der Einzige, er ist das Absolute selber. Auch die Bezeichnung als „Himmelsgott" (bzw. „Gott des Himmels" bei Esra und Daniel) geht in die gleiche Richtung. Auch dabei handelt es sich um einen missionarischen Begriff. Auch damit wird ausgesagt, dass es sich nicht um einen regionalen Volksgott im üblichen Sinn handelt, sondern dass es sich um den „Hochgott" handelt, um den einen Herrn der Welt, um das Absolute bzw. den Absoluten.

Esra, Kapitel 5, Vers 12

Da aber unsere Vorfahren den Gott des Himmels erzürnten, gab er sie in die Hand Nebukadnezzars, des Königs von Babel, des Kasdäers. Und der zerstörte dieses Haus und führte das Volk nach Babel in die Verbannung.

Esra, Kapitel 1, Vers 2

So spricht Kyros, der König von Persien: Alle Königreiche der Erde hat mir der HERR, der Gott des Himmels, gegeben, und er selbst hat mir aufgetragen, ihm ein Haus zu bauen in Jerusalem, das in Juda liegt.

In dieselbe Richtung weisen auch die göttlichen Eigenschaften, die wir sowohl in der Bibel, als auch in den Schriften der frühen griechischen Denker finden können: die Ewigkeit, Allmacht, Einheit, Wahrheit, Güte, Heiligkeit Gottes usw. Das Absolute darin bezeichnet insofern die missionarische Dimension des Gottesbegriffs, als er sich nach außen hin verständlich machen will. Daraus wird erkennbar, dass die Aneignung des Absoluten in dem Augenblick umfassend vollzogen wurde, in dem das ausgesprochen missionarische Christentum auf das Judentum folgte. Die Aneignung des Absoluten der griechischen Denker durch die christlichen Apologeten war nichts anderes als die notwendige innere Entsprechung zum äußeren Vorgang der missionarischen Verkündigung des Evangeliums an die Völkerwelt. Wenn die christliche Botschaft nicht eine esoterische Geheimlehre für Eingeweihte sein will, sondern Botschaft Gottes an alle, dann ist dafür auch die Dolmetschung nach außen wesentlich, in die allgemeine Sprache der menschlichen Vernunft hinein. Der Anspruch des christlichen Glaubens kann immer wieder nur sichtbar gemacht werden durch die Anknüpfung an das, was der Mensch schon zuvor in irgendeiner Form als das Absolute begriffen hat.

Der Glaube ergreift also die Vernunft und sagt: **Das** Absolute (der Logos), von dem ihr irgendwie schon ahnend wusstet, ist **Der** Absolute (der Logos), der in Jesus Christus Mensch wurde. Diese Erkenntnis, dass Gott Person ist, ein Ich, das dem Du begegnet, hat enorme Rückwirkungen auf das wirksam werdende Absolute der Vernunft. Das ist Aufgabe der Theologie: nach Gott fragen und ihn suchen. Und dieses Suchen, das die Liebe zu Gott kennzeichnet, ist nicht mit einem Finden zu Ende, sondern mit wachsender Liebe wächst auch die Intensität der Begegnung mit dem Geliebten.

4.4 Der Logos und das Universum[109]

Am Anfang schuf Gott Himmel und Erde. So beginnt die Bibel der Juden und der Christen. Andere Übersetzung: Mithilfe des Erstlings schuf Gott Himmel und Erde. Der Erstling wäre für Juden die Weisheit, die wie ein Kind auf Gottes Schoß sitzt, für Christen aber gleichzeitig auch der Logos (= Christus), der schon vor der Schöpfung der Welt da war und als Sohn mit dem Vater die Welt geschaffen hat. Soweit das Resumee aus Abschnitt **2.1**, speziell **2.1.6** zur Überschrift „Der Logos und das Universum". Was aber trägt unsere moderne Astrophysik dazu bei? Vieles im Kosmos scheint nach neueren naturwissenschaftlichen Ergebnissen auf Leben hin ausgerichtet zu sein. Leben braucht als Grundlage vor allem auch chemische Elemente, die schwerer sind als Wasserstoff und Helium. Diese entstehen aber nur durch Atomkernverschmelzung der leichten Elemente. Diese benötigt aber einige Milliarden Jahre, um größere Mengen an schweren Elementen zu produzieren, und dies geht wiederum nur in einem Universum, das selbst einige Milliarden Jahre alt und damit einige Milliarden Lichtjahre ausgedehnt ist. Wenn also unser Universum nicht so alt und so groß wäre, wäre die Menschheit gar nicht da. Das Universum scheint also auf (menschliches) Leben hin ausgerichtet zu sein. Darüber hinaus muss eine ganze Anzahl hochpräziser Feinabstimmungen in der Konstruktion der Natur erfüllt sein, ohne die kein Leben möglich wäre, so dass es scheint, dass wir in einem „Universum nach Maß" leben. Das heutige „Standardmodell der Kosmologie" resultiert nicht zuletzt aus der genauen Vermessung der kosmischen Hintergrundstrahlung. Unverstanden ist die Beschleunigung der Ausdehnung des Kosmos und die weit überwiegende „dunkle Materie" und „dunkle Energie".

Nach dem Standardmodell hat unser Kosmos einen Anfang – ein bis vor kurzem sehr abgelehnter Gedanke in den Naturwissenschaften. Vor etwa 14 Milliarden Jahren startete alles mit dem „Urknall", die extrem dichte und heiße Menge von Elementarteilchen begann sich mit dem Raum auszudehnen, so als ob ein Luftballon aufgeblasen wird.

---

109 in Anlehnung an: Peter C. Hägele: Die moderne Kosmologie und die Feinabstimmung der Naturkonstanten auf Leben hin. Und: Alexander Fink: Faszination Universum – Kosmologie und der Glaube an Gott.

Nach 100 Sekunden beträgt die Temperatur immer noch eine Milliarde Grad. 25% der Wasserstoffmasse wird zu Helium. Nach 300.000 Jahren ist die Temperatur auf ca. 4.000 Grad abgesunken. Das Weltall wird durchsichtig, weil Strahlung nicht mehr sofort im heißen Plasma absorbiert wird, die kosmische Hintergrundstrahlung entsteht. Nach ca. 1 Milliarde Jahre entstehen aufgrund der Gravitation Galaxien, Sterne und erste schwerere chemische Elemente in den Sternen. Mit dem Hubble-Teleskop kann man etwa zehn Milliarden Jahre in die Vergangenheit schauen. Unser Sonnensystem hat ein Alter von etwa 4,5 Milliarden Jahren, seit etwa 4 Milliarden Jahren gibt es Leben, seit etwa 3,5 Milliarden Jahren Einzeller. Heute hat sich die Hintergrundstrahlung auf ca. -270 Grad Celsius abgekühlt, 2% des Wasserstoffs sind zu den lebenswichtigen Elementen Kohlenstoff, Stickstoff, Sauerstoff usw. verschmolzen. Das ist die Kurzfassung der Geschichte des Universums. Viele physikalische Gesetze enthalten Naturkonstanten, die insbesondere für die vier bekannten fundamentalen „Wechselwirkungen" und das Massenverhältnis der beiden wichtigsten Elementarteilchen wichtig sind:

Elektromagnetische Wechselwirkung:	a	= 1:137,036
Schwache Wechselwirkung	a(W)	= 3,05 x 10^{-12}
Gravitations-Wechselwirkung	a(G)	= 0,591 x 10^{-40}
Starke Wechselwirkung	a(S)	= 0,08...14 (energieabhängig)
Massenverhältnis Elektron/Proton	ß	= 1:1836,153

Wäre die starke Wechselwirkung a(S) nur um 3,7% größer, wäre das katastrophal für die Stabilität von Sternen: Es gäbe keinen Wasserstoff und keine organischen Stoffe, da alle Protonen zu Diprotonen (hypothetischer Atomkern bestehend aus 2 Protonen) verschmelzen würden. Wäre sie um 11% kleiner, so wäre das Deuterium („schwerer Wasserstoff") nicht stabil, die Heliumsynthese in der Sonne würde nicht funktionieren, dann könnten langlebige Sterne kaum existieren. Diese

Beispiele für die Feinabstimmung der Naturkonstanten mögen genügen, weiterführend verweise ich auf Hägele und Fink.

Eine Deutung dieser Befunde ist in viele verschiedene Richtungen möglich, auf die ich hier gar nicht im Einzelnen eingehen möchte. Ich beschränke mich auf die Erwähnung des „Anthropischen Prinzips“ (Vieles scheint im Kosmos auf Leben bzw. den Menschen hin eingerichtet zu sein) und des „Design-Modells“:

Eine Intelligenz hat unser Universum nach seinem Plan so gemacht und vorbereitet, dass Leben entstehen konnte und bestehen kann.

Der deutsche evangelische Theologe Wolfhart Pannenberg (1928–2014) deutet das aus der Sicht des Christen und zeigt, dass man die Feinabstimmung der Naturkonstanten als Werk Gottes deuten kann, mit dem er Leben bis hin zum Menschen geschaffen hat. Diese Deutung harmoniert mit dem Anthropischen Prinzip.

Dass hier der dreieinige Gott der Christen am Werk ist, kann man aus naturwissenschaftlichen Erkenntnissen selbstverständlich nicht schließen, davon kann man schon eher in der Bibel lesen:

Jesaja, Kapitel 45, Vers 18:

Denn so spricht der HERR, der Schöpfer des Himmels, er, der Gott, der die Erde gebildet und sie gemacht hat, er gründet sie fest – nicht als Leere hat er sie erschaffen, damit man auf ihr wohne, hat er sie gebildet -: Ich bin der HERR und keiner sonst.

Gott hat die Erde wohnlich gestaltet. Er schafft dem Menschen Lebensraum, und damit auch sich selber:

Johannes-Evangelium, Kapitel 1, Vers 14a:

Und der Logos wurde Fleisch und wohnte unter uns…

W. Pannenberg, 1991[110]:

> „So wenig diese Thesen [des Anthropischen Prinzips] einen spezifisch physikalischen Erklärungswert beanspruchen können, so eindrucksvoll haben sie doch herausgearbeitet, dass das Universum de facto so eingerichtet ist, dass es den Bedingungen für die Hervorbringung intelligenter Wesen genügt. Theologische Interpretation darf über diese Feststellung

110 zitiert aus den o.g. Quellen: „Pannenberg, W.: Systematische Theologie. Band II. Göttingen: Vandenhoeck&Ruprecht 1991“.

hinausgehen zu der Aussage, dass sich in diesem Sachverhalt die auf die Inkarnation [Fleisch-/Menschwerdung] des göttlichen Logos in einem Menschen bezogene Ökonomie [Haushaltung/Heilsordnung] des göttlichen Schöpfungswerkes bekundet."

Hier findet ein Kampf der Atheisten gegen den Glauben an Gott statt, wie folgendes Zitat von Richard Dawkins (Oxford-Professor für öffentliches Wissenschaftsverständnis, einer der bekanntesten Vertreter des „Neuen Atheismus") zeigt: „Der Glaube ist eines der großen Übel der Welt, vergleichbar dem Pockenvirus, aber schwerer auszurotten". Das geht auch aus einer Veröffentlichung des Wissenschaftsmagazins „Nature" aus dem Jahr 1997 hervor. Danach hat sich der Prozentsatz der an einen persönlichen Gott glaubenden Naturwissenschaftler in den letzten 80 Jahren in den USA nicht geändert. Aber auch die Gläubigen sollten ihre Lektion lernen, z.B. aus dem traurigen Kampf zwischen Kirche und Galilei.

John Lennox, Mathematik-Professor der Universität Oxford, schreibt[111]:

> **„Eine Lehre für diejenigen, die die Bibel ernst nehmen, sollte sein, dass sie demütig genug sind, zwischen den Aussagen der Bibel und ihrer eigenen Interpretation der Bibel zu unterscheiden. Die Bibel könnte ja einfach komplexer sein, als sie auf den ersten Blick denken, und es könnte die Gefahr bestehen, dass man sie verwendet, um Gedanken zu rechtfertigen, die sie selbst nie zu lehren beabsichtigte."**

Der Logos ist das universale göttliche Grundprinzip der griechischen Philosophen, das das Universum regiert, später dann auch das rationale Prinzip. Gleichzeitig ist der Logos Gott selber, der Gott der christlichen Bibel, der Schöpfer des Universums. Das ist die theologische Erklärung für die rationale Verständlichkeit des Universums. Es ist das Produkt des höchsten Geistes, der höchsten Vernunft, des höchsten Sinns, des göttlichen Logos, ja sogar des Gottes, des Schöpfers selbst. Und das ist kein abstrakter, sondern ein persönlicher Gott. Letztlich erfährt das Unternehmen „Naturwissenschaft" erst durch Gottes Existenz seinen letzten Sinn – und ist Auftrag von höchster Stelle.

In der Bibel stehen zwei Schöpfungserzählungen unterschiedlicher Gattung und Stils mehr oder weniger hintereinander. In der ersten Er-

111 in: Hat die Wissenschaft Gott begraben? Eine kritische Analyse moderner Denkvoraussetzungen. 2009.

zählung (1. Buch Mose, Kapitel 1, Vers 1 – Kapitel 2, Vers 4) ist „Der Kosmos“ das Thema (Reihenfolge: All, Pflanzen, Tiere, Mensch), in der zweiten (1. Buch Mose, Kapitel 2, Vers 4 -Kapitel 3, Vers 24) ist „Der Mensch“ das Thema (Reihenfolge: Mensch, Pflanzen, Tiere). Beide Berichte stehen nebeneinander und wurden nicht „vereinheitlicht“, dies lässt den logischen Schluss zu, dass es keine „naturwissenschaftlichen“ Aussagen im heutigen Sinn sind, speziell: dass sie nicht beide über die chronologische Reihenfolge der Entstehung der unterschiedlichen Bestandteile der Welt eine Aussage machen wollen:

1. Buch Mose, Kapitel 1, Vers 1 – Kapitel 2, Vers 4

1 **Im Anfang schuf Gott Himmel und Erde.**

2 **Und die Erde war wüst und öde, und Finsternis lag auf der Urflut, und der Geist Gottes bewegte sich über dem Wasser.**

3 **Da sprach Gott: Es werde Licht! Und es wurde Licht.**

4 **Und Gott sah, dass das Licht gut war. Und Gott schied das Licht von der Finsternis.**

5 **Und Gott nannte das Licht Tag, und die Finsternis nannte er Nacht. Und es wurde Abend, und es wurde Morgen: ein Tag.**

6 **Und Gott sprach: Es werde eine Feste inmitten des Wassers, und sie scheide Wasser von Wasser.**

7 **Und Gott machte die Feste und schied das Wasser unter der Feste vom Wasser über der Feste. Und so geschah es.**

8 **Und Gott nannte die Feste Himmel. Und es wurde Abend, und es wurde Morgen: ein zweiter Tag.**

9 **Und Gott sprach: Es sammle sich das Wasser unter dem Himmel an einen Ort, dass das Trockene sichtbar werde. Und so geschah es.**

10 **Und Gott nannte das Trockene Erde, und die Ansammlung des Wassers nannte er Meer. Und Gott sah, dass es gut war.**

11 **Und Gott sprach: Die Erde lasse junges Grün sprossen: Kraut, das Samen trägt, und Fruchtbäume, die Früchte tragen auf der Erde nach ihrer Art, in denen ihr Same ist. Und so geschah es.**

12 **Und die Erde brachte junges Grün hervor: Kraut, das Samen trägt nach seiner Art, und Bäume, die Früchte tragen, in denen ihr Same ist, je nach ihrer Art. Und Gott sah, dass es gut war.**

13 **Und es wurde Abend, und es wurde Morgen: ein dritter Tag.**

14 Und Gott sprach: Es sollen Lichter werden an der Feste des Himmels, um den Tag von der Nacht zu scheiden, und sie sollen Zeichen sein für Festzeiten, für Tage und Jahre,

15 und sie sollen Lichter sein an der Feste des Himmels, um auf die Erde zu leuchten. Und so geschah es.

16 Und Gott machte die zwei grossen Lichter, das grössere Licht zur Herrschaft über den Tag und das kleinere Licht zur Herrschaft über die Nacht, und auch die Sterne.

17 Und Gott setzte sie an die Feste des Himmels, damit sie auf die Erde leuchten,

18 über den Tag und die Nacht herrschen und das Licht von der Finsternis scheiden. Und Gott sah, dass es gut war.

19 Und es wurde Abend, und es wurde Morgen: ein vierter Tag.

20 Und Gott sprach: Es wimmle das Wasser von lebendigen Wesen, und Vögel sollen fliegen über der Erde an der Feste des Himmels.

21 Und Gott schuf die grossen Seetiere und alle Lebewesen, die sich regen, von denen das Wasser wimmelt, nach ihren Arten und alle geflügelten Tiere nach ihren Arten. Und Gott sah, dass es gut war.

22 Und Gott segnete sie und sprach: Seid fruchtbar und mehrt euch und füllt das Wasser im Meer, und die Vögel sollen sich mehren auf der Erde.

23 Und es wurde Abend, und es wurde Morgen: ein fünfter Tag.

24 Und Gott sprach: Die Erde bringe Lebewesen hervor nach ihren Arten: Vieh, Kriechtiere und Wildtiere, je nach ihren Arten. Und so geschah es.

25 Und Gott machte die Wildtiere nach ihren Arten, das Vieh nach seinen Arten und alle Kriechtiere auf dem Erdboden, nach ihren Arten. Und Gott sah, dass es gut war.

26 Und Gott sprach: Lasst uns Menschen machen als unser Bild, uns ähnlich. Und sie sollen herrschen über die Fische des Meers und über die Vögel des Himmels, über das Vieh und über die ganze Erde und über alle Kriechtiere, die sich auf der Erde regen.

27 Und Gott schuf den Menschen als sein Bild, als Bild Gottes schuf er ihn; als Mann und Frau schuf er sie.

28 Und Gott segnete sie, und Gott sprach zu ihnen: Seid fruchtbar und mehrt euch und füllt die Erde und macht sie untertan, und herrscht über die Fische des Meers und über die Vögel des Himmels und über alle Tiere, die sich auf der Erde regen.

29 **Und Gott sprach: Seht, ich gebe euch alles Kraut auf der ganzen Erde, das Samen trägt, und alle Bäume, an denen samentragende Früchte sind. Das wird eure Nahrung sein.**

30 **Und allen Wildtieren und allen Vögeln des Himmels und allen Kriechtieren auf der Erde, allem, was Lebensatem in sich hat, gebe ich alles grüne Kraut zur Nahrung. Und so geschah es.**

31 **Und Gott sah alles an, was er gemacht hatte, und sieh, es war sehr gut. Und es wurde Abend, und es wurde Morgen: der sechste Tag.**

1 **Und so wurden vollendet Himmel und Erde und ihr ganzes Heer.**

2 **Und Gott vollendete am siebten Tag sein Werk, das er gemacht hatte, und er ruhte am siebten Tag von all seinem Werk, das er gemacht hatte.**

3 **Und Gott segnete den siebten Tag und heiligte ihn, denn an ihm ruhte Gott von all seinem Werk, das er durch sein Tun geschaffen hatte.**

Diese Schöpfungserzählung ist zum einen auf eine sinnvolle Geordnetheit des Kosmos hin komponiert. Zum anderen ist das „anthropische Prinzip" eingearbeitet: Es geht um die Hinordnung auf den Menschen hin: Gott hat alles schön eingerichtet für den Menschen. Diese Schöpfungserzählung gibt eine Antwort auf die Frage: Wie ist die Welt beschaffen, in der wir leben? Wie ist die Welt eingerichtet? Und warum ist sie so beschaffen, wie sie ist?

Die andere Schöpfungserzählung 1. Buch Mose, Kapitel 2, Vers 4b -Kapitel 3, Vers 24 hat „Das Werden des Menschen" zum Thema: Wieso ist er so, wie er ist? (Sein-Wollen wie Gott und Zerbruch). Es gibt Gemeinsamkeiten mit der ersten Erzählung, was die Stellung des Menschen betrifft: er ist ein einzigartiges Gegenüber Gottes, er ist in zwei Geschlechtern und zur Gemeinschaft erschaffen, Erde und Tiere sind für ihn gemacht (anthropisches Prinzip):

1. Buch Mose, Kapitel 2, Verse 4b-25

4 […] **Dies ist die Geschichte der Entstehung von Himmel und Erde, als sie geschaffen wurden. Zur Zeit, als der HERR, Gott, Erde und Himmel machte**

5 **und es noch kein Gesträuch des Feldes gab auf der Erde und noch kein Feldkraut wuchs, weil der HERR, Gott, noch nicht hatte regnen lassen auf die Erde und noch kein Mensch da war, um den Erdboden zu bebauen,**

6 **als noch ein Wasserschwall hervorbrach aus der Erde und den ganzen Erdboden tränkte, -**

7 da bildete der HERR, Gott, den Menschen aus Staub vom Erdboden und blies Lebensatem in seine Nase. So wurde der Mensch ein lebendiges Wesen.[112]

8 Dann pflanzte der HERR, Gott, einen Garten in Eden im Osten, und dort hinein setzte er den Menschen, den er gebildet hatte.

9 Und der HERR, Gott, liess aus dem Erdboden allerlei Bäume wachsen, begehrenswert anzusehen und gut zu essen, und den Baum des Lebens mitten im Garten und den Baum der Erkenntnis von Gut und Böse.

10 Und in Eden entspringt ein Strom, um den Garten zu bewässern, und von da aus teilt er sich in vier Arme.

11 Der eine heisst Pischon. Das ist jener, der das ganze Land Chawila umfliesst, wo es Gold gibt,

12 und das Gold jenes Landes ist kostbar. Dort gibt es Bdellionharz und Karneolstein.

13 Und der zweite Fluss heisst Gichon. Das ist jener, der das ganze Land Kusch umfliesst.

14 Und der dritte Fluss heisst Chiddekel. Das ist jener, der östlich von Assur fliesst. Und der vierte Fluss, das ist der Eufrat.

15 Und der HERR, Gott, nahm den Menschen und setzte ihn in den Garten Eden, damit er ihn bebaute und bewahrte.

16 Und der HERR, Gott, gebot dem Menschen und sprach: Von allen Bäumen des Gartens darfst du essen.

17 Vom Baum der Erkenntnis von Gut und Böse aber, von dem darfst du nicht essen, denn sobald du davon isst, musst du sterben.

18 Und der HERR, Gott, sprach: Es ist nicht gut, dass der Mensch allein ist. Ich will ihm eine Hilfe machen, ihm gemäss.

19 Da bildete der HERR, Gott, aus dem Erdboden alle Tiere des Feldes und alle Vögel des Himmels und brachte sie zum Menschen, um zu sehen, wie er sie nennen würde, und ganz wie der Mensch als lebendiges Wesen sie nennen würde, so sollten sie heissen.

20 Und der Mensch gab allem Vieh und den Vögeln des Himmels und allen Tieren des Feldes Namen. Für den Menschen aber fand er keine Hilfe, die ihm gemäss war.

---

112 Im Hebräischen klingen die Worte für Mensch ('adam') und für Erdboden ('adama') sehr ähnlich.

21 Da liess der HERR, Gott, einen Tiefschlaf auf den Menschen fallen, und dieser schlief ein. Und er nahm eine von seinen Rippen heraus und schloss die Stelle mit Fleisch.

22 Und der HERR, Gott, machte aus der Rippe, die er vom Menschen genommen hatte, eine Frau und führte sie dem Menschen zu.

23 Da sprach der Mensch: Diese endlich ist Gebein von meinem Gebein und Fleisch von meinem Fleisch. Diese soll Frau heissen, denn vom Mann ist sie genommen.[113]

24 Darum verlässt ein Mann seinen Vater und seine Mutter und hängt [wörtlich: klebt] **an seiner Frau, und sie werden ein Fleisch.**

25 Und die beiden, der Mensch und seine Frau, waren nackt, und sie schämten sich nicht voreinander.

Zur Einordnung dieser Schöpfungserzählungen möchte ich hier erst einmal auf den Stellenwert der Bibel generell eingehen. Die Bibel als Ganzes ist letztlich wie ein Handbuch zum Leben, und zwar zu einem Leben mit Gott bzw. unter seiner Führung.

Handbuch meint so etwas wie ein Bordbuch eines Autos. Man kann in der Betriebsanleitung täglich lesen, wichtige Teile davon auswendig lernen, ihre Entstehung und Interpretation studieren und sogar ihre Ursprache lernen (z. B. Japanisch im Falle eines Toyota) und das Buch in der Originalsprache lesen bzw. aus dieser selbst übersetzen. Aber wenn es nie dazu kommt, dass man sich tatsächlich ins Auto setzt und fährt, dann geht das alles an seinem eigentlichen Sinn vorbei. Das Beispiel ist übertragbar auf den Umgang mit der Bibel. Wenn es nie dazu kommt, dass ich Gott wirklich selber suche, finde, begegne, es zu einer persönlichen Beziehung zu ihm kommt, ich mich von ihm ansprechen und führen und gebrauchen lasse wie die Frauen und Männer in der Bibel auch, dann geht die Beschäftigung mit der Bibel am eigentlichen Sinn vorbei. Schließlich arbeitet das Böse auch mit der Bibel und mit Zitaten aus ihr, z. B. bei der Versuchung von Jesus in der Wüste.

Gott lässt sich nicht aus der Distanz erleben. Das geht nur, wenn man die Distanz aufgibt und sich auf den Gott der Bibel einlässt. Man

113 Im hebräischen Text liegt ein Wortspiel vor: Die Worte für Frau ('ischscha') und für Mann ('isch') klingen sehr ähnlich.

lernt auch nicht richtig Schwimmen aus der Distanz zum Wasser, also auf dem Trockenen.

Johannes-Evangelium, Kapitel 7, Vers 17

Wenn jemand bereit ist, Gottes Willen zu erfüllen, wird er erkennen, ob das, was ich lehre, von Gott ist oder ob ich aus mir selbst heraus rede.

Um Gott und Gottes Willen kennenzulernen, hilft es, in der Bibel, im „Wort Gottes", d.h. im Wort über Gott (als die Erlebnisse und Erfahrungen früherer Menschen mit Gott), aber auch im Wort, das Gott selber spricht (z. B. die Worte Jesu, der Gottes Sohn ist, in den Evangelien), zu lesen, oder auf dieses z. B. in Form einer Predigt (oder in Form eines Büchleins über Logos), zu hören.

Das trifft auch für 1. Buch Mose, Kapitel 1–11 zu: Wissenschaftliche und biblische Aussagen, richtig interpretiert, können letztendlich harmonisch nebeneinander bestehen. Gott hat den Menschen damit beauftragt, den Tieren Namen zu geben. Die Taxonomie (Klassifikationsschema) ist geradezu der Kern der Wissenschaft. Damit hat Gott der Wissenschaft doch im Grunde die Initialzündung gegeben! „Dann aber sollte es uns eine Verpflichtung sein, unseren gottgegebenen Verstand zu benutzen und den gottgegebenen Auftrag zu erfüllen und diese Dinge zu ergründen. Gottes allgemeine Selbstkundgabe in der Natur sollten wir in Beziehung setzen zu seiner speziellen Offenbarung in der Bibel – um uns dann an beidem gleichermaßen zu erfreuen. Gott hat das Universum gemacht. Wäre es da nicht seltsam, kein Interesse daran zu haben?[114] Die literarische Untersuchung der Schöpfungserzählungen führt zu der Erkenntnis, dass in der mündlichen Vorgeschichte Weltschöpfung und Menschenschöpfung sich in je eigenen Traditionslinien dargestellt erkennen lassen; dabei findet sich außer-israelitisch die Welt-Entstehung in „Hoch-Kulturen", z. B. in Ägypten und Mesopotamien, und die Menschenschöpfung in den archaischen Kulturen. Wenn 1. Buch Mose, Kapitel 2, Verse 4b-24 in den Traditionszusammenhang der Menschenschöpfung gehört, dann ist Sinn und Aufbau dieses Textes eindeutig zu erklären. Die Besonderheit dieser Erzählung liegt darin, das Gottes Geschöpf nicht schon der Mensch in

114 Lennox, John: Sieben Tage, das Universum und Gott, Witten 2014, Seite 28. Vgl. auch: Seiten 7 und 22.

seinem Vorhandensein, sondern erst der Mensch in der Gemeinschaft ist. So erweist sich diese Geschichte als eine in sich geschlossene und in sich sinnvolle Erzählung. Sie wurde deswegen mit der vom Paradies verbunden, weil sie die Gemeinschaft von Mann und Frau zum Subjekt hat. Die beiden vorgegebenen Erzählungen wurden in genialer Weise zu einer verschmolzen, indem der Einsatzpunkt der zweiten, das Verbot, von dem Baum in der Mitte des Gartens zu essen, so in der ersten Erzählung verankert wurde, dass ein fließender Geschehensablauf entstand.[115]

Die Botschaft der Menschenschöpfungserzählung ist vielfältig:

Gott existiert.
Gott ist der ewige Schöpfer.
Gott verfolgt ein Ziel.
Die Erzählung erklärt, warum der Mensch so ist wie er ist:
Er ist ein einzigartiges Gegenüber Gottes,
er ist in zwei Geschlechtern und zur Gemeinschaft erschaffen,
die Erde und die Tiere sind für ihn gemacht.

Das alles bietet reichlich Anlass zum Lobpreis des Schöpfers und seiner nicht enden wollenden Kreativität und Fantasie und Güte.

4.5 Der Logos und Viktor Frankl's Logotherapie

In seiner Autobiografie schreibt Viktor Frankl über seine Schulzeit: „[…] Dann kam die hektische Zwischenkriegszeit. Inzwischen hatte ich mich in die Lektüre von Naturphilosophen […] gestürzt […], als ich ein paar Schulhefte vollschrieb und den anspruchsvollen Titel wählte: „Wir und der Weltprozess“. Ich war überzeugt, im Makro- wie im Mikrokosmos walte ein universelles „Ausgleichsprinzip“ (in meiner *Ärztlichen Seelsorge* nahm ich ja den Faden solcher Gedankengänge wieder auf).

Und als wir eines Tages doch wieder mit einem Donaudampfer stromaufwärts in eine Sommerfrische (Eferding) fuhren und ich um

115 vgl. Westermann, Claus: GENESIS 1–11, 5. Auflage, Darmstadt, 1993, 31–32.

Mitternacht auf Deck lag und „den bestirnten Himmel über mir" und das Ausgleichsprinzip „in mir" betrachtete [...]."

Auch wenn Frankl es in seiner Autobiografie nicht angibt, spricht er doch wohl vom Logos, wenn er z. B. „Weltprozess" oder „Ausgleichsprinzip" sagt.

In seiner „Ärztlichen Seelsorge" ist im Abschnitt „Der Über-Sinn" zu lesen:

> „Ein domestiziertes Tier weiß nicht um die Zwecke, in die der Mensch es einspannt. Wie sollte nun der Mensch wissen können, welchen „Endzweck" sein Leben, welchen „Über-Sinn" die Welt als Ganzes hat? [...]. *Gewesen-sein ist auch noch eine Art von Sein – vielleicht die sicherste.* Und alles Wirken im Leben mag sich in dieser Sicht präsentieren als ein Hineinretten des Möglichen in die Wirklichkeit. [...] Um was sollte er [der Gealterte] einen jungen Menschen denn beneiden [...], vielleicht um die *Möglichkeiten*, die ein junger Mensch noch hat, um dessen *Zukunft*? „Danke schön", wird er sich denken, „ich habe statt dessen *Wirklichkeiten* – in meiner *Vergangenheit*; nicht nur die Wirklichkeit der gewirkten Werke, sondern auch die der geliebten Liebe und auch noch die der gelittenen Leiden [...]."

Viktor Frankl (1905–1997) ist der Begründer der Existenzanalyse und der Logotherapie, der „3. Wiener Richtung der Psychologie und Psychotherapie" (nach 1. Freud und 2. Adler). Als erster Psychotherapeut stellt Frankl die Erfahrung von **Sinn** ins Zentrum der therapeutischen Theorie und Praxis. Er war Professor für Neurologie und Psychiatrie an der Universität Wien und hatte zahlreiche Professuren in den USA inne. Frankls über 30 Bücher wurden in 50 Sprachen übersetzt, seine Autobiografie erschien in 15 Ländern.

Die Prinzipien der Logotherapie, die Frankl halfen, vier Konzentrationslager zu überstehen, setzen auf eine „Höhenpsychologie" (nicht: „Tiefenpsychologie"), sehen den Menschen nicht nur in seiner Physis (Körper) und Psyche (Seele), sondern vor allem in seinem Nus (Geist). Nicht die libidinösen oder sozialen Triebkräfte des Menschen stehen im Zentrum („Wille zur Lust"/"Wille zur Macht"), sondern seine geistige Dimension („Wille zum Sinn"), die ihn stets befähigt, gegenüber den Bedingungen seiner Existenz Stellung zu beziehen („Existenzanalyse" statt „Psychoanalyse"). Diese Bedingungen der Existenz sind darauf angelegt, ihn bei der Suche nach dem konkreten Sinn (Logos) seines Lebens in der jeweils aktuellen Situation zu unterstützen. So kann er sein Leben ganz neu in die Hand nehmen. Zugespitzt könnte man seine Schule als Gegenmodell insbesondere zu Freud auch so formulieren: Wenn ein Mensch nach dem Sinn des Lebens fragt, dann würde Freud sagen, dass er psychisch krank ist. Frankl hingegen würde, wenn ein Mensch nicht nach dem Sinn des Lebens fragt, sagen, dass dieser seine Transzendenz (höhere Dimension, hier: seine Orientiertheit auf Sinn, seine „geistige Dimension") verdrängt oder verleugnet.

Die Logotherapie prüft insbesondere, ob bestimmte psychische Leiden „noogen" („geist-bedingt") sind, d. h. durch Sinnleere verursacht sind, also durch Hyperreflexion („Über-Nachdenken": ängstliche Ausrichtung aller Aufmerksamkeit auf Erfolg) und Selbstzentriertheit. Es geht darum, die Konzentration auf sinnvolles Tun zu richten (statt sich den Beschwerden zuzuwenden) und dabei die eigenen Stärken einzusetzen (statt die Schwächen zu reklamieren), den Blick von sich weg auf andere oder anderes zu richten (Selbst-Transzendierung) und dabei schöpferische Werte zu realisieren. Bei widerfahrenem Leid ersetzt die Logotherapie die Warum- durch die Wozu-Frage (Einstellungsmodulation), fokussiert den jeweils aufscheinenden Sinn und aktiviert dadurch die „Trotzmacht des Geistes" („Wer ein Wozu im Leben hat, erträgt fast jedes Wie").

Er schildert in seiner Autobiografie ein Erlebnis im Konzentrationslager: „Ich habe wiederholt versucht, mich von all dem Leid, das uns umgab, zu distanzieren, indem ich es zu objektivieren versuchte. So erinnere ich mich daran, dass ich eines Morgens aus dem Lager herausmarschierte und den Hunger, die Kälte und die Schmerzen (…) kaum mehr ertragen konnte. Meine Situation schien mir trost- und hoffnungslos. Da stellte ich mir vor, ich stünde an einem Rednerpult in einem großen, schönen, warmen und hellen Vortragssaal und sei im Begriff, vor einer interessierten Zuhörerschaft einen Vortrag zu halten unter dem Titel „Psychotherapeutische Erfahrungen im Konzentrationslager" … und ich spräche gerade von alledem, was ich – soeben erlebte …" [116]

116 Ein neueres Beispiel für angewandte logotherapeutisch-existenzanalytische Krisenbewältigung ist die Diplomarbeit meiner Frau Mirjam Jauslin vom 17.1.2016, mithilfe derer ich damals anfing, sie kennenzulernen.

4.6 Der Logos und die Auferstehung

In Johannes-Evangelium, Kapitel 1 heißt es:

**„Und der Logos wurde Fleisch
und wohnte unter uns, …"**

Das beschreibt die „Fleischwerdung", die Menschwerdung des Logos in der Person Jesus Christus. Bei der Auferstehung geht es erneut um einen ganz besonderen Vorgang: Der Logos verwandelt sich erneut.

Die Auferstehung von Jesus Christus ist das entscheidende Ereignis für den christlichen Glauben; sie ist der Grund der christlichen Hoffnung und des christlichen Glaubens:

1. Korinther-Brief, Kapitel 15, Verse 14 und 17

Wenn Christus nicht von den Toten auferstanden ist, dann ist euer Glaube eine Illusion. Dann seid ihr noch in euren Sünden.

1 Petrus-Brief, Kapitel 1, Vers 3

Wir sind wiedergeboren zu einer lebendigen Hoffnung durch die Auferstehung von Jesus Christus.

Ein Ereignis der Geschichte ist Zentrum des Glaubens. Und weil Gott in der Geschichte handelt, sind Christen an Geschichte interessiert. Gott wurde Mensch und damit in Raum und Zeit fassbar. Die über Jesus Christus gemachten Aussagen haben sich in Raum und Zeit ereignet – zur Zeit, als Pontius Pilatus Statthalter von Judäa war. Er ist uns aus der römischen Geschichte bekannt. Er war in den Jahren 26 bis 36 n. Chr. Statthalter in Judäa. Kreuzigung und Auferstehung von Jesus Christus haben also in dieser Zeit und an diesem Ort stattgefunden. Jesus Christus ist datierbar und lokalisierbar. Jesus lebte zur Zeit der römischen Kaiser Augustus (30 v. Chr.–14 n. Chr.) und Tiberius (14–37 n. Chr.) sowie unter der Legatur des P. Sulpicius Quirinius (identisch mit Cyrenius; ca. 12 v. Chr.–16 n. Chr.). Diese Personen sind nicht nur aus dem Neuen Testament bekannt, sondern über deren Leben wissen wir auch einiges aus anderen antiken Schriften. Von diesen historischen Personen her ist das Leben von Jesus datierbar.

Der Althistoriker und Ägyptologe Dr. Jürgen Spieß[117] schreibt in „Ist Jesus auferstanden?“ zu den äußeren Daten des Lebens von Jesus:

Die meisten Historiker gehen davon aus, dass Jesus im Jahre 7 vor Christus geboren wurde. Dazu müsse man drei Aussagen in den Evangelien zusammenbringen: Der König Herodes hat bei der Geburt von Jesus noch gelebt (Matthäus-Evangelium, Kapitel 2) – er starb 4 v. Chr. Es gab eine besondere Volkszählung zur Zeit des Kaisers Augustus – „sie war die erste, als Quirinius Statthalter von Syrien war“ (Lukas-Evangelium, Kapitel 2, Vers 2) und es gab eine besondere Sternenkonstellation (Matthäus-Evangelium, Kapitel 2, Verse 1–11). Bei dieser Sternenkonstellation handelt es sich wahrscheinlich um eine auffällige Konjunktion des Königssterns (Jupiter) mit dem Stern Israels (Saturn), so Prof. Ferrari d'Occieppo, langjähriger Direktor des Astronomischen Instituts der Universität Wien. Von daher scheint 7. v. Chr. das wahrscheinlichste Geburtsjahr von Jesus zu sein. Der Kalender mit „vor und nach Christi Geburt“ stammt erst von dem syrischen Mönch Dionysius Exiguus aus dem Jahr 525 n. Chr. In Lukas-Evangelium, Kapitel 3, Vers 23 heißt es: „Jesus war zu dieser Zeit [im 15. Jahr der Regentschaft des Kaisers Tiberius] ungefähr 30 Jahre alt.“ Das Wörtchen „ungefähr“ muss man ernst nehmen, das hat Dionysius Exiguus unter anderem versäumt.

Beim **Todesdatum** von Jesus geht man vom **7. April 30 n. Chr.** aus. Demnach war die **Auferstehung von Jesus am 9. April 30 n. Chr.** Nach allen vier Evangelien war der Tag der Hinrichtung von Jesus der Rüsttag auf einen Sabbat und ein Freitag. Nach dem Johannesevangelium fand die Kreuzigung außerdem am Vortag (Rüsttag) eines Passahfestes statt, dem 14. Nisan, das war auch der Tag der Gefangenen-Amnestie. Die Frage lautet also, wann in der damaligen Zeit der Rüsttag eines Passahs auf einen Freitag fiel. Nach den Tafeln des Berliner Astronomischen Rechtsinstituts fiel der Rüsttag des Passahs in den Jahren zwischen 28 und 34 nach unserem Kalender zweimal auf einen Freitag: am 7. April 30 und am 3. April 33. Auf Grund der Aussage von Lukas-Evangelium, Kapitel 3, Vers 1 („... im 15. Jahr des Kaisers Tiberius...“) ist die erste Datierung vorzuziehen, denn die öffentliche Wirksamkeit

117 Dem Althistoriker Jürgen Spieß („Ist Jesus auferstanden?“) folge ich weitestgehend in diesem Kapitel.

von Jesus betrug nach dem Johannesevangelium maximal 3 Jahre, also etwa 28–30.

Außerhalb des Neuen Testamentes gibt es nur wenig schriftliche Überlieferung über Jesus. Wahrscheinlich hielten die römischen Geschichtsschreiber die Ereignisse im äußersten Winkel des Römischen Reiches für weltgeschichtlich zu unbedeutend, um darüber zu berichten. Eine ernst zu nehmende Quelle ist aber der Text des römischen Historikers Tacitus in seinen „Römischen Annalen[118]", die zwischen 115 und 117 abgefasst wurden. Darin findet sich im Zusammenhang mit dem Bericht über den Brand Roms zur Regierungszeit des Kaisers Nero im Jahre 64 eine Aussage über Jesus Christus. Damals wurden die Christen beschuldigt, Rom angezündet zu haben. Sie wurden sogar zum Tode verurteilt, obwohl man wusste, dass sie unschuldig waren. Nach Meinung einiger Historiker hat Nero selbst die Stadt angezündet. Auch Tacitus, der nicht viel von den Christen hielt („verderblicher Aberglaube"), war von ihrer Unschuld überzeugt. In diesem Zusammenhang musste er sich über die Christen äußern, er schrieb: „Der Name Christen stammt von Christus, der unter Tiberius vom Prokurator Pontius Pilatus hingerichtet worden war".

Mit diesem Satz hat Tacitus den Kern der Berichte der Evangelien wiedergegeben, denn ein Schwerpunkt in allen vier Evangelien liegt ja auf dem Prozess und der Hinrichtung von Jesus Christus.

Bei der Frage nach der Glaubwürdigkeit des Neuen Testaments als historische Quelle stößt man z. B. auf das Selbstverständnis des Arztes Lukas:

Lukas-Evangelium, Kapitel 1, Verse 1–4:

Einleitung

1 **Schon viele haben die Aufgabe in Angriff genommen, einen Bericht über die Dinge abzufassen, die in unserer Mitte geschehen sind**

2 **und die wir von denen erfahren haben, die von Anfang an als Augenzeugen dabei waren und dann Diener der Botschaft ‚Gottes' geworden sind.**

3 **Darum hielt auch ich es für richtig, nachdem ich allem bis zu den Anfängen sorgfältig nachgegangen bin, diese Ereignisse für dich, hochverehrter Theophilus, in geordneter Reihenfolge niederzuschreiben,**

118 „Jahrbücher"

4 **damit du erkennst, wie zuverlässig all das ist, worin du unterrichtet worden bist.**

Diesen Worten können Historiker mindestens fünf Dinge entnehmen:

1. Lukas schreibt nicht als erster ein Evangelium und er hatte Vorlagen.
2. Es gibt Augenzeugen, also Infos aus erster Hand. Diese Augenzeugen können seinen Bericht auch bewerten. Die Informanten des Lukas waren zugleich seine Kritiker, so die Althistorikerin Helga Botermann.[119]
3. Darüber hinaus hat Lukas eigene Recherchen angestellt, „sorgfältige"!
4. Lukas hat die Ereignisse in eine geordnete Reihenfolge gebracht.
5. Lukas hat das Evangelium für jemand Bestimmtem geschrieben, als historische Grundlage („wie zuverlässig all das ist") der Lehre von Jesus.

Der Anfang des Lukasevangeliums ist von großer Bedeutung, weil Lukas auch die Apostelgeschichte geschrieben hat. Er hat das meiste über Jesus und die ersten Christen im Neuen Testament geschrieben. Er will die Ereignisse Jahrzehnte danach so aufschreiben, wie sie gewesen sind. Da er zweitweise Begleiter des Paulus war, konnte er teils berichten, was er selbst erlebt hatte. Es besteht also keine Veranlassung, seiner Geschichtserzählung von vornherein pauschal skeptisch zu begegnen.

Die Indizien für die Auferstehung

A. Das leere Grab

Nach den Berichten der Evangelien war das Grab von Jesus „am dritten Tag" nach damaliger Zählweise, also am Sonntag nach dem Freitag der Kreuzigung, leer. Es werden dabei drei Gruppen von Leuten genannt: die Soldaten, die das Grab bewachen sollten; die Frauen, die kamen, um den Leichnam einzubalsamieren und das Grab dann leer vorfanden; Jünger, die von den Frauen über das leere Grab informiert wurden. Pinchas Lapide, jüdischer Professor für Neues Testament, schreibt[120]: „In einer rein erfundenen Geschichte hätte man sich ge-

119 „Der Heidenapostel und sein Historiker…, Seiten 70 und die folgenden
120 zitiert nach Jürgen Spieß: Ist Jesus auferstanden?

hütet, ausgerechnet Frauen zu Kronzeugen der Auferstehung zu machen, da sie im rabbinischen Judentum als zeugnisunfähig galten."

Das leere Grab ist als Indiz für die Auferstehung notwendig, weil sich sonst die Verkündigung der Auferstehung durch seine Jünger in Jerusalem nicht hätte halten können, wenn das Grab nicht leer gewesen wäre. Denn nach jüdischer Vorstellung wurde „Auferstehung" als leibliche Auferstehung verstanden. Auch die Autoren des Neuen Testamentes lassen keinen Zweifel an der Leiblichkeit des Auferstandenen:

Lukas-Evangelium, Kapitel 24, Vers 39

...ein Geist hat doch nicht Fleisch und Knochen wie ihr sie an mir seht.

Matthäus-Evangelium, Kapitel 28, Vers 9

sie umfassten seine Füße

Das leere Grab wurde in der Antike, als eine Nachprüfung noch möglich war, nicht bestritten. Umstritten war, wie es zum leeren Grab kam. Die verbreitete Behauptung, der Leichnam von Jesus sei gestohlen worden (Matthäus-Evangelium, Kapitel 28, Vers 13), um eine Auferstehung vorzutäuschen, zeigt, dass auch die Gegner von Jesus von der Leiblichkeit der Auferstehung ausgingen.

Die Osterausgabe 2001 der Zeitschrift „Focus" machte auf eine Inschrift aus Nazareth aufmerksam, ein kaiserlicher Erlass gegen Leichenraub und Grabschändung. Wahrscheinlich stammt sie aus den 30er oder 40er Jahren des 1. Jahrhunderts. Dann könnte es eine amtliche Reaktion auf die Auseinandersetzungen um das leere Grab gewesen und damit eines der ältesten Dokumente in dieser Kontroverse sein.

B. Die Begegnungen mit dem Auferstandenen

Die Berichte über die Begegnungen mit dem Auferstandenen finden sich in den Schlusskapiteln der Evangelien und am Anfang der Apostelgeschichte, außerdem im 1. Korintherbrief des Paulus, der etwa im Jahr 55 geschrieben wurde, also ungefähr nur 25 Jahre nach den Ereignissen um die Auferstehung. Paulus fragt in Kap. 15, wie es sein kann, dass es in der Gemeinde von Korinth Menschen gibt, die nicht an die Auferstehung der Toten glauben, wo doch Gott Christus von den Toten auferweckt hat. Paulus nennt an dieser Stelle auch Zeugen des Auferstandenen: „Kephas" (=Petrus), „die Zwölf" (die 12 Apostel), 500 Brüder auf einmal, „davon leben die meisten jetzt noch, etliche aber sind entschlafen." Dann wird Jakobus genannt. Paulus bezieht sich offenbar auf Personen und Ereignisse, die der Gemeinde in Korinth bekannt waren. Innerhalb dieses Textabschnitts verdienen die Verse 3–5 besondere Aufmerksamkeit:

1. Korinther-Brief, Kapitel 15, Verse 3–5

3 **Zu dieser Botschaft, die ich so an euch weitergegeben habe, wie ich selbst sie empfing, gehören folgende entscheidenden Punkte: Christus ist – in Übereinstimmung mit den Aussagen der Schrift – für unsere Sünden gestorben.[121]**

4 **Er wurde begraben, und drei Tage danach[122] hat Gott ihn von den Toten auferweckt – auch das in Übereinstimmung mit der Schrift.[123]**

5 **Als der Auferstandene hat er sich zunächst Petrus gezeigt und dann dem ganzen Kreis der Zwölf[124].**

Man nimmt an, dass es sich hier um ein sehr frühes Glaubensbekenntnis der Christen handelt. Zentrum dieses Glaubensbekenntnisses sind vier Tätigkeits-Geschehens-Wörter: gestorben, begraben, auferweckt und gesehen.

Es spricht einiges dafür, dass Paulus dieses Bekenntnis bereits bei seiner Bekehrung in Damaskus (31/32 n. Chr.) empfangen hat. Die Begegnungen mit Jesus kamen zu einem sichtbaren Abschluss: die „Himmelfahrt". Das irdische Leben von Jesus endete nicht mit der Grablegung, sondern mit seinem Weggang aus der irdischen Welt.

C. Die Verwandlung im Leben der Jünger

Viele der ersten Christen mussten ihr Zeugnis von der Auferstehung mit ihrem Leben bezahlen. Für eine erfundene Geschichte lassen sich wohl kaum so viele Menschen umbringen. Es fällt außerdem auf, dass

121 Siehe z.B. Jesaja 53,4–10.

122 Bei dieser »inklusiven« Zählweise wird der Todestag mitgerechnet. Nach unserem Sprachgebrauch handelt es sich um den zweiten Tag danach.

123 Siehe z.B. Psalm 16,10.

124 Die engsten Mitarbeiter und ständigen Begleiter von Jesus, solange er auf der Erde war (»die zwölf Apostel«). Dagegen handelt es sich in Vers7 (»alle Apostel«) offensichtlich um einen erweiterten Apostelkreis.

die Jünger, die sich nach der Kreuzigung aus Angst hinter verschlossenen Türen versammelt hatten, plötzlich ihre Botschaft mitten in Jerusalem verkündigten – vor Menschen, die die Ereignisse selbst miterlebt hatten („Wie ihr wisst …" Apostelgeschichte, Kapitel 2, Vers 22). Fernab von Jerusalem, in entlegenen Gebieten, von einer Auferstehung zu berichten, wäre nicht nur weniger gefährlich gewesen, sondern die Menschen hätten dort mit einer erfundenen Geschichte vielleicht auch leichter überzeugt werden können.

Die Jünger kamen aus dem traditionellen Judentum und warfen innerhalb ganz weniger Jahre zentrale Überlieferungen ihres Glaubens über Bord und nahmen erstaunliche Neuerungen vor: die gottesdienstlichen Treffen am Sonntag (dem „jüdischen Montag"), zunächst abends nach Feierabend, zusätzlich zum Sabbat und bald sogar ausschließlich am Sonntag, als dem Tag der Auferstehung von Jesus. Das sind gewaltige Eingriffe für jüdisch-stämmige Menschen. Eine gewaltige Veränderung verlangt einen gewaltigen Auslöser. Noch atemberaubender ist die Tatsache, dass viele Juden, die streng monotheistisch erzogen waren („Der Herr dein Gott ist ein einziger Gott") Jesus Christus als Gott anbeteten (1. Korinther-Brief, Kapitel 8, Vers 6; Philipper-Brief, Kapitel 2, Verse 5 und die folgenden; Kolosser-Brief, Kapitel 1).

Ist das alles allein Folge von Halluzinationen oder Visionen? Autosuggestion?

Pinchas Lapide schreibt zu dieser Frage[125]:

> „Wenn diese aufgescheuchte, verängstigte Apostelschar, die eben dabei war, alles wegzuwerfen, um in heller Verzweiflung nach Galiläa zu flüchten […], wenn diese Bauern, Hirten und Fischer, die ihren Meister verrieten, verleugneten und dann kläglich versagten, plötzlich über Nacht sich in eine selbstsichere und heilsbewusste, überzeugte Missionsgesellschaft verwandeln konnten, die viel erfolgreicher nach Ostern als vor Ostern wirkte, so genügt keine Vision und keine Halluzination, um solch einen revolutionären Umschlag zu erklären.
> Für eine Sekte, eine Schule oder einen Orden hätte vielleicht eine Einzelvision genügt – nicht aber für eine Weltreligion […]" Eine solche Glaubensbewegung nur durch Autosuggestion oder Selbstbetrug in Gang zu setzen, wäre …

125 so zitiert bei Jürgen Spieß, 2013, Seiten 35–36.

> … „ein weit größeres Wunder als die Auferstehung selbst. Rein logisch analysiert ist also die Auferstehung Jesu „das kleinere Übel“ für all diejenigen, die eine rationale Erklärung für die weltweiten Konsequenzen jenes Osterglaubens suchen. Das eigentliche Wunder ist das Zum-Glauben-Kommen jener jüdischen Jesuaner-Schar, das sich, wie alle Wunder, aller exakten Beschreibung oder mathematischen Beweisführung entzieht.“

Nebenbei sei daran erinnert, dass die namentlich genannten Zeugen der Auferstehung unterschiedlicher nicht sein könnten: Petrus war ein Jünger von Jesus, Jakobus dagegen stand Jesus vor der Auferweckung sehr kritisch gegenüber. Paulus war sogar ein Verfolger der Christen.

D. Folgerungen

Der Vorgang der Auferstehung selbst wird in den Evangelien nicht beschrieben. Niemand war Zeuge dieses Geschehens. Sie „führt über die Geschichte hinaus, aber sie hat eine Fußspur in der Geschichte hinterlassen“[126]. Bei der Bewertung der Indizien zur Auferstehung von Jesus spielt es auch eine Rolle, ob man es überhaupt für möglich hält, dass es einen Gott gibt, der die Welt geschaffen hat und der zu einem bestimmten Zeitpunkt in dieser Welt in Erscheinung getreten ist. Das ist aber keine historische, sondern eine philosophisch-theologische Frage. Wenn diese Voraussetzung gegeben ist, kann man in der Auseinandersetzung mit den historischen Argumenten, auch als Historiker, zu dem Schluss kommen, dass die Überlieferung „historisch gesehen“ stimmig ist, und man kann dann sogar seine (persönliche und/oder wissenschaftliche) Distanz aufgeben und anfangen, zu diesem Jesus zu beten und als Christ zu leben.

Waren die Menschen in der Antike leichtgläubiger als wir, die wir von der Aufklärung geprägt sind? Als Paulus in Athen über die Auferstehung von Jesus (Apostelgeschichte, Kapitel 17) sprach, gab es anschließend drei Gruppen von Hörern: die Spötter, die sich auf Grund ihrer philosophischen Vorurteile (es gibt keinen Gott bzw. keinen Gott, der in die Geschichte eingreift) so etwas überhaupt nicht vorstellen konnten; die Vertager, die meinten, man solle später noch einmal auf die Sache zurückkommen. Und die Hörer, die zum Glauben an den auferstandenen Jesus kamen. Eine besondere Leichtgläubigkeit ist hier nicht erkennbar. Schließlich hatte die (griechische) Antike auch bereits

126 Joseph Ratzinger, Jesus von Nazareth, Zweiter Teil, Freiburg 2011, S. 300

ihre Aufklärung absolviert (siehe **Kapitel 1** dieses Buches: „Vom Mythos zum Logos"). Die Menschen der Antike wussten wie wir, dass man manche Berichte leichter glauben kann und andere nur schwer.

Apostelgeschichte, Kapitel 17, Verse 32–34

32 **Als Paulus von der Auferstehung der Toten sprach, brach ein Teil der Zuhörer in Gelächter aus, und andere sagten: »Über dieses Thema wollen wir zu einem späteren Zeitpunkt mehr von dir erfahren.«**

33 **Damit endete die Anhörung, und Paulus verließ die Ratsversammlung.**

34 **Doch einige Leute schlossen sich ihm an und kamen zum Glauben, so zum Beispiel Dionysios, ein Mitglied des Stadtrats, und eine Frau namens Damaris; und es gab noch andere, die zusammen mit diesen beiden ‚an Jesus glaubten'.**

Nach der historischen Überlieferung ist die Auferstehung von Jesus sehr gut bezeugt: Das leere Grab, die Begegnungen mit dem Auferstandenen, die Reaktionen der Jünger. Die drei Hörergruppen von Athen wird es auch heute – nach der neuzeitlichen Aufklärung – geben, wenn über die (leibliche) Auferstehung von Jesus gesprochen wird.

Heinzpeter Hempelmann (deutscher Theologe und Philosoph, geb. 1954) beginnt eines seiner Bücher mit den Worten:

„Der bekannte Schriftsteller Heinrich Böll hat einmal die Frage gestellt: „Hätte ich, wenn ich dabei gewesen wäre, die Auferstehung (bzw. den Auferstandenen) fotografieren können?" Dieser Frage ist man auf theologischer Seite mit Unwillen begegnet." 60 Seiten weiter versucht Hempelmann, die Frage Bölls zu beantworten. Aber auch andernorts stößt man auf diese Frage, z. B. bei www.worthaus.org. Da findet sich (zitiert am 14.11.18) „das Logos-Projekt: Eine Revision des christlichen Glaubens für das 21. Jahrhundert: [...] denn wir haben die Ahnung, dass die Ideen von dem Mann aus Nazareth tiefgründiger und faszinierender sind als die aktuellen Verflachungen und [...] Verhärtungen [...]". Den Antwortversuch Hempelmanns finde ich persönlich eher verwirrend und nicht wirklich hilfreich, deshalb möchte ich hier nicht weiter darauf eingehen und stattdessen nur ganz kurz postulieren: Von Karfreitag bis Ostersonntag war das Grab von Jesus voll, dann war es leer. Es gibt für mich keinen Grund anzunehmen, dass allein dies grundsätzlich nicht fotografierbar gewesen sein sollte. Was den Auferstandenen (und seine Auferstehung bzw. Auferweckung) anbelangt: Wenn er mit seinem verwandelten, „höherdimensionalen" „Auferstehungs"-Körper einfach so erscheinen und wieder verschwinden konnte, bzw. durch Wände gehen konnte, dann wäre es doch auch plausibel, dass er sich nur für den oder die Menschen sichtbar (bzw. fotografierbar) machen konnte, denen er sich auch tatsächlich zeigen wollte, und für die anderen, z. B. für Journalisten, eben nicht.

4.7 Der Logos: „Gläubige" und „Ungläubige"[127]

Ein Reisezirkus in Dänemark geriet in Brand[128]. Der Zirkusdirektor schickte den Clown, der schon für die Vorstellung verkleidet war, in das benachbarte Dorf, um Hilfe zu holen, und weil die Gefahr bestand, dass über die abgeernteten, ausgetrockneten Felder das Feuer auch auf das Dorf übergreifen könnte. Der Clown eilte in das Dorf und bat die Bewohner, schnell zum brennenden Zirkus zu kommen und löschen zu helfen. Aber die Dorfbewohner hielten das Geschrei des Clowns für einen ausgezeichneten Werbetrick, sie möglichst zahlreich in die Vorstellung zu locken; sie applaudierten und lachten Tränen. Der Clown beschwor die Menschen, dies sei kein Trick, es sei bitterer Ernst, es brenne wirklich. Sein Flehen steigerte nur das Gelächter, man fand er spiele seine Rolle ausgezeichnet – bis schließlich das Feuer auf das Dorf übergriff und jede Hilfe zu spät kam – beides, Zirkus und Dorf, verbrannten.

Diese Geschichte dient als Gleichnis für die Situation des Theologen heute: Er kann seine Botschaft gar nicht bis zum wirklichen Gehör der Menschen bringen. Er wird mit seinen Clownsgewändern aus dem Mittelalter gar nicht ernst genommen. Bei Veranstaltungen in der Kirche kommen zu den Gewändern aus dem Mittelalter noch andere Elemente hinzu, die wie in einer museumsartigen historischen Inszenierung wirken können. Der Theologe kann sagen, was er will, er ist eingeordnet und abgestempelt durch seine Rolle. Egal was er macht, man

127 Die Gedanken für dieses Kapitel fand ich bei Joseph Ratzinger: Einführung in das Christentum.

128 Gleichniserzählung von Sören Kiergegaard, aufgegriffen in: Ratzinger, Einführung in das Christentum 15. Aufl. 2000, zitiert nach Harvey Cox: Stadt ohne Gott, Stuttgart ²1967, S. 265

weiß schon vorher, dass er eben – ein Clown ist. Man weiß schon, worüber er redet, und dass er nur eine Vorstellung gibt, die mit der Wirklichkeit wenig oder nichts zu tun hat. Man kann ihm getrost zuhören, ohne dass man sich ernsthaft Gedanken darüber machen muss. In diesem Gleichnis ist die beunruhigende Wirklichkeit eingefangen, in der sich die Rede von Gott heute befindet. Es ist so gut wie nicht möglich, die Muster der Denk-, Sprech- und Hörgewohnheiten zu durchbrechen und die Sache mit Gott als Existenzfrage menschlichen Lebens akzeptabel zu stellen.

Aber diese Angelegenheit ist noch viel ernster und komplizierter. Denn im Gleichnis sieht es so aus, als wäre der Clown der völlig Wissende mit einer ganz klaren Botschaft, und die Dorfbewohner wären die völlig Unwissenden, die belehrt werden müssten. Demnach bräuchte der Clown nur das Kostüm wechseln und sich abzuschminken, dann wäre alles in Ordnung. Aber ändert das wirklich alles, wenn man sich „abschminkt“ und die Talare mit ihrem Muff von 1000 Jahren ablegt, das „Kasperle-Theater“ beendet und die Rede von Gott in eine moderne, allgemeinverständliche Sprache einkleidet und in den kirchlichen Veranstaltungen auf moderne Musik und moderne Formen übergeht? Genügt der innere und äußere Kostümwechsel, damit die Menschen freudig herbeilaufen und mithelfen, den Brand zu löschen, von dem der Gottesmann oder die Gottesfrau behauptet, dass es ihn gibt und dass er unser aller Gefahr ist? Dies alles kann zwar sehr hilfreich sein. Aber es kann sich auch zeigen, dass es dabei nicht nur um eine Krise der Form, der Requisiten, der Dolmetschung, sondern auch um die Fremdheit der Rede von Gott an sich, den Menschen unserer Zeit gegenüber, geht. Zusätzlich steht der eigene Glaube, das eigene Glaubenwollen, der bedrängenden Macht des Unglaubens gegenüber. So wird jemand, der heute ernsthaft versucht, sich und anderen Rechenschaft von seinem christlichen Glauben zu geben, nicht selten erkennen müssen, dass er gar nicht bloß der Verkleidete ist, der sich nur umzuziehen bräuchte, um anderen seinen Glauben wirklich nahebringen zu können, sondern dass sich seine eigene Situation gar nicht so ganz vollständig von der anderer unterscheidet, wie er sich anfangs eingebildet hat. Er wird merken, dass in beiden Gruppen die gleichen Mächte anwesend sind, wenn auch in unterschiedlicher Weise.

Im Gläubigen gibt es Augenblicke der Anfechtung, der Bedrohungen, der Ungewissheit durch alle Argumente, die es gegen den Glauben gibt. Es geht dann nicht mehr um Einzelfragen, sondern um das Ganze: alles oder nichts.

Auch umgekehrt ist der Ungläubige nicht nur ein Glaubensloser. So wie der Gläubige nicht nur fraglos dahinlebt, sondern stets vom Absturz in den Abgrund bedroht ist, so ist auch der Nichtglaubende keine in sich runde Existenz. Denn so sehr er sich auch als Atheist versteht, der die übernatürlichen Versuchungen und Anfälligkeiten längst hinter sich gelassen hat und nur noch im Sicheren und Sichtbaren lebt – die geheime Ungewissheit, ob diese Grundhaltung wirklich das letzte Wort hat, wird ihn nie ganz verlassen. So wie es den Zweifel des Glaubenden gibt, gibt es auch den Zweifel des Ungläubigen. Er wird sich seines Weltbilds nie restlos gewiss, sondern bleibt von der Frage bedroht, ob der Glaube nicht doch die Wahrheit ist. Es gibt so oder so keine Flucht aus dem Dilemma des Menschseins. Wer der Ungewissheit des Glaubens entfliehen will, wird die Ungewissheit des Unglaubens erfahren müssen, der seinerseits nie endgültig gewiss sagen kann, ob nicht doch der Glaube die Wahrheit ist. Der Glaube kann weder von dem einen noch von dem anderen endgültig abgewiesen werden. Der Glaubende wie der Ungläubige haben, jeder auf seine Weise, am Zweifel und am Glauben Anteil, wenn sie sich nicht vor sich selbst verstecken und vor der Wahrheit ihres Daseins. Keiner kann dem Glauben ganz und keiner kann dem Zweifel ganz entwischen. Für den einen ist der Glaube gegen den Zweifel da, für den anderen durch den Zweifel und in der Form des Zweifelns. Vielleicht könnte so gerade der Zweifel zum Ort der Kommunikation zwischen beiden werden. Er hindert beide daran, sich völlig in sich selbst zu verschließen. Er öffnet den Glaubenden für den Zweifelnden und den Zweifelnden für den Glaubenden. Für den einen ist er seine Anteilnahme am Schicksal des Ungläubigen, für den anderen die Art und Weise, wie der Glaube trotzdem eine Herausforderung an ihn bleibt.

4.8 Der Logos: „Mission" und „Endzeit"[129]

Die Wiederkunft von Jesus wurde von seinen ersten Jüngern, nach dem Zeugnis des Neuen Testaments, innerhalb der ersten christlichen Generation erwartet:

Lukas, Kapitel 21, Vers 32 (Einheitsübersetzung und Neues Leben-Übersetzung)

Ich sage euch: Diese Generation wird nicht vergehen, bis alles geschehen ist.

1. Thessalonicher-Brief, Kapitel 4, Vers 15:

Was wird mit den Christen, die vor Jesu Wiederkunft sterben?

13 **Kommen wir nun zur Frage nach den Gläubigen, die schon gestorben sind. Es liegt uns sehr daran, Geschwister, dass ihr wisst, was mit ihnen geschehen wird, damit ihr nicht um sie trauert wie die Menschen, die keine Hoffnung haben.**

14 **Nun, wir glauben doch, dass Jesus ‚für uns' gestorben und dass er auferstanden ist. Dann wird Gott aber auch dafür sorgen, dass die, die im Vertrauen auf Jesus gestorben sind, mit dabei sein werden, wenn Jesus in seiner Herrlichkeit kommt.**

---

129 „Mission" ist das Weitertragen des christlichen Glaubens zu anderen Menschen (Heute muss man dieses Wort in diesem Zusammenhang erklären) und „Endzeit" ist nach volkstümlichem Verständnis die Zeit vor der Wiederkunft von Jesus Christus, teilweise wird die Offenbarung des Johannes als ein chronologischer „Endzeit-Fahrplan" verstanden. Nach der biblischen Terminologie verhält es sich aber m.E. mit der Endzeit ganz anders:
Der Brief an die Hebräer, Kapitel 1, Verse 1–2, und Kapitel 9, Verse 25–26:
Viele Male und auf verschiedenste Weise sprach Gott in der Vergangenheit durch die Propheten zu unseren Vorfahren. Jetzt aber, am Ende der Zeit, hat er durch seinen eigenen Sohn zu uns gesprochen.
Christus brachte sich selbst als Opfer dar... Tatsache ist, dass er nur einmal in die Welt kam - jetzt, am Ende der Zeiten –, um uns durch das Opfer seines eigenen Leibes von der Sünde zu befreien.
Der erste Brief des Petrus, Kapitel 1, Vers 20:
Schon vor Erschaffung der Welt war Christus als Opferlamm ausersehen, und jetzt, am Ende der Zeit, ist er euretwegen auf dieser Erde erschienen.
Aus der Pfingstpredigt des Petrus (Apostelgeschichte, Kap. 2, Verse 16–17 mit Bezugnahme auf Joel 3):
Was hier geschieht, ist nichts anderes als die Erfüllung dessen, was Gott durch den Propheten Joel angekündigt hat. "Am Ende der Zeit", so sagt Gott, werde ich meinen Geist über alle Menschen ausgießen.

15 **Außerdem können wir euch unter Berufung auf ein Wort des Herrn versichern, dass sie uns gegenüber, soweit wir bei der Wiederkunft des Herrn noch am Leben sind, in keiner Weise benachteiligt sein werden.**

16 **Der Herr selbst wird vom Himmel herabkommen, ein lauter Befehl wird ertönen, und auch die Stimme eines Engelfürsten und der Schall der Posaune Gottes werden zu hören sein. Daraufhin werden zuerst die Menschen auferstehen, die im Glauben an Christus gestorben sind.**

17 **Danach werden wir – die Gläubigen, die zu diesem Zeitpunkt noch am Leben sind – mit ihnen zusammen in den Wolken emporgehoben, dem Herrn entgegen, und dann werden wir alle für immer bei ihm sein.**

18 **Tröstet euch gegenseitig mit dieser Gewissheit!**

1. Korinther-Brief, Kapitel 15, Verse 50–53

Die Auferstehung: Endgültiger Sieg über den Tod

50 **Eines müsst ihr wissen, Geschwister: Mit einem Körper aus Fleisch und Blut können wir nicht an Gottes Reich teilhaben, dem Erbe, das er für uns bereithält. Das Vergängliche hat keinen Anteil an dem, was unvergänglich ist.**

51 **Ich sage euch jetzt ein Geheimnis: Wir werden nicht alle sterben, aber bei uns allen wird es zu einer Verwandlung ‚des Körpers‘ kommen.**

52 **In einem einzigen Augenblick wird das geschehen, und zwar dann, wenn vom Himmel her die Posaune zu hören ist, die das Ende der Zeit ankündigt. Sobald die Posaune erklingt, werden die Toten auferweckt werden und einen unvergänglichen Körper bekommen, und auch bei uns, ‚die wir dann noch am Leben sind,‘ wird ‚der Körper‘ verwandelt werden.**

53 **Denn was jetzt vergänglich ist, ist dazu bestimmt, das Kleid der Unvergänglichkeit anzuziehen; was jetzt sterblich ist, muss das Kleid der Unsterblichkeit anziehen.**

Doch die Wiederkunft des Messias Jesus passierte nicht, weder nach der Exekution des Apostels Jakobus, dem Bruder des Johannes, noch nach der Verfolgung unter Nero mit der Exekution von Paulus und Petrus in Rom. Johannes, der Sohn des Zebedäus, war am Ende des 1. Jahrhunderts noch am Leben. In Anbetracht seines langen Lebens konnte die Hoffnung angefacht werden, dass Jesus wenigstens zu dessen Lebzeiten wiederkommt, noch dazu durch ein missverständlich wiedergegebenes Jesuswort in den ersten drei Evangelien:

Markus-Evangelium, Kapitel 9, Vers 1

Und Jesus fügte hinzu: »Ich sage euch: Einige von denen, die hier stehen, werden nicht sterben, bis sie das Reich Gottes in seiner Macht kommen sehen.«

Das Vierte Evangelium kannte zwar das Zweite, benutzte es aber nicht in erster Linie als primäre Quelle, sondern korrigierte eine Reihe von damals gängigen falschen Interpretationen unterschiedlicher, möglicherweise missverständlicher Passagen daraus[130]:

Johannes-Evangelium, Kapitel 21, Verse 20–25:

20 **Petrus wandte sich um und sah, dass der Jünger, den Jesus besonders liebte, ihnen folgte – jener Jünger, der sich damals beim Abendessen zu Jesus hinübergelehnt und ihn gefragt hatte: »Herr, wer wird dich verraten?«**

21 **Als Petrus ihn sah, fragte er Jesus: »Herr, und was wird aus diesem hier?«**

22 **Jesus erwiderte: »Wenn ich will, dass er am Leben bleibt, bis ich wiederkomme, was geht dich das an? Folge du mir nach!«**

23 **Unter den Gläubigen verbreitete sich daraufhin das Gerücht, jener Jünger werde nicht sterben. Dabei hatte Jesus zu Petrus gar nicht gesagt, der Jünger werde nicht sterben; er hatte nur gesagt: »Wenn ich will, dass er am Leben bleibt, bis ich wiederkomme, was geht dich das an?«**

24 **Der Jünger, ‚von dem Jesus das sagte,' ist auch der, der ‚alle' diese Dinge bezeugt. Er hat sie niedergeschrieben, und wir wissen, dass sein Bericht wahr ist.**

25 **Es gäbe noch vieles andere zu berichten, was Jesus getan hat. Wenn alles einzeln aufgeschrieben würde – ich glaube, die Welt wäre zu klein, um all die Bücher zu fassen, die man dann schreiben müsste.**

Noch einmal zu Lukas-Evangelium, Kap. 21, Vers **32: Ich sage euch: Diese Generation wird nicht vergehen, bis alles geschehen ist.** Heute, fast 2.000 Jahre später, wissen wir, dass Jesus damals nicht wiedergekommen ist, sondern dass die Christen immer noch darauf warten.

Das griechische Wort für Generation lautet *genea.* Nun gibt es mehrere Möglichkeiten, dieses Rätsel „Diese Generation wird nicht vergehen, bis alles geschehen ist", zu lösen: Jesus könnte damit auf die Zerstörung Jerusalems anspielen, die ebenfalls im Textzusammenhang

130 Eine ausführliche Darstellung dieses Sachverhalts findet sich eindrucksvoll in: Neugebauer: Die Entstehung des Johannes-Evangeliums.

genannt wird. Jerusalem wurde 70 n. Chr. von den Römern zerstört, also noch zur Zeit der Generation von Jesus. Aber diese Interpretation ist schwierig, es geht in der Umgebung dieses Satzes ja auch um das Ende der Welt und die Wiederkunft von Jesus.

Jesus könnte die Generation meinen, die Zeugin der kosmischen Ereignisse sein wird: den Zeichen an Sonne, Mond und Sternen, dass die Kräfte des Himmels aus dem Gleichgewicht geraten (Verse 25–26). Diese Generation wird auch das Kommen von Jesus in großer Macht und Herrlichkeit miterleben. Aber auch das ist schwierig. Jesus sagt das nicht eindeutig so, und man kann diese Interpretation als Trick auffassen. Ein Trick um die Aussage zu retten.

Das griech. Wort *genea*, das hier steht, heißt nicht nur Generation, Geschlecht, u.ä., wie man das in theologischen Wörterbüchern findet. Es kann auch – und das habe ich in meinen Schulbüchern gefunden – es kann auch Volk heißen. So auch im „Schul- und Handwörterbuch" von Gemoll:

I. Geschlecht (1. Familie; auch Sprössling, Nachkommenschaft. 2. Nation, Volk. 3. Generation, Zeitalter, Menschengeschlecht. II. Geburt.

Jesus sagte demnach: Ich sage euch: Dieses Volk wird nicht vergehen, bis alles geschehen ist.

Diese Lösung halte ich für die beste (diese Alternative findet sich auch in der Neuen Genfer Übersetzung). Dieses Volk wird nicht vergehen – damit meint Jesus die Juden. Und wie oft ist schon versucht worden, dieses Volk auszulöschen, und es gibt dieses Volk immer noch.

Diese Erwartung, dass Jesus innerhalb der ersten christlichen Generation wiederkommt, beflügelte möglicherweise auch Paulus dazu, sein Welt-Missions-Programm voranzutreiben und zu seinen eigenen Lebzeiten noch zu vollenden. Möglicherweise spielte bei seiner geografischen Strategie der Welt-Missions-Auftrag aus Jesaja, Kapitel 66, Verse 18–21 eine gewisse Rolle[131]:

Jesaja, Kapitel 66, Verse 18–19[132]

18 **Ich aber komme, um alle Völker und Zungen zu versammeln; sie werden kommen und meine Herrlichkeit schauen.**

---

131 Riesner: Die Frühzeit des Apostels Paulus, Seiten 204–296, speziell 213–227

132 nach Rainer Riesner, „nach textkritischer Rekonstruktion"

19 Ich werde an ihnen Zeichen wirken. Einige aus ihnen, die entronnen sind, sende ich zu den Völkern nach Tharschisch, Put und Lud, Meschech und Tubal und Jawan, zu den fernsten Inseln, zu denen noch keine Kunde von mir gedrungen ist und die meine Herrlichkeit noch nicht geschaut haben; sie werden unter den Völkern meine Herrlichkeit verkünden.

Für Paulus ergab sich daraus für die endzeitliche Heidenmission eine Bewegung von Jerusalem aus, wohin Gott zur Sammlung der Völker kommt. Der Weg der herausgeretteten Gesandten hat sieben Stationen: Tarsus, Kilikien, Lydien, Mysien, Bithynien, Mazedonien und der fernste Westen (Spanien). Diese Bewegung von Jerusalem aus in einem nordwestlichen Halbkreis bis zum äußersten Westen passt auch zu Römerbrief, Kapitel 15, Vers 19 (siehe unten). Auch heute kursieren Ansichten, es müssten erst alle Völker dieser Welt mit dem Evangelium erreicht sein („die Vollzahl der Heiden" als Bedingung für die endzeitliche Rettung Israels, als das dem Paulus geoffenbarte Geheimnis), bevor der Messias wiederkommen könne, basierend z. B. auf:

Römerbrief, Kapitel 11, Vers 25, Zürcher Bibel

Liebe Brüder und Schwestern, ich will euch dieses Geheimnis nicht vorenthalten, damit ihr nicht auf eigene Einsicht baut: Verstocktheit hat sich auf einen Teil Israels gelegt –
bis dass sich die Völker in voller Zahl eingefunden haben.

In der Neuen Genfer Übersetzung heißt es etwas anders:

Ich möchte euch, liebe Geschwister, über das Geheimnis ‚der Absichten Gottes mit Israel' nicht im Unklaren lassen, damit ihr nicht in vermeintlicher Klugheit aus der gegenwärtigen Verhärtung Israels falsche Schlüsse zieht. Es stimmt, dass ein Teil von Israel sich verhärtet hat, aber das wird nur so lange dauern, bis die volle Zahl von Menschen aus den anderen Völkern zum Glauben gekommen ist.

Von daher lag es für Paulus nicht fern, dass er durch seine geografisch weit ausgreifende Verkündigung „das Evangelium von Christus vollendet":

Römer-Brief, Kapitel 15, Vers 19b:

Auf diese Weise ist es mir möglich gewesen, von Jerusalem aus in dem ganzen Gebiet bis hin nach Illyrien meinen Auftrag zu erfüllen und das Evangelium von Christus zu vollenden (in seinem ganzen Umfang zu verkünden).

Ähnliches könnte man aus Matthäus Kap. 24, Vers 14 ableiten:

Die Botschaft vom Reich ‚Gottes' wird in der ganzen Welt verkündet werden, damit alle Völker sie hören. Dann erst kommt das Ende.

Je nach Verständnis und Übersetzung dieser Texte[133] können wir Heutigen auf den Gedanken kommen, dass durch unsere treue Mitarbeit erst alle noch nicht mit dem Evangelium erreichten Sprachen/Kulturen erreicht werden müssten, bevor Gott die nächsten Schritte in seinem Heilsplan einleiten kann. Oder man könnte sich auf den Standpunkt stellen, dass eine bestimmte Zahl („die volle Zahl von Menschen") erreicht sein müsste. Eines ist auf jeden Fall ziemlich klar: Gott will, dass alle Menschen ein Leben mit ihm – und nicht ein Leben ohne ihn – führen. Für diesen Dreh- und Angelpunkt ist kein weiterer detaillierter „Endzeit-Fahrplan" notwendig:

1.Timotheus-Brief, Kapitel 2, Verse 1–4

Gebet für alle Menschen

1 **Das Erste und Wichtigste, wozu ich ‚die Gemeinde' auffordere, ist das Gebet. Es ist unsere Aufgabe, mit Bitten, Flehen und Danken für alle Menschen einzutreten,**
2 **‚insbesondere' für die Regierenden und alle, die eine hohe Stellung einnehmen, damit wir ungestört und in Frieden ein Leben führen können, durch das Gott in jeder Hinsicht geehrt wird und das in allen Belangen glaubwürdig ist.**
3 **In dieser Weise zu beten ist gut und gefällt Gott, unserem Retter,**
4 **denn er will, dass alle Menschen gerettet werden**
und dass sie die Wahrheit erkennen.

133 interessant auch: **Der zweite Petrus-Brief, Kapitel 3, Vers 3–4:** Vor allem müsst ihr wissen, dass in den Tagen vor dem Ende Spötter auftreten werden, denen nichts heilig ist und die nur ihren eigenen Begierden folgen. »Wo bleibt denn die Erfüllung seiner Zusage?«, höhnen sie. »Er hat doch versprochen, dass er wiederkommt! Inzwischen sind unsere Väter [damit sind wahrscheinlich christliche Anführer der ersten Generation gemeint] gestorben, aber geändert hat sich nichts. Alles ist immer noch so, wie es seit der Erschaffung der Welt war.«

Ausblick

Ich hoffe, ausführlich und verständlich dargestellt zu haben, dass der Autor des Johannes-Evangeliums den christlichen Logos (den Menschgewordenen Gott Jesus Christus) anknüpft an den Logos (das universale göttliche Grundprinzip) des frühgriechischen Denkers Heraklit, und vermutlich an den Logos der Stoiker (das göttliche Weltgesetz der Vernunft, die göttliche Vernunft), auf jeden Fall aber auch an die jüdische bzw. jüdisch-hellenistische „Weisheit Gottes".

Für diesen Ausblick ist es mir wichtig zu zeigen, dass ein Herausreißen der Schriften des Neuen Testaments, insbesondere des Johannes-Evangeliums, aus der griechischen Umwelt, der griechischen Bildung, Kultur und Philosophie zwar versucht werden kann, aber letzten Endes keine Berechtigung hat und auch nicht zielführend ist. Denn die Schriften des Neuen Testaments wurden nun mal in griechischer Sprache und in der griechischen Lebenswirklichkeit und in der griechischen Gedankenwelt verfasst und überliefert. Das ist kein Zufall oder Versehen. Hingegen ist es durchaus berechtigt und erstrebenswert, die Überformung der christlichen Lehre durch den Platonismus ab dem 4. Jahrhundert (und durch den Aristotelismus ab dem 10. Jahrhundert) zu analysieren und zu überdenken, dies ist aber ganz bewusst nicht Gegenstand dieses Büchleins.

Es wurden Mechanismen aufgezeigt, mit denen es zu ganz erheblichen Bedeutungseinschränkungen beim Verstehen und beim Übersetzen der Bibel kommen kann, beispielsweise wenn bei den Übersetzungsmöglichkeiten des griechischen Wortes *logos* ganze Bedeutungsfelder eliminiert werden, möglicherweise, weil sie von vorneherein als allzu suspekt auf Platonismus oder jegliche andere griechische Philosophie erscheinen. Damit wird aber das Kind mit dem Bade ausgeschüttet. Oder der Mechanismus, sich bei der Bedeutung eines Wortes an den anderen Vorkommen in der Bibel zu orientieren und so systematisch das Bedeutungsfeld auch für alle anderen Vorkommen zu amputieren. Ganz abgesehen davon, dass der Inhalt der altgriechischen Wörterbücher allesamt sehr alt, zum Teil veraltet ist.

Als beeindruckendes Gegenbeispiel konnte ich das Übersetzerteam der Zürcher Bibel von 2007 anführen: Der griechische Logos bleibt grundsätzlich stehen. Dies markiert einerseits, dass *„logos"* aufgrund der großen Fülle seines Bedeutungsfeldes nicht wirklich übersetzbar ist. Und andererseits wird dadurch auch angedeutet, dass der Zusammenhang zwischen Heraklit, den Stoikern und Philon auf der einen Seite und dem Evangelisten Johannes auf der anderen Seite sehr wohl auch heute noch gesehen werden kann und auch gesehen wird.

Ich möchte bei diesem Ausblick noch ein paar Anmerkungen zu den Stichworten „die Rolle der Frau" und „Sexualität" machen. Denn bei diesen beiden Themen wurden und werden einzelne Sätze aus der Bibel zu Gesetzen gesetzt, ohne den biblisch-kulturellen Zusammenhang zu berücksichtigen, ohne die Grundgedanken zu erfassen: ohne Sinn und Vernunft, ohne den Logos.

„Die Frau schweige in der Gemeinde" ist längst wissenschaftlich als Glosse entlarvt (siehe auch Fußnoten dazu in der Zürcher Bibel von 2007): Als Randnotiz an den biblischen Text geschrieben, die dann bei Abschriften an etwas unterschiedlichen Stellen in den Text hineingerutscht ist – und ja auch deshalb etwas „sperrig" ist, weil im gleichen Text erklärt wird, wie in der Gemeinde weissagende Prophetinnen verfahren sollten. Die Apostelin Junia (vermutlich die Johanna, die drei Jahre lang als Jüngerin mit Jesus und „den Zwölf" (und anderen Frauen) durchs Land gezogen ist), wurde in mittelalterlichen Zeiten zu Junias (einem Mann) verfälscht. Dies alles ist inzwischen bestens bekannt, sickert aber erstaunlich langsam in das Repertoire mancher Theologen ein, mal ganz abgesehen von den Diakoninnen, Missionarinnen, Gemeindeleiterinnen, Lehrerinnen und weiblichen Coaches für Leiter im Neuen Testament (s. a. Welt und Umwelt der Bibel 4/2015).

Ein anderer Brennpunkt ist Sexualität und Ehe und Familie, sexuelle Orientierung und sexueller Missbrauch. Jesus zog mit Männern und Frauen drei Jahre lang durchs Land, sagt aber zum Thema Erotik offenbar nichts. Er nimmt aber Stellung zu Streitfragen zwischen den Rabbiner-Schulen zum Thema Scheidung, und zwar gegen eine leichtfertige Praxis, und mit Hinweisen, dass den Frauen ähnliche Rechte wie den Männern zugestanden werden sollten. Jesus spricht sich gegen die Todesstrafe bei Ehebruch aus. Jesus äußert sich auch nicht zu vertrauensvollen, von gegenseitiger Liebe geprägten homosexuellen Beziehungen bzw. Ehen auf Augenhöhe; das verwundert nicht, schon allein, weil es das zur Zeit von Jesus überhaupt nicht gegeben hat und folglich gar nicht sinnvoll thematisiert werden konnte. Allerdings gab es homosexuelle Gewalt bzw. Praktiken aus einem Machtgefälle heraus. Zu diesem Thema gibt es ein paar wenige Anmerkungen in der Bibel[134] (aber nicht von Jesus).[135] Trotzdem glauben manche Theologen ganz genau zu wissen, dass es sich um Aussagen zu heutigen Formen homosexueller Beziehungen auf Augenhöhe handele, weil das Wort, dass da stehe, ganz genau dies meine. Zum Glück kann der aufmerksame Leser bereits innerhalb der Bibel einige *logos*-gemäße Entwicklungen beobachten. Dazu nur ein ganz einfaches Beispiel:

5. Buch Mose, Kap. 23, Vers 2: **In die Versammlung des HERRN darf niemand kommen, dessen Hoden zerquetscht oder dessen Glied abgeschnitten ist.**

Der Sinn dieses Gesetzes war möglicherweise ursprünglich, die damals übliche Praxis der Kastration von Kindern zum Zweck der Vorbereitung auf eine hohe Beamtenlaufbahn einzudämmen und Eltern zu entmutigen, dies anzustreben. De facto führte dieses Gesetz aber zu einer Diskriminierung dieser Eunuchen.

134 z. B. über männliche Tempelprostitution: 1 Kön 14,24; homosexuelle Vergewaltigung: 1 Mose 19,4f; Päderastie: „Knabenschänder", „Lustknaben" (Luther Übersetzungen 1956, 1984, 2017), bzw. „[…] *homosexuelle Beziehungen mit Minderjährigen* […]. Im Griechischen stehen hier zwei Ausdrücke: der eine bezeichnet wahrscheinlich den passiven, der andere den aktiven Partner in einer homosexuellen Beziehung." (Übersetzungs-Alternative in der Neuen Genfer Übersetzung von 2011): 1 Kor 6,9ff, 1 Tim 1,10, Jud 7.

135 siehe z. B. auch Jürgen Roloff, Artikel „Homosexualität", in: Reclams Bibellexikon 1978, 7., überarbeitete und erweiterte Auflage 2004, Stuttgart: „[…] Röm 1,22–27 […] Paulus verurteilt hier nicht die H.[omosexualität] als isoliertes Vergehen […].Hier wird wohl auch das heutige theologische Urteil über die H. anzuknüpfen haben: die zentrale Frage ist, ob und wie H. in sittlicher Verantwortung gemeistert werden kann."

Deshalb heißt es in Jesaja, Kap. 56, Verse 3–8:

3 Und der Fremde, der sich dem HERRN angeschlossen hat, soll nicht sagen: Gewiss wird der HERR mich ausschliessen aus seinem Volk! Und der Eunuch soll nicht sagen: Sieh, ich bin ein vertrockneter Baum!

4 Denn so spricht der HERR: Den Eunuchen, die meine Sabbate halten und wählen, woran ich Gefallen habe, und die an meinem Bund festhalten,

5 ihnen gebe ich in meinem Haus und in meinen Mauern Denkmal und Name[136], was mehr ist als Söhne und als Töchter. Einen ewigen Namen werde ich ihnen geben, der nicht getilgt wird.

6 Und die Fremden, die sich dem HERRN anschliessen, um ihm zu dienen und um den Namen des HERRN zu lieben, um ihm Diener zu sein, alle, die den Sabbat halten und ihn nicht entweihen und die an meinem Bund festhalten,

7 sie werde ich zu meinem heiligen Berg bringen, und in meinem Bethaus werde ich sie erfreuen. Ihre Brandopfer und ihre Schlachtopfer werden ein Wohlgefallen sein auf meinem Altar, denn mein Haus soll Bethaus genannt werden – für alle Völker.

8 Spruch Gottes des HERRN, der die Versprengten Israels sammelt: Noch mehr werde ich zu ihm[137] sammeln, zu seinen Gesammelten.

Der Prophet Jesaja rehabilitiert hier also im Auftrag Gottes, des HERRN, alle Eunuchen ganz ausdrücklich, die nach 5. Mose, Kap. 23 nachhaltig zur Gottesferne verdammt gewesen wären. Den Eunuchen, die am Bund Gottes festhalten, gibt Gott laut Jesaja, Kap. 56 „Denkmal und Namen“, was sogar noch mehr wert ist als Söhne und als Töchter. Dies alles hat viel später zwiespältige Auswirkungen auf den äthiopischen Finanzbeamten aus Apostelgeschichte 8, Verse 27–39: ein Eunuch, der in Jerusalem gewesen war, um den Gott Israels anzubeten. Aber er durfte aus den oben genannten Gründen sicher nicht rein in den Tempel in Jerusalem und bricht enttäuscht zur Rückreise auf. Er konnte offenbar eine Jesaja-Rolle erwerben und liest darin auf der Rückreise. Er stößt sicher auch auf Jesaja, Kap. 56. Aber nicht nur das. Philippus bekommt den Auftrag, am Weg auf ihn zu warten und erklärt ihm dann anhand Jesaja, Kap. 53 das Evangelium von Jesus. Da-

136 "Denkmal und Name": wörtlich: "Hand und Name", hebräisch: 'jad waschem'; so lautet auch der Name der Gedenkstätte Yad Vashem in Jerusalem.

137 Mit 'ihm' ist das Haus gemeint.

raufhin lässt sich der Eunuch von Philippus taufen und es erfüllte ihn eine tiefe Freude:

Apostelgeschichte, Kap. 8, Verse 27–39:

27 Philippus machte sich auf den Weg; und als er diese Straße entlangging, kam dort in seinem Reisewagen ein Äthiopier gefahren, ein Eunuch[138]. Es handelte sich um einen hohen Würdenträger, den Finanzminister der Kandake, der äthiopischen Königin.[139] Der Mann war in Jerusalem gewesen, um ‚den Gott Israels' anzubeten, 28 und befand sich jetzt auf der Rückreise. Er saß in seinem Wagen und las im Buch des Propheten Jesaja. 29 Der ‚Heilige' Geist sagte zu Philippus: »Geh zu dem Wagen dort und halte dich dicht neben ihm!« 30 Philippus lief hin, und als er neben dem Wagen herging, hörte er den Mann laut aus dem Buch des Propheten Jesaja lesen. »Verstehst du denn, was du da liest?«, fragte er ihn. 31 »Wie kann ich es verstehen, wenn niemand es mir erklärt?«, erwiderte der Mann. Und er bat Philippus, aufzusteigen und sich zu ihm zu setzen. 32 Der Abschnitt der Schrift, den er eben gelesen hatte, lautete:

»Man hat ihn weggeführt wie ein Schaf, das geschlachtet werden soll. Und wie ein Lamm beim Scheren keinen Laut von sich gibt,
so kam auch über seine Lippen kein Laut ‚der Klage'.

33 Er wurde erniedrigt und all seiner Rechte beraubt.
Niemand wird über Nachkommen von ihm berichten können,
denn sein Leben auf der Erde wurde ihm genommen.«

34 Der Äthiopier wandte sich an Philippus: »Bitte sag mir, von wem ist hier die Rede? Spricht der Prophet von sich selbst, oder spricht er von jemand anders?« 35 Da ergriff Philippus die Gelegenheit und erklärte ihm, von dieser Schriftstelle ausgehend, das Evangelium von Jesus. 36 Als sie nun, ‚ins Gespräch vertieft,' die Straße entlangfuhren, kamen sie an einer Wasserstelle vorbei. »Hier ist Wasser!«, rief der Äthiopier. »Spricht etwas dagegen, dass ich getauft werde?« [37] 38 Und er befahl, den Wagen anzuhalten. Beide, Philippus und der Äthiopier, stiegen ins Wasser, und Philippus taufte den Mann. 39 Als sie wieder aus dem Wasser stiegen, wurde Philippus plötzlich vom Geist des Herrn ergriffen und an einen anderen Ort versetzt,

138 Als Eunuch (zeugungsunfähig gemachter Mann) wird der Äthiopier im griechischen Text auch in den Versen 34, 36, 38 und 39 bezeichnet. Wegen 5.Mose 23,2 durften Eunuchen lediglich den äußeren Vorhof des jüdischen Tempels betreten, aber nicht am Gottesdienst teilnehmen. Hier wird nun die in Jesaja 56,3–5 angekündigte Aufnahme von Eunuchen in Gottes Gemeinde Wirklichkeit.

139 Das Königreich Äthiopien war in der oberen Nilregion gelegen, im Gebiet des heutigen Sudan. Kandake ist kein Eigenname, sondern war der Titel der äthiopischen Königinnen.

und der Äthiopier sah ihn nicht mehr. Trotzdem erfüllte ihn eine tiefe Freude, als er nun seine Reise fortsetzte.

Nach 5. Mose, Kap. 23 durften Eunuchen nicht am Tempel-Gottesdienst teilnehmen. Die in Jesaja, Kap. 56 angekündigte Aufnahme von Eunuchen in Gottes Gemeinde wird aber mit Christus und den Christen Wirklichkeit.

Anhang

Die Logos-Predigt von Hanspeter Jauslin vom 22. Juli 2007

Predigttext Joh. 1, 1–3: Reise zum Ursprung

Liebe Gemeinde,
Ferienzeit – Reisezeit! Wären Sie bereit dazu, mit mir heute Morgen eine Reise zu unternehmen? Wenn ja, lassen Sie sich auf eine ganz weite Reise ein. Es ist eine Reise, die den Rahmen sämtlicher Reisen sprengt, die Sie je unternommen haben. Allerdings dürften alle herkömmlichen Verkehrsmittel nicht ausreichen, um an das vorgesehene Ziel zu gelangen. Selbst wenn wir mit Lichtgeschwindigkeit reisen würden, d. h. mit ca. 300'000 km in der Sekunde, würde unsere Reise Millionen von Jahren dauern. Es gibt deshalb nur noch ein Reisemittel, das noch schneller ist als das Licht, nämlich der Geist. Ich bitte Sie deshalb, diese Reise mit mir im Geiste vorzunehmen.

Das Ziel dieser Reise ist der Ursprung aller Dinge. Damit wir zu diesem Ursprung gelangen können, brauchen wir einen zuverlässigen Führer. Die Frage stellt sich deshalb heute Morgen: "Gibt es überhaupt einen kompetenten Führer, der uns zum Ursprung aller Dinge begleiten kann?" Die meisten Menschen glauben das nicht! In der Wissenschaft wird als Ursprung aller Dinge vom Urknall geredet. Was noch vorher war, entzieht sich jeglicher menschlichen Forschung. Aber da gibt es ja noch ein Buch! Nämlich die Bibel. In diesem Offenbarungswort des lebendigen Gottes gibt es viele Stellen, die uns über den Ursprung aller Dinge Hinweise geben.Wir tun deshalb gut daran, wenn wir heute Morgen für diese weite Reise Gottes Wort als Führer wählen.

So sehr ich die menschlichen Wissenschaften gerade auch in Bezug auf die Frage nach unserem Ursprung schätze, sind ihnen doch Schranken gesetzt, über die hinaus keine Forschung mehr möglich ist. Da weiss nur noch einer Bescheid, nämlich unser lebendiger, unvergänglicher und allwissender Gott. Nur sein Wort kann uns die brennenden Fragen unserer Herkunft und unserer Zukunft offenbaren. Aufgrund eines solchen Offenbarungswortes möchte ich Sie jetzt im Geiste auf die Reise zum Ursprung mitnehmen. Es steht am Anfang des Johannes-Evangeliums, im 1. Kapitel, Verse 1–3 (nach der Lutherbibel):

1 Im Anfang war das Wort, und das Wort war bei Gott, und Gott war das Wort.
2 Dasselbe war im Anfang bei Gott.
3 Alle Dinge sind durch dasselbe gemacht, und ohne dasselbe ist nichts gemacht, was gemacht ist.

In den vier Evangelien wird das Leben und Wirken von Jesus auf verschiedene Art und Weise beschrieben. Dabei finden wir bei jedem Evangelisten Schwerpunkte, die eine spezielle Seite von Jesus hervorheben. Es ist ja unmöglich, mit unseren menschlichen Worten ein umfassendes Bild von Jesus darzustellen, die seiner Grösse und Vielseitigkeit entspricht. Es ist wie es auch Paulus umschrieben hat, alles nur Stückwerk. Es kommt mir in diesem Zusammenhang oft die Geschichte von den vier Blinden in den Sinn, die einem Elefanten begegnet sind, und ihn dann sehr unterschiedlich geschildert haben.

Der erste Blinde sagte, der Elefant sei eine starke Säule!
Nein, entgegnete der Zweite, der Elefant ist ein dicker Schlauch!
Kann nicht sein, meinte der Dritte, er ist ein grosser Ballon!
Auf keinen Fall, erwiderte der Vierte. Der Elefant ist ein grosses dickes Blatt!

Jeder der vier Blinden war fest davon überzeugt, dass er im Recht ist, denn jeder hatte ja den Elefanten mit den eigenen Händen gefühlt! Nur hatte jeder Blinde beim Erfühlen des Elefanten einen andern Körperteil angefasst.

Der Erste, der behauptete der Elefant sei eine Säule, hatte ein Bein erwischt. Der Zweite nahm den Rüssel in seine Hände und dachte an einen Schlauch. Der Dritte umfasste den Bauch des Elefanten, der ihm wie ein grosser Ballon vorkam, und der Vierte betastete ein Ohr und meinte, er wäre ein grosses Blatt. Natürlich kann diese Geschichte nicht in dieser abstrakten Form auf die vier Evangelisten übertragen werden. Aber sie kann uns doch aufzeigen, dass es auch im Hinblick auf das Wort Gottes wichtig ist, dass wir versuchen, die verschiedenen Seiten in einer Gesamtschau zu betrachten. Und nun ganz kurz zu unsern vier unterschiedlichen Evangelisten:

So betont zum Beispiel Matthäus in seinem Evangelium Jesus als Messias der Juden und Vorbereiter der Königsherrschaft Gottes. Der Bezug zum jüdischen Volk wird noch dadurch unterstrichen, dass der im Matthäus-Evangelium enthaltene Stammbaum von Jesus auf den Erzvater Abraham zurückgeht.

Das Lukas-Evangelium ist das Einzige, das von einem Nichtjuden, nämlich von einem sogenannten „Heidenchristen" verfasst wurde. Als Arzt stellt Lukas den Herrn Jesus besonders als den Heiland und Retter nicht nur der Juden, sondern aller Menschen dar. Der in seinem 3. Kapitel aufgeführte Stammbaum von Jesus geht deshalb auch bis auf den ersten Menschen, nämlich auf Adam, zurück. Beim kürzesten Evangelium von Markus wird Jesus besonders als der gehorsame Gottesknecht herausgehoben, der sein Heilswerk auf Erden nach dem Willen Gottes verrichtet. Bei einem Knecht spielt offenbar die Abstammung keine Rolle, weshalb wir im Markus-Evangelium auch keinen Stammbaum von Jesus finden. Ganz anders verhält es sich im Johannes-Evangelium, dessen Eingangsverse uns heute Morgen auf unserer Reise begleiten. Der Apostel Johannes, einer aus dem Zwölferkreis der Jünger, hat, vom Geiste Gottes darin geleitet, eine ganz besondere Darstellung des Herrn Jesus wiedergegeben. Er zeigt uns Jesu Grösse als Sohn Gottes auf, der bei Gott dem Vater war und von diesem in die Welt gesandt wurde, um nach vollbrachtem Erlösungswerk wieder zu ihm zurückzukehren. Deshalb geht die Abstammung Jesu bei Johannes viel, viel weiter zurück als in den andern Evangelien, nämlich zurück auf den Ursprung bei Gott Vater. So beginnt Johannes im 1. Vers: Im Anfang war das Wort, und das Wort war bei Gott, und Gott war das Wort.

Dieser Satz führt uns also ganz an den Anfang aller Anfänge zurück! Und was war noch vor diesem Anfang? Die Bibel bezeugt von Gott Vater, dass er immer da war und ist und bleiben wird! Er ist der Ewige und Unveränderliche. Er hat keinen Anfang und kein Ende. Das können wir mit unserem begrenzten Verstand nicht fassen. Es übersteigt jegliches menschliche Vorstellungsvermögen. Das zu begreifen ist auch nicht wichtig oder heilsnotwendig. Aber es darf uns trösten, dass hinter dem ganzen Universum ein Gott und Vater steht, von dem wir wissen dürfen, dass ER die Liebe ist und mit allem, was ER geschaffen hat nur die besten Absichten und Ziele verfolgt. Und nun geschah vor Ewigkeiten das, was mit dem Beginn der Geschichte bezeichnet werden kann.

In Psalm 2, Vers 7 wird auf das älteste Ereignis der gesamten Schöpfung hingewiesen mit der Aussage Gottes: "Du bist mein Sohn, heute habe ich dich gezeugt." Diesen wichtigen Satz, welcher klar auf Jesus bezogen ist, finden wir auch in der Apostelgeschichte und zwei Mal im Hebräerbrief wieder.

Er betont unmissverständlich, dass Jesus als Sohn Gottes aus Gott Vater gezeugt worden ist. Jesus ist also nicht ein Geschöpf Gottes, wie zum Beispiel wir Menschen, sondern er ist aus Gott gezeugter Sohn und deshalb auch mit Gott wesensgleich. Er ist der Erstgeborene vor aller Schöpfung. Das scheint mir eine wichtige Aussage der Bibel zu sein. Mit der Zeugung des Sohnes Gottes hat alles, was wir später wissen, begonnen. Es ist der Anfang aller Anfänge! So kann Johannes seinen Prolog mit den Worten beginnen:
„Im Anfang war das Wort, und das Wort war bei Gott, und Gott war das Wort."

Johannes lässt dann im nachfolgenden Text keinen Zweifel darüber, wer mit dem Begriff„ Wort„ gemeint ist, nämlich JESUS.

Es ist mir bewusst, dass der Begriff „Wort" in unserem Sprachgebrauch einer starken „Inflation“ unterliegt und auch vom Sinn her dem im griechischen Urtext verwendeten Begriff „Logos“ nicht ganz genügt. Ich habe mich deshalb gefreut, dass in der neuen Zürcher-Bibelübersetzung, welche letzten Monat erschienen ist, als Ergänzung zum Begriff „das Wort“ auch die ursprünglich griechische Bezeichnung „der Logos“ übernommen worden ist. (Sie finden diesen etwas ungewohnten Text auch auf dem Handzettel). Nebst der männlichen Form, welche besser auf Jesus zugeschnitten ist, drückt der Begriff „Logos“ auch noch zwei für mich sehr bedeutende Eigenschaften von Jesus aus.

Die Erste ist das aus dem griechischen Begriff „Logos“ abgeleitete deutsche Wort „logisch“, was auch mit „folgerichtig“ bezeichnet werden kann! Jesus ist somit der Folgerichtige Gottes im wahrsten Sinne des Wortes.

Eine weitere Bedeutung von „Logos" liegt im Begriff „Logarithmus". Hier geht es um Rechnung, beziehungsweise um berechnen. Es ist für mich die Begründung darin, dass Jesus, der „Logos" Gottes, auch der Garant dafür ist, dass die Rechnung einmal aufgeht , was bereits ein Hinweis auf den späteren Opfertod am Kreuz darstellt.

Im Anfang war das Wort, bzw. „der Logos", d.h.: Im Anfang war Jesus. Und Jesus war bei Gott. Und Gott war Jesus. Dieser Jesus war im Anfang bei Gott! Und jetzt vernehmen wir in Vers 3 eine gewaltige Aussage. Wenn wir jetzt das Wort „dasselbe" mit Jesus, dem in diesem Text gemeinten Sohn Gottes ersetzen, so lautet dieser Satz: „Alle Dinge sind durch Jesus gemacht und ohne Jesus ist nichts gemacht, was gemacht ist." Merken wir etwas davon, was dieser Sohn Gottes, der sich in Jesus uns Menschen offenbarte, von Anfang an für eine hohe Stellung und Bedeutung innerhalb und vor der ganzen Schöpfung hat! Wir können nie gross genug von Jesus denken. Wenn Jesus der Schöpfer des ganzen Universums mit Milliarden von Sternen ist, dann ist er auch der Urheber von allem. Das heisst juristisch gesehen, ER hat auf alles das Urheberrecht. Alles gehört IHM. Und alle Geschöpfe sind letztlich IHM verantwortlich. Lassen sie mich diesen gewaltigen Anspruch Jesu auf die gesamte Schöpfung noch mit einigen Bibelstellen unterstreichen:
Im 1. Kapitel des Kolosserbriefes schreibt Paulus:
Jesus ist das Ebenbild des unsichtbaren Gottes, der Erstgeborene vor aller Schöpfung. Denn in Jesus ist alles geschaffen, was im Himmel und auf Erden ist, das Sichtbare und das Unsichtbare, es seien Throne oder Herrschaften oder Mächte oder Gewalten; es ist alles durch IHN und zu IHM geschaffen. Und ER ist vor allem, und es besteht alles in IHM.

In diesem Text wird betont, dass in Jesus nicht nur die sichtbare, sondern auch die unsichtbare Schöpfung geschaffen worden ist! Das heisst auch, dass vor der sichtbaren Schöpfung die unsichtbare entstanden ist.

Die Bibel befasst sich in vielen Stellen mit diesen zwei Wirklichkeiten. So besteht eine starke Abhängigkeit unserer sichtbaren von der für uns noch unsichtbaren Schöpfung, wie dies vor allem in der Offenbarung, dem letzten Buch in der Bibel, zum Ausdruck kommt. Es kommt mir dabei immer das schöne Abendlied von Matthias Claudius in den Sinn:

Seht ihr den Mond dort stehen,
er ist nur halb zu sehen,
und ist doch rund und schön.
So sind wohl manche Sachen,
die wir getrost belachen,
weil unsre Augen sie nicht sehn.

Auch das Alte Testament beginnt mit denselben beiden Worten wie das Johannes-Evangelium, nämlich: „Im Anfang schuf Gott Himmel und Erde". Weil im Anfang der Logos war, das heisst Jesus, kann auch diese Stelle logischerweise so gelesen werden: „In Jesus schuf Gott Himmel und Erde!"
So dürfen wir als gläubige Christen wissen, dass die ganze Schöpfung, das ganze Universum, durch Jesus entstanden ist! Aber das ist längst nicht alles!
Der Hebräerbrief weist im Zusammenhang mit dem Ursprung aller Dinge noch auf eine für uns Menschen viel wichtigere Tatsache hin. Hören wir gut zu, was in den Versen 1–4 im 1. Kapitel steht:

„1 Nachdem Gott vorzeiten vielfach und auf vielerlei Weise geredet hat zu den Vätern durch die Propheten, hat er in den letzten Tagen geredet durch den Sohn, den ER eingesetzt hat zum Erben über alles, durch den er auch die Welt gemacht hat. 3 Jesus ist der Abglanz seiner Herrlichkeit und das Ebenbild seines Wesens und trägt alle Dinge mit seinem kräftigen Wort und hat vollbracht die Reinigung von den Sünden und hat sich gesetzt zur rechten der Majestät in der Höhe und ist so viel höher geworden als die Engel, wie der Name, den ER ererbt hat, höher ist als ihr Name"

Soweit das Zeugnis aus dem Hebräerbrief. Hier wird im gleichen Atemzug mit der durch Jesus ins Dasein gerufenen Schöpfung auch die durch Jesus erfolgte Erlösung, welche ER am Kreuz auf Golgatha für uns erwirkt hat, aufgezeigt.

Schöpfung und Erlösung waren also bei Gott Vater und seinem Sohn schon in der Urzeit ein Thema!

Erinnern Sie sich, dass ich erwähnt habe, dass im Wort „Logos" auch der Begriff: „Berechnung" enthalten ist. Gott wollte offenbar nicht eine Schöpfung inklusive uns Menschen ins Leben rufen, ohne dass er auch sicher war, dass diese Schöpfung nicht auf irgendeine Weise einmal zugrunde geht. Als allwissender Gott sah er voraus, dass die von IHM erschaffenen Menschen in der ihnen zugestandenen Freiheit auch in der Lage waren, sich gegen IHN zu stellen und das Chaos, wie es uns heute täglich vor Augen steht, zu bewirken. Deshalb hat ER in seinem göttlichen Plan vor Grundlegung der Welt, wie es im 1. Kapitel des 1. Petrusbriefes heisst, Jesus Christus als das für uns am Kreuz sterbende Lamm ausersehen. Mit Jesus wollte der Vater unsere Schuld, die wir uns mit unseren Sünden aufgeladen haben, ausgleichen, damit die Rechnung, trotz unserem Versagen, einmal aufgeht!

Was für eine wunderbare Botschaft! Sie zeigt uns auf, dass schon vor dem Ursprung der Schöpfung die für uns unfassbare Liebe Gottes am Werk war. Wissen Sie, als mir dieses Ur-Evangelium einmal im Herzen bewusst wurde, kam ich wirklich über Gott ins Staunen und dieses Staunen hat bis heute nie aufgehört.

Der Liederdichter Paul Gerhardt hat in einem seiner Passionslieder versucht, das vor Urzeiten zwischen Gott und seinem Sohn mögliche Gespräch in Verse zu fassen. Dieser Dialog ist in zwei Liederstrophen enthalten und beeindruckt mich vor allem dadurch, wie Jesus sich bereit erklärt, als Lämmlein Gottes den Leidensweg bis zum schmachvollen Tod am Kreuz zu gehen. Der Hintergrund dieser Bereitschaft ist die unendlich grosse Gottesliebe, was auch darin zum Ausdruck kommt, dass Paul Gerhardt das Wort „Liebe" in einem dieser ergreifenden Verse 4 Mal erwähnt! So heisst es im 1. Vers:

Das Lämmlein ist der grosse Freund und Heiland meiner Seelen;
IHN, IHN hat Gott zum Sündenfeind und Sühner wollen wählen.

Und nun spricht Gott:
„Geh hin mein Kind, und nimm dich an
der Menschen, die ich ausgetan
zur Straf und Zornesruten.
Die Straf ist schwer, der Zorn ist gross;

du kannst und sollst sie machen los
durch Sterben und durch Bluten."

Und nun kommt die wunderbare Antwort vom Sohn Gottes:

„Ja, Vater, ja, von Herzensgrund,
leg auf, ich will's gern tragen;
mein Wollen hängt an Deinem Mund,
mein Wirken ist Dein Sagen."
O Wunderlieb o Liebesmacht,
du kannst, was nie ein Mensch gedacht,
Gott seinen Sohn abzwingen.
O Liebe, Liebe du bist stark,
du streckest den in Grab und Sarg,
vor dem die Felsen springen.

Ja, ich frage Sie, gibt es eine grössere Liebe als diese Gottesliebe, die uns schon beim Ursprung aller Dinge, nämlich vor Grundlegung der Welt, in Jesus begegnet? Wie tröstlich ist es für uns zu wissen, dass der Schöpfer des Weltalls und somit auch unser Schöpfer nicht ein unberechenbarer Despot ist, der willkürlich alle Fäden in der Hand behält oder dass wir, wie viele Menschen glauben, einem blinden Schicksal ausgeliefert sind, sondern dass wir es mit einem Gott zu tun haben, der seine Geschöpfe grenzenlos lieb hat. Es lohnt sich deshalb, ja es ist sogar lebensnotwendig, dass wir uns diesem Gott in Jesus Christus öffnen und seine vergebende Liebe annehmen. Durch den Glauben finden wir den Zugang zu einem Leben mit Gott, das heisst zum ewigen Leben! Es ist auch ein Leben, das sich lohnt und schliesslich zum Ziel führt.

Johannes Andreas Rothe, ein Mitarbeiter von Graf Zinsendorf, hat ebenfalls über den Liebesplan Gottes, wie er schon vor aller Zeit festgelegt worden ist, gestaunt und dies in einem Lied wie folgt bekannt:

Ich habe nun den Grund gefunden,
der meinen Anker ewig hält.
Wo anders als in Jesu Wunden?
Da lag er vor der Zeit der Welt,

der Grund der unbeweglich steht,
wenn Erd und Himmel untergeht.

Es ist das ewige Erbarmen,
das alles Denken übersteigt,
des, der mit offnen Liebesarmen
sich zu uns armen Sündern neigt,
aus dessen Herz Erbarmen bricht,
wir kommen oder kommen nicht.

Was für gewaltige Liebesabsichten sind in diesen fünf Worten enthalten: „Im Anfang war das Wort"

Gerne möchte ich noch ein kleines Ferienerlebnis zu diesem Thema anführen. Ich durfte mit meiner Frau nach der sogenannten Wende in Deutschland eine Reise zu verschiedenen ostdeutschen Städten unternehmen. Dabei besuchten wir auch die bekannte Wartburg, in der Martin Luther die Bibel ins Deutsche übersetzt hat. Auf dem Schlossrundgang standen wir plötzlich in der Schlosskapelle. Mein Blick fiel sofort auf die hölzerne Kanzel die mit einem Kanzeltuch geschmückt war. Auf diesem Tuch las ich die 5 Worte:

„Im Anfang war das Wort"

Sie können sich kaum vorstellen, was ich alles innerlich in diesem kurzen Augenblick erlebt habe. Es war für mich wie eine göttliche Offenbarung mit einer Intensität, die ich nicht beschreiben kann. Ein tiefes Glücksgefühl kam über mich, weil mir innerlich bewusst wurde, was für eine gewaltige Liebesbotschaft hinter diesen fünf Worten verborgen ist!

Es war für mich ein unvergessliches Erlebnis und oft kam in mir die Frage auf, was wohl mit uns Menschen oder mit der gesamten Schöpfung wäre, wenn es nicht diesen „Anfang" gegeben hätte? Vielleicht war gerade diese „Wartburg-Begegnung" ausschlaggebend, dass mir das heutige Predigt-Thema aufs Herz gelegt wurde.

Ja es ist wirklich wahr! Im Anfang war das Wort. Im Anfang war Jesus, mein Heiland und Erlöser!

Ich möchte Sie wieder vom Ursprung aller Dinge in die Gegenwart zurückführen! Der von Gott in der Urzeit festgelegte Heilsplan geht auch heute und in der Zukunft weiter. Gott will, dass wir alle an seinem Heilsgeschehen teilhaben. In der Zwischenzeit ist auch das im Johannes-Evangelium erwähnte Wort, der Logos, Fleisch, das heisst Mensch geworden und der Liebeswille Gottes, den ER sich schon in der Urzeit gefasst hat, ist durch das leidvolle Sterben seines Sohnes am Kreuz in Erfüllung gegangen. Und was haben wir heutigen Menschen mit dieser Botschaft gemacht? Hat sie uns verändert oder sind wir gegenüber Gott gleichgültig geblieben?

Mir stehen viele Menschen vor Augen, die ohne dieses Wissen um Gottes Heilsplan und deshalb ohne Hoffnung durchs Leben gehen. Ja, für viele ist es geradezu eine Zumutung, glauben zu können, dass der gewaltige Schöpfer Himmels und der Erde zu uns geringen Menschen in Tuchfühlung gekommen ist. Dass er sich so klein gemacht hat, um jedem von uns persönlich zu begegnen und mit jedem von uns Gemeinschaft zu haben. Und so stehe ich leider unter dem Eindruck, dass trotz der vielen Worte, die aus Zeitungen, Radio, Fernsehen usw. täglich auf uns einstürmen, wir eine im Sinne unseres Bibelwortes „wortlose“ Gesellschaft geworden sind. Wie viele „wortlose“ Ehen gehen heute zu Grunde? Wie viele Menschen haben sich nichts mehr zu sagen, weil sie „wortlos“ geworden sind. Ja, wie oft bin ich selber „wortlos“, obwohl ich um dieses Wort, das von Anfang an bei Gott war, weiss!! Kennen Sie das auch, diese „Wortlosigkeit“?

Es ist darum mein Wunsch und meine Bitte, dass dieses Wort reichlich unter uns wohnen möge! Wir brauchen nichts dringenderes als gerade dieses „Wort“! Mit diesem „Wort“ können wir getrost in die Zukunft gehen. Nach der Bibel stehen noch gewaltige Ereignisse bevor.

Der für uns am Kreuz gestorbene, auferstandene und in den Himmel aufgefahrene Sohn Gottes wird wiederkommen in Macht und Herrlichkeit. Er ist das A und das O, der Erste und der Letzte und der Lebendige. Lasset uns IHN lieben, denn ER hat uns zuerst geliebt!

Ihm gilt unsere Liebe, unsere Hingabe und Anbetung! Amen.

Alphabetisches Literaturverzeichnis

Augustinus: Bekenntnisse. Lateinisch und Deutsch. Eingeleitet, übersetzt und erläutert von Joseph Bernhart. Mit einem Vorwort von Ernst Ludwig Grasmück. Frankfurt am Main und Leipzig. Erste Auflage 1987.

Bannert, Herbert: Homer. Reinbeck bei Hamburg 1979.

Bauer, Walter: Griechisch-Deutsches Wörterbuch zu den Schriften des Neuen Testaments und der übrigen urchristlichen Literatur. Berlin 5. Aufl. 1958.

Bauer, Walter: Wörterbuch zum Neuen Testament. Griechisch-Deutsches Wörterbuch zu den Schriften des Neuen Testaments und der frühchristlichen Literatur. 6., völlig neu bearbeitete Auflage von Kurt und Barbara Aland. Berlin 1988.

Benedikt XVI.: siehe auch unter Ratzinger, Joseph.

Benedikt XVI.: Gott ist die Liebe. Die Enzyklika „deus caritas est", Freiburg 2006.

Benedikt XVI., Papst: Unser Glaube und die Vernunft. Die Regensburger Rede – eine Ermutigung für unseren Glauben. Kommentiert von Gerhard Kardinal Müller. ISBN 978-3-7462-4900-1. St. Benno Verlag, Leipzig [keine Jahresangabe].

Berger, Klaus: Kommentar zum Neuen Testament, Gütersloh 2011, 3. korrigierte und ergänzte Auflage 2017.

Beutler, Johannes: Das Johannes-Evangelium – Kommentar. Freiburg 2013. 2., durchgesehene Auflage 2016.

Biblia Hebraica Stuttgartensia, 1967/77, Stuttgart. Fünfte, verbesserte Auflage 1997. Studienausgabe.

Bölke, Wilfried (Hrsg): Heinrich Schliemann. Auf den Spuren Homers. Augsburg 2005.

Botermann, Helga: Der Heidenapostel und sein Historiker – Zur historischen Kritik der Apostelgeschichte. Theologische Beiträge 1993. www.iguw.de.

Brunner, Emil: Offenbarung und Vernunft – Die Lehre von der christlichen Glaubenserkenntnis. Lizenzausgabe Zürich 1941. Photomechanischer Nachdruck der zweiten unveränderten Auflage Zürich 1961 mit einer Einführung von Uwe Swarat. Wuppertal. 1. Auflage 2007 (3. Gesamtauflage).

Bruns, Hans: Das Neue Testament, neu übertragen mit Überschriften und Erklärungen zwischen den Versen von Hans Bruns. Sechste Auflage Oktober 1961 (132.-167. Tausend), Gießen/Basel. Und: Die Bibel mit Erklärungen, übersetzt von Hans Bruns, Gießen, 13. Auflage 2001.

Die griechische Literatur in Text und Darstellung. Reclam. Hrsg.: Herwig Görgemanns. Band 1–5. 1985–1991 Stuttgart. Band 1: Archaische Periode. Herausgegeben von Joachim Latacz. Zweite durchgesehene und verbesserte Auflage 1998.

Die Vorsokratiker I und II: Griechisch/Deutsch. Reclam. 1983 und 1986, Stuttgart. Bibliographisch ergänzte Ausgabe 1999. Printed in Germany 1999 und 2000.

Dürr, Detlef, Mathematisches Institut der Universität München, 28. Februar 2000, Über das Lehrgedicht des Parmenides, Weihnachtsvorlesung WS 99/00, http://www.mathematik.uni-muenchen.de/~duerr/ws99/ws99.html. Mitgeteilt von Franz-Josef Kuß, Münster/Westfalen, am 19.3.17, nach einem philosophischen Gesprächsabend im Dell'Isola/Münster.

Dunker, Ludwig: Zur Geschichte der christlichen Logoslehre in den ersten Jahrhunderten. Die Logoslehre Justin's des Märtyrers. Göttingen 1848. Forgotten Books (Classic Reprint Series), London 2015.

Fink, Alexander: Faszination Universum. Kosmologie und der Glaube an Gott, in: Brennpunkt Gemeinde K 4766 F, Februar/März 2016, Jg. 69 – Studienbrief R19 Arbeitsgemeinschaft Missionarische Dienste. Gefunden in: www.iguw.de.

Fohrer, Georg: Hebräisches und aramäisches Wörterbuch zum Alten Testament, herausgegeben von Georg Fohrer in Gemeinschaft mit Hans Werner Hoffmann – Friedrich Huber – Jochen Vollmer – Gunther Wanke. Berlin 1971.

Fränkel, Hermann: Wege und Formen frühgriechischen Denkens. München 1955. Zweite erweiterte Auflage.

Frankl, Viktor: siehe auch unter Lukas, Elisabeth.

Frankl, Viktor E.: Dem Leben Antwort geben – Autobiografie, Beltz-Verlag Weinheim, 1. Auflage 2017.

Frankl, Viktor E.: Ärztliche Seelsorge – Grundlagen der Logotherapie und Existenzanalyse – Zehn Thesen über die Person, Wien, 11. überarbeitete Neuauflage 2005.

Gäckle, Volker: Die Lehre vom Allgemeinen Priestertum und das Problem ihrer biblischen Grundlage, in: akzente für Theologie und Dienst 112(2017): 72–79.

Gemoll. Griechisch-deutsches Schul- und Handwörterbuch von W. Gemoll und K. Vretska. Zehnte, völlig neu bearbeitete Auflage. 2012, München. 2018, Berlin. 9. Druck 2019. (Die 9. Auflage wurde von 1965 bis 2012 unverändert nachgedruckt – „zu viele deutsche Begriffe waren im Laufe der Jahre unverständlich und obsolet geworden."). Alleinvertrieb für Österreich: Wien.

Gese, Hartmut: Der Johannesprolog, in: Zur biblischen Theologie. Alttestamentliche Vorträge. 1. Auflage 1977 München. 3., verbesserte Auflage, Tübingen 1989, Seiten 152–201.

Grund- und Aufbauwortschatz Griechisch bearbeitet von Thomas Meyer, Hermann Steinthal. Stuttgart. 1. Auflage 1973, 5. Druck 1977.

Hägele, Peter. C.: Die moderne Kosmologie und die Feinabstimmung der Naturkonstanten auf Leben hin, in: Bröking-Bortfeldt, M., Rothgangel, M. (Hrsg.): Glaube und Denken. Jahrbuch der Karl-Heim-Gesellschaft. 18. Jahrgang 2005. Frankfurt a. M.: Peter Lang. 2006. Gefunden in: www.iguw.de.

Hellas – Lehrgang des Griechischen. Herausgegeben von Prof. Dr. Friedrich Maier. Verfasst von Dr. Manfred Bissinger, u. a., Bamberg 1996. 3. Auflage 2003, 2004 und 2005.

Hempelmann, Heinzpeter: Die Auferstehung Jesu Christi – eine historische Tatsache? Argumente für den Osterglauben. Wuppertal 1982. 3. erweiterte Auflage 2003. Amerikanische Originalausgabe New York 1979.

Herodot: Die Bücher der Geschichte I-IV und V-VI und VII-IX. Reclam. Stuttgart 1974 (I-IV) bzw. 2001 (V-VI und VII-IX).

Herodotos. Auswahl mit einem Kartenanhang. Text. Herausgegeben von Dr. Julius Tambornino. Paderborn, ohne Jahreszahl.

Hölscher, Uvo: Anfängliches Fragen. Studien zur frühen griechischen Philosophie. Göttingen 1968.

Hölscher, Uvo: Der Logos bei Heraklit, in: Varia Variorum – Festgabe für Karl Reinhardt, dargebracht von Freunden und Schülern zum 14. Februar 1951. Münster/Köln 1952. Seiten 69–81.

Hofstadter, Douglas R.: Gödel Escher Bach – ein Endlos Geflochtenes Band. Ungekürzte Ausgabe September 1991. München, 9. Auflage Februar 2003.

Homer: Ilias. Griechisch und deutsch. Übertragen von Hans Rupé. Mit Urtext, Anhang und Registern. 11. Auflage. Düsseldorf/Zürich, 2001. (Sammlung Tusculum).

Jaeger, Werner: Das frühe Christentum und die Griechische Bildung. Übersetzt von Walter Eltester. Berlin 1963.

Jaeger, Werner: Die Theologie der frühen griechischen Denker. Darmstadt 1964. Unveränderter reprografischer Nachdruck der Ausgabe Stuttgart 1953.

Jaspers, Karl: Die großen Philosophen. München 1957, 1981. Ungekürzte Taschenbuchausgabe Dezember 1988. 2. Auflage Oktober 2013.

Jauslin, Mirjam: Jegliches hat seine Zeit. Vom Ausreissen, Pflanzen und Wachsen-Lassen. Eine logotherapeutisch-existenzanalytische Krisenbewältigung. Diplomarbeit am Schweizer Institut für Logotherapie und Existenzanalyse Chur zur Erlangung des Titels dipl. logotherapeutische Beraterin NDS HF von Mirjam Jauslin. Muttenz, 17. Januar 2016.

Jenni, Ernst: Lehrbuch der Hebräischen Sprache des Alten Testaments. Neubearbeitung des „Hebräischen Schulbuchs" von Hollenberg-Budde. Basel und Frankfurt am Main 1981. Zweite, durchgesehene Auflage 1981. Mit: Ergänzungsheft: Paradigmentabellen und Index zu den Übungssätzen.

Kinder, Hermann und Hilgemann, Werner: dtv-Atlas zur Weltgeschichte. Karten und chronologischer Abriss. Graphische Gestaltung der Karten: Harald und Ruth Bukor. Band I: Von den Anfängen bis zur Französischen Revolution. Originalausgabe 1. Auflage September 1964, München 13. Auflage Oktober 1977: 901. bis 1000. Tausend.

Kittel, Gerhard (Begr.); Friedrich, Gerhard (Hrsg.): Theologisches Wörterbuch zum Neuen Testament. Studienausg. Unveränderter Nachdr. d. Ausg. 1933–1979. – Stuttgart; Berlin; Köln. Bd. 4. L-N, mit Vorwort von 1942. – Studienausgabe 1990

Kranz, Walther: Der Logos Heraklits und der Logos des Johannes. Rheinisches Museum für Philologie. Neue Folge, 93. Bd., 1. H. (1949), pp. 81–95. Gefunden und gelesen bei www.jstor.org, read online (free).

Kranz, Walther: Die Griechische Philosophie. Zugleich eine Einführung in die Philosophie überhaupt. Leipzig 1941. Lizenzausgabe „Griechische Philosophie" Köln 2019.

Kranz, Walther: Vorsokratische Denker. Auswahl aus dem Überlieferten. Griechisch und Deutsch. 3. Auflage. Berlin 1959.

Kraus, Hans-Joachim: Zur Eigenart des hebräischen Denkens, in: PORTA 30, Christliches Denken – Von der Bekehrung des Intellekts. Marburg/Lahn Frühjahr 1982.

Krefeld, Heinrich (aus Rheine/Ems): Hellenika – Einführung in die Kultur der Hellenen. Berlin 2002. Vormals: Belgeitbuch für die altgriechische Lektüre. Vom gleichen Autor: Res Romanae – Begleitbuch für die lateinische Lektüre, 1. Auflage Druck 5. Berlin 2002.

Kügler, Joachim: Eine wortgewaltige Jesus-Darstellung – Das Johannesevangelium aus dem Urtext übersetzt und kommentiert – Die Logik Gottes ist Liebe. Stuttgart 2012. 2., verb. Auflage 2018.

Kurtz, Ewald: Interpretationen zu den Logos-Fragmenten Heraklits. Spudasmata Band XVII. Hildesheim 1971.

Kutschera, Franz von: Die Anfänge der Philosophie. Eine Einführung in die Gedankenwelt der Vorsokratiker. Münster 2018.

Langenscheidts Taschenwörterbuch Altgriechisch-Deutsch von Prof. Dr. Hermann Menge. Berlin München Zürich 37. Auflage 1976.

Lennox, John: Hat die Wissenschaft Gott begraben? – Eine kritische Analyse moderner Denkvoraussetzungen. 8., erweiterte und völlig neu überarbeitete Gesamtauflage. Witten 2009.

Lewis, C. S.: Was der Laie blökt – Christliche Diagnosen. Einsiedeln, 2. Auflage 1977.

Lexikon für Theologie und Kirche, Hrsg.: Walter Kasper, Freiburg 2017. Sonderausgabe (Durchgesehene Ausgabe 2006 der 3. Auflage 1993–2001).

Long, A. A. (Hrsg.): Handbuch Frühe Griechische Philosophie. Von Thales bis zu den Sophisten. Originalpublikation Cambridge 1999. Aus dem Englischen von Karl-Heinz Hülser. Stuttgart 2001.

Lukas, Elisabeth: Der Seele Heimat ist der Sinn. Logotherapie in Gleichnissen von Viktor E. Frankl. Zusammengestellt und kommentiert von Elisabeth Lukas. München, 5. Auflage 2011.

Maier, Friedrich: Die Version aus dem Griechischen. Schwerpunkte der Syntax. Ein grammatisches Begleitbuch für den Lektüreunterricht der 11. Jahrgangsstufe und der Kollegstufe. Bamberg. Unveränderter Nachdruck 1976.

Mickisch, Heinz: Taschenlexikon der Antike, München 1972.

Mansoulié, Bruno: ALL OF PHYSICS (ALMOST) IN 15 EQUATIONS. Paris, 2017.

Nestle-Aland: Novum Testamentum Graece et Latine. Nestle, Eberhard und Erwin und Aland, Kurt: Das Neue Testament in Griechisch und Lateinisch, 27. bis 36. Tausend der 22. Auflage 1963/1969, London. Der griechische Teil entspricht der 25. Auflage 1963 der griechischen Ausgabe.

Nestle-Aland, Novum Testamentum Graece mit Wörterbuch. Begründet von Eberhard und Erwin Nestle. Herausgegeben von Barbara und Kurt Aland, Johannes Karavidopoulos, Carlo M. Martini, Bruce M Metzger. 28. revidierte Auflage. Herausgegeben vom Institut für Neutestamentliche Textforschung. Münster/ Westfalen unter der Leitung von Holger Strutwolf. Die Revision wurde durchgeführt von Luc Herren, Marie-Luise Lakmann, Beate von Tschischwitz und Klaus Wachtel unter der Leitung von Holger Strutwolf. 28. revidierte Auflage 2012. 4. korrigierter Druck 2015. Im Anhang: Kleines Wörterbuch zum Neuen Testament Griechisch-Deutsch, zusammengestellt von Rudolf Kassühlke.

Neue Genfer Übersetzung. Neues Testament und Psalmen in Großdruck-Format. Romanel-sur-Lausanne 1. Auflage 2011.

Neugebauer, Fritz: Die Entstehung des Johannesevangeliums. Hrsg. von Rainer Riesner. Gießen 2015. 2. Auflage 2017.

ORGANON – Griechisches Unterrichtswerk. Herausgegeben von Max Weiss und Alfred Zeller, Grammatik I, Lautlehre – Formenlehre – Wortkunde, von Dr. Erich Happ, Alfred Zeller und Dr. Hans Bengl, Freising 3. Auflage 1974. Weitere Bände: Grammatik II – Satzlehre, Übungsbuch I und II.

Parmenides – Sein und Welt – Die Fragmente neu übersetzt und kommentiert von Helmuth Vetter. Freiburg / München 2016.

Parmenides: Über das Sein, Griechisch/Deutsch. Mit einem einführenden Essay. Herausgegeben von Hans von Steuben. Stuttgart 1981. Bibliographisch ergänzte Ausgabe 1995. Gesamtherstellung Reclam, Ditzingen. Printed in Germany 2009.

Pixner, Bargil: Wege des Messias und Stätten der Urkirche: Jesus und das Judenchristentum im Licht neuer archäologischer Erkenntnisse/Bargil Pixner. Hrsg. von Rainer Riesner. 3. erw. Aufl. Giesen 1996 (Studien zur biblischen Archäologie und Zeitgeschichte; Bd.2).

Popper, Karl R.: Die Welt des Parmenides: Der Ursprung des europäischen Denkens. 1998 Estate of Sir Karl Popper. Deutschsprachige Ausgabe München 2001. Ungekürzte Taschenbuchausgabe 4. Auflage Juli 2014.

Powell, Cory S.: Auf der Suche nach der Theorie von Allem, in: Einsteins neue Weltordnung, Spektrum der Wissenschaft Spezial, 4/2015, Seiten 54–61.

Putzger – Historischer Weltatlas. Berlin 104. Auflage, 2. Druck 2012.

Rapp, Christof: Vorsokratiker. München 1997. 2., überarbeitete Auflage 2007.

Ratzinger, Joseph: siehe auch unter Benedikt XVI.

Ratzinger, Joseph: Der Gott des Glaubens und der Gott der Philosophen. Ein Beitrag zum Problem der theologia naturalis. Heino Sonnemans (Hrsg.). 2005².

Ratzinger, Joseph: Einführung in das Christentum. Vorlesungen über das Apostolische Glaubensbekenntnis. München 1968. Mit einem neuen einleitenden Essay. 15. Auflage der völlig unveränderten, mit einer neuen Einführung versehenen Neuausgabe 2000. Gesetzt nach den Regeln der reformierten Rechtschreibung.

Reclams Bibellexikon. Stuttgart 1978. 7., überarbeitete und erweiterte Auflage 2004.

Riesner, Rainer: siehe auch unter Pixner, Bargil und Neugebauer, Fritz.

Riesner, Rainer: Die Frühzeit des Apostels Paulus. Studien zur Chronologie, Missionsstrategie und Theologie. Tübingen 1994.

Riesner, Rainer: Jesus, Paulus und wir, in: theologische beiträge 45 (2014), 6–15.

Riesner, Rainer: John 1:14 and 'the Disciple whom Jesus loved', in: L. Daniel Chrupcala (Ed.): Rediscovering John, Essays on the fourth Gospel in Honour of Frederic Manns. (SBFAn. 80), Jerusalem 2013, 303–336.

ROM – Stadt der frühen Christen. Welt und Umwelt der Bibel. Archäologie, Kunst, Geschichte. Stuttgart, 1/2020.

Schadewaldt, Wolfgang (1900–1974): Die Anfänge der Philosophie bei den Griechen. Die Vorsokratiker und ihre Voraussetzungen. Tübinger Vorlesungen (1950–1972) Band I. Unter Mitwirkung von Maria Schadewaldt. Herausgegeben von Ingeborg Schudoma. Frankfurt am Main 1. Auflage 1978.

Schadewaldt, Wolfgang: Die Zuverlässigkeit der synoptischen Tradition. Vortrag, gehalten vor der Theologischen Fakultät in Hamburg am 18. November 1966 und anderwärts noch einige Male. Der Charakter des mündlichen Vortrags ist auch für den Druck beibehalten. W. Schadewaldt (1900–1974) war Klassischer Philologe. Gefunden in: www.iguw.de am 20. Oktober 1918.

Schenke, Ludger: Das Johannes-Evangelium – Vom Wohnen Gottes unter uns. Freiburg 2018.

Schmoller Alfred: Handkonkordanz zum griechischen Neuen Testament. Stuttgart. 8., neu bearbeitete Auflage 1989, 2. Druck 1990.

Snell, Bruno: Die Entdeckung des Geistes – Studien zur Entstehung des europäischen Denkens bei den Griechen. Hamburg 1955. Dritte Auflage, neu durchgesehen und abermals erweitert.

Snell, Bruno (Hrsg.): Heraklit. Fragmente. Tusculum. Griechisch und Deutsch. Zürich und München 1983. 14. Auflage 2007.

Spieß, Jürgen: Ist Jesus auferstanden? _Ein Historiker zur Auferstehung von Jesus Christus. Marburg 4. vollständig überarbeitete Auflage 2011. 5. Auflage 2013 (inzwischen ist auch die 7. Auflage 2020 erhältlich).

Schulte-Goecke, Elsbeth: Antike Sagen. Paderborn 1970.

Thielicke,Helmut: Das Bilderbuch Gottes. Reden über die Gleichnisse Jesu. Stuttgart 1957. 6. Auflage 1991.